作者简介

张伟，浦东图书馆馆长，博士。1978年工作，长期供职教育系统，上海市一级一等校长，教育教学管理高级教师，曾获上海市首批名校长后备、全国十佳校长等称号。2009年调入浦东图书馆，现兼任上海市图书馆行业协会副会长、浦东新区图书馆学会理事长、中国教育学会初中教育专业委员会副理事长兼学术委员会主任、中国图书馆学会用户研究与服务专业委员会副主任等。曾获2013中国图书馆榜样人物称号。著有《图书馆与社会教育》《问道》《体验之思》《教育变革的现代视野》《学校变革的实践》等多部专著，主编多部教育文集，发表文章近百篇。

刘锦山，武汉大学哲学博士。北京雷速科技有限公司、北京碧虚文化有限公司董事长。参加或主持过中国期刊网、书生之家数字图书馆、e线图情、方略知识管理系统、哲摄线和碧虚网等项目的研发与运营，取得了良好的效益。发表文章60余篇，合作出版专著7本。论文《公共图书馆治理危机管控》获2015年中国图书馆学会年会征文一等奖。

公共图书馆转型与内涵发展

张　伟　刘锦山　著

國家圖書館出版社
National Library of China Publishing House

图书在版编目(CIP)数据

公共图书馆转型与内涵发展/张伟,刘锦山著. --北京:国家图书馆出版社,2017.5

ISBN 978-7-5013-6056-7

Ⅰ.①公…　Ⅱ.①张…　②刘…　Ⅲ.①公共图书馆—图书馆事业—研究　Ⅳ.①G258.2

中国版本图书馆 CIP 数据核字(2017)第 040935 号

书　　名　公共图书馆转型与内涵发展
著　　者　张　伟　刘锦山　著
责任编辑　高　爽

出　　版　国家图书馆出版社(100034　北京市西城区文津街 7 号)
　　　　　(原书目文献出版社　北京图书馆出版社)
发　　行　010-66114536　66126153　66151313　66175620
　　　　　66121706(传真)　66126156(门市部)
E-mail　nlcpress@nlc.cn(邮购)
Website　www.nlcpress.com ——→投稿中心
经　　销　新华书店
印　　装　北京鲁汇荣彩印刷有限公司
版　　次　2017 年 5 月第 1 版　2017 年 5 月第 1 次印刷

开　　本　880 毫米×1230 毫米　1/32
印　　张　10.375
字　　数　280 千字

书　　号　ISBN 978-7-5013-6056-7
定　　价　65.00 元

序

我国公共图书馆事业在过去十余年的发展过程中取得了空前的成就与进步,这一切令世界瞩目,除了图书馆人的努力奋斗,还得益于经济持续发展所带来的利好,得益于国家大力推进公共文化事业发展的政策推进。

面对图书馆发展的大好形势,能否说,我国公共图书馆事业已经发展得很完善了?我们只要按照目前的发展思路、模式继续发展下去就可以实现公共图书馆事业大繁荣、大发展的局面?显然不能这样看。从宏观层面看,包括公共图书馆在内的我国公共文化事业目前的发展状况与经济、社会、技术发展水平不相适应,仍然不能完全满足人民群众对于公共文化服务的需求,我们应该如何通过创新发展来推动公共图书馆事业的进一步发展,是一个非常现实而重大的课题;从中观层面看,受到社会转型发展的影响,公共图书馆事业的发展本身也正处于转型期,在这种背景下,我们应该确立什么样的发展思路、选择什么样的发展路径、建构什么样的发展模式,都是关乎公共图书馆事业发展的顶层设计问题,需要我们认真加以对待、研究和思考;从微观层面看,具体到每个图书馆,在办馆理念、运营模式、运营效益等方面仍然存在着需要加以改善和提升的地方,这对于每个图书馆的发展具有十分重要的作用与意义。

服务社会是图书馆人的理想,探索创新是图书馆人的智慧,学术思考是图书馆人的责任。今天,当图书馆事业发展到这样一个阶段,当社会环境和技术环境处于这样一种变化,图书馆人应当有怎样的探索创新和学术思考呢?浦东图书馆用他们的思维和实践做出了一个回答。

当我听说六万平方米的现代化图书馆在浦东问世,且由一位著名的中学校长出任馆长时，并没有感到惊奇。直到2011年10月，我应邀为第二届浦东图书馆学术论坛做报告，实地考察了浦东图书馆，并见到这位温文儒雅且充满创造激情的张伟馆长后，真正刮目相看了。在张伟馆长的“大手笔”和他的同事们的努力下，浦东图书馆呈现出一幅幅绚丽生动的画面，透视着图书馆的转型与内涵发展。2013年，张伟馆长荣获“中国图书馆榜样人物”称号，实至名归。

e线图情的刘锦山先生我早就认识，他致力于图书馆事业宣传报道和媒体发展，持续关注图书馆业态，具有执着服务于图书馆人的奉献精神。

张伟、刘锦山同志著的《公共图书馆转型与内涵发展》是以浦东图书馆为平台，对公共图书馆进行探索创新和学术思考的结晶。该书适应时代的需要，以开阔的视野和格局，采用比较、逻辑与历史相统一、案例等研究方法，分别从历史、现实、文化、实践的维度对公共图书馆的转型与发展问题进行比较全面、深入的研究。

该书是一本值得参考和有价值的作品。有四个比较鲜明的特点值得我们关注：其一，作者将图书馆的转型、发展置于生产力系统的视域下进行比较、研究，一方面引发我们对图书馆事业发展背后的社会驱动因素的重视，另一方面对我们研究公共图书馆问题的方法论有所拓展，而这对于开阔我们的视野和思路具有积极的意义。其二，理论与实践相结合，该书尽可能对国内外图书馆的创新发展理念与经验进行总结和梳理，并将其有机融入书中，品读该书，既可以享受到思想理论之美，又可以体验到图书馆事业的实践之美。其三，该书以解剖麻雀的方式，从建构浦东图书馆发展的理念体系、建构现代图书馆制度、建构图书馆服务新的功能、建构专业化的馆员队伍和建构浦东图书馆内涵发展的文化五个方面完整地再现浦东图书馆几年来创新发展的实践，并对其成果进行系统的总结和梳理，这无疑为我们提供一种转型发展的参考范本。其四，该书在细微处也多有创获，例如，关于公共图书馆文化载体创新的阐述就颇有新意，对我们在全媒体时代图书馆文化载体的创新运用有所启发。

在国家大力推进公共文化服务体系建设的战略背景之下,公共图书馆的转型与发展已经成为十分重要的问题。希望该书的出版,能够对于我国公共图书馆的转型发展起到积极的作用。

是为序。

柯 平
2016 年 10 月 1 日于南开大学

目　录

前　言 ………………………………………………………………… (1)

绪　论 ………………………………………………………………… (1)

一、公共图书馆转型的缘起与意义 ………………………………… (1)

二、公共图书馆转型的研究现状 …………………………………… (3)

三、公共图书馆转型路径 …………………………………………… (8)

四、本书的研究范围 ………………………………………………… (14)

第一章　历史之维:历史视域下的公共图书馆转型与发展 …… (17)

一、农业时代的公共图书馆 ………………………………………… (19)

二、工业时代的公共图书馆 ………………………………………… (30)

三、信息时代的公共图书馆 ………………………………………… (47)

第二章　现实之维:现实视域下的公共图书馆转型与发展 …… (65)

一、核心业务的变迁 ………………………………………………… (65)

二、组织形态的变迁 ………………………………………………… (74)

三、服务范式的变迁 ………………………………………………… (83)

四、运营模式的变迁 ………………………………………………… (90)

五、建筑形态的变迁 ………………………………………………… (100)

六、功能定位的变迁 ………………………………………………… (103)

第三章　文化之维:文化视域下的公共图书馆转型与发展 …… (109)

一、愿景文化 ………………………………………………………… (112)

二、制度文化 ………………………………………………………… (124)

三、行为文化 ………………………………………………………… (134)

四、物质文化 ………………………………………………………… (146)

第四章　实践之维:转型与内涵发展视域下的浦东图书馆 ……（159）
一、契机:浦东图书馆新馆建设 ……（159）
二、建构浦东图书馆发展的理念体系……（166）
三、建构现代图书馆制度……（172）
四、建构图书馆服务新的功能……（179）
五、建构专业化的馆员队伍……（188）
六、建构浦东图书馆内涵发展的文化……（196）
第五章　对话:关于公共图书馆转型与内涵发展……（205）
一、问题的提出……（205）
二、关于发展理念……（208）
三、关于图书馆制度……（217）
四、关于图书馆功能……（222）
五、关于队伍建设……（235）
六、关于图书馆文化……（237）
附　录 ……（246）
一、浦东图书馆大事记(2010—2015) ……（246）
二、浦东图书馆“十二五”发展规划(2011—2015 年) ……（263）
三、浦东图书馆“十三五”发展规划(2016—2020 年) ……（282）
四、参考书目及网站索引……（302）
后　记 ……（319）

前　言

得天时、地利与人和之便,我国的公共图书馆事业在最近十余年来,获得很大的发展,取得不小的成绩,为我国公共文化事业的繁荣做出积极的贡献,受到社会的关注和肯定。

但是我们也应该清醒地看到,过去的发展主要还属于一种外延式的规模扩张和量的增长,这种外延式的发展可以有效地弥补过去的历史欠账,因而自有其必要性。随着硬件方面历史欠账的清理,外延式的发展模式自然应该逐步过渡到内涵发展模式,这一点已经为业内大多数同仁所关注和认同。最近几年,业内关于公共文化服务体系与公共图书馆总分馆体系等方面的理论探讨与实践探索就是明证。

如何科学地将外延式发展与内涵发展有机结合起来,以促进公共图书馆事业的可持续发展,这是一个十分重要的课题。这也是我在主持浦东图书馆工作过程中着力加以解决的一个重要问题。浦东图书馆新馆是上海市浦东新区公共图书馆,发展历程只有短短的几年,但适逢其时,在社会各界的关心和支持下,发展比较迅速。在短短几年之中,我和我的同事们共同参与并见证浦东图书馆从无到有、从“小”到“大”的发展过程。在这一过程中,我们一方面要努力考虑馆舍、设备、藏书等外延问题,一方面要努力考虑定位、文化与服务等内涵问题,并且着力将二者有机地结合起来。可以说,通过几年来的探索与实践,积累不少的经验和教训。

2012 年 3 月,刘锦山博士到浦东图书馆参观,我们就公共图书馆事业发展的一些问题进行沟通和交流,特别是对于公共图书馆的转型与内涵发展这个问题,我们有不少相同的见解。此后,我们就这个问题又进行多次的交流和探讨。最后,我们决定共同写作一本关于公共图书馆转型与发展方面的著作,一方面希望能够对这一问题进行理论上的研究,另一方面希望能够将浦东图书馆建馆以来办馆的实践经验总结出来,以祈对我国图书馆事业发展有所贡献。

本书主要包括“绪论”“历史之维:历史视域下公共图书馆转型与发展”“现实之维:现实视域下的公共图书馆转型与发展”“文化之维:文化视域下的公共图书馆转型与发展”“实践之维:转型与内涵发展视域下的浦东图书馆”“对话:关于公共图书馆转型与内涵发展”和“附录”七个部分。其中,“绪论”部分主要探讨公共图书馆转型的必要性、转型的路径以及转型问题的研究现状。“历史之维:历史视域下的公共图书馆转型与发展”部分主要从劳动力、劳动工具、劳动对象的角度及其发展变化探讨农业时代的公共图书馆、工业时代的公共图书馆和信息时代的公共图书馆的转型与发展。“现实之维:现实视域下的公共图书馆转型与发展”部分主要研究现实环境下社会对公共文化服务需求的变化引起的公共图书馆在其诸组成要素方面的转型与发展。“文化之维:文化视域下的公共图书馆转型与发展”部分从理念、制度、行为与物质四个层面探讨公共图书馆的文化重构与发展。“实践之维:转型与内涵发展视域下的浦东图书馆”部分具体、系统地介绍浦东图书馆的内涵发展方面的实践探索。“对话:关于公共图书馆转型与内涵发展”部分通过我和刘锦山博士的对话,细致入微地阐述公共图书馆发展转型与发展相关方面的问题以及浦东图书馆在转型过程中的实践与经验以及对未来的展望等方面的内容。“附录”部分包括浦东图书馆大事记,《浦东图书馆“十二五”发展规划》《浦东图书馆“十三五”发展规划》与相关参考文献等内容。

本书的写作过程中,得到了图书馆界的热情支持。本书的完成是建立在图书馆界雄厚的理论研究与丰富的实践探索基础之上的;同时,北京雷速科技有限公司研究发展部经理刘剑英、浦东图书馆发展研究中心主任杨飞对本书部分章节的研究做出了积极贡献。对此,我们表示衷心的感谢。

我们希望本书对于我国公共图书馆的转型与内涵发展能够有所帮助,进而促进我国公共图书馆事业不断发展。由于作者水平所限,书中定然有诸多不足之处,恳请读者朋友们包涵并批评指正。

张　伟

2015 年 8 月 1 日

绪　论

一、公共图书馆转型的缘起与意义

改革开放以来，我国就一直处于从计划经济向市场经济、传统社会向现代社会、农业社会向工业社会和信息社会的转型过程之中。30多年来改革开放所引发的是综合的、全方位的、总体性的、深刻的社会转型，涉及经济、政治、技术、文化、生态等诸多方面。文化转型是一个社会成功转型的标志，有什么样的社会形态，就有什么样的文化形态与之相适应，同样某种形态的文化只能存在于相应的某种形态的社会。但是，文化转型与社会转型不一定是完全同步的，或者文化转型先行社会转型滞后，或者社会转型先行而文化转型滞后，或者二者大体保持同步，上述三种情况都是存在的。文化转型一方面受到经济层面、政治层面、技术层面和生态层面转型的制约和影响，另一方面又影响和制约着上述各个方面的转型。相较于社会转型，文化转型更为复杂和持久。在社会转型期，我们应该采取更加积极主动的措施，推动文化转型，建设与新的社会形态相适应的文化形态，发挥文化的能动作用，进而推动社会转型的彻底完成。

公共图书馆转型问题就是在上述背景下出现的课题。公共图书馆作为保存文化、传承文明的知识服务机构，是社会公共文化服务体系的重要组成部分。社会转型期文化所应承担的历史责任，也是公共图书馆所应承担的历史责任。社会转型期文化应承担什么样的历史责任呢？“社会转型乃是代表着历史发展趋势的实践主体自觉推进社会变革的历史创造性活动。当社会生产力提出质向发展的新要求时，历史的实践主体按照确认的‘发展逻辑’，对原型社会的结构、体制进行全面、系统地自觉转变，以求实现社会演化的创新。"[①]社会转型涉及所有人，有些人是主动参与和促进社会转型，有些人则是被动被拖入社会转型过程中，社会转型本质是人的转型，而人转型的本质就是文化的转型。一方面，社会转型需要有相应的文化进行引领，以便为社会转型开道；另一方面，转型时期的社会，由于原有的文化系统遭到解构，而新的文化系统尚未完全建立，人们很容易限于价值观冲突的境地，心灵无所归依，影响社会转型的顺利进行，因此，主动建构适应社会转型与转型之后的文化系统，相当重要。简言之，文化既可以是社会转型的孵化器、先导者、推进者，也可以是社会转型的阻碍者与反对者。公共图书馆应该认识到自己所处的时代环境，努力使自己成为社会转型的积极参与者与推动者，在社会转型中做出积极的贡献。而要做到这一点，公共图书馆本身也需要转型，这样才能与时俱进。

从公共图书馆事业发展的角度来看，改革开放近40年来，我国公共图书馆事业取得了相当大的发展。不少公共图书馆在馆舍面积、设备设施、馆藏规模、经费条件、人员数量、服务效能等诸多方面都有了跳跃式的进步和增长，这足以说明我国公共图书馆事业所取得的成就。但是，我们也应该看到，这种发展主要是一种基于外延的、数量方面的增长，而非基于内涵的、质量方面的发展。从而，公共图书馆法律制度与核心价值缺位等瓶颈问题还有待进一步克服，顶层设计还有待进一步加强，科学理念体系还有待进一步构建，专业化人才队伍有待进一步打造，功能拓展有待进一步突破，总体服务效能有待进一步提高。同时，信息技术与社会的发展，使得用户获取信息和知识的途径和手段日趋多元，用户的要求越来越高，公共图书馆作为公众知识中心的地位受到越来越大的挑战。这种情况下，公共图书馆必须进行转型，才能适应时代的要求，进而引领时代的发展。

因此，公共图书馆转型是为适应和引领转型的需要而自觉地在理念体系、图书馆制度、功能拓展、馆员队伍与文化等方面开展的创新与

① 张雄. 社会转型的哲学范畴思考[J]. 学术界，1993(5):34－38.

变革，其目的是要提高公共图书馆的运营效益，促进社会的发展。公共图书馆转型既是社会转型对其的必然要求，也是公共图书馆在社会转型时期发挥自身作用的内在需求。从历史上看，适应不同的社会历史发展阶段，公共图书馆已经完成了两次大的转型，并正在进行着又一次新的转型。两次转型中一次是农业时代图书馆的出现，另一次是工业时代图书馆的出现，而正在进行着的转型就是信息时代图书馆的形成过程。公共图书馆的转型是一项系统工程，涉及公共图书馆的办馆理念、相关制度、功能、馆员以及文化等诸多方面，概括而言，图书馆转型包括业务层面、价值层面两个部分。历史上的图书馆转型均涉及这两个方面，只不过侧重点及转型深度有所不同。就我国的图书馆转型实践来看，有研究者指出："回顾我国图书馆演变历程，转型的内涵主要集中于业务层面；其'价值体系和制度安排'只不过是被'抽离'出来的口号而已。"[①]因此，目前公共图书馆的转型除了继续推动业务层面的变革与创新之外，需要进一步加强价值层面的变革与创新，以实现公共图书馆自身在社会转型过程中的引领、涵养和推动作用。

二、公共图书馆转型的研究现状

如前所述，目前图书馆正处于从工业时代图书馆向信息时代图书馆转型的过程中。这个过程与人类社会由工业社会向信息社会转型的过程基本一致，而人们对于图书馆转型的研究也大致与这个过程一致。1946 年第一台电子计算机问世之后，经过近半个世纪的发展，互联网逐渐深入到日常生活的各个领域，特别是经过 20 世纪 90 年代和 21 世纪最初十年的发展，互联网已经逐渐成为工业社会向信息社会转型的标志。与此相应，20 世纪 90 年代初，人们开始关注图书馆的转型

---

① 周佳宁，刘宇. 社会转型视角下的我国图书馆转型研究[J]. 图书情报工作，2010(2)：40－43.

问题,20 年来,人们对于图书馆转型问题的关注逐步加强,最近几年已经成为一个热点问题,发文量达到了高峰。e 线图情(http://www.chinalibs.net)中收录的关于图书馆转型的文献,2002—2011 年的十年间的文献量为 35 篇,而 2011—2014 年四年之间的文献量为 15 篇,二者比例为 7∶3①。中国知网上标题检索含有"图书馆转型"的文献,1999—2010 年之间的文献量为 83 篇,而 2011—2014 年 3 月之间的文献量为 64 篇,二者比例约为 9∶7②。国内情况如此,国外情况也是如此。《美国图书馆杂志》(American Libraries Magazine)中收录的关于图书馆转型(transformation)的文献,1998—2010 年之间的文献量为 152 篇,而 2011—2014 年 3 月之间的文献量为 212 篇,二者比例约为 3∶4③。从上述数据可见,2010 年之后,图书馆转型问题已经成为业内关注的一个十分重要的问题。

关于公共图书馆转型的研究,学者们主要是从两个方向展开的。第一个方向是公共图书馆定位与职能的转型,第二个方向是公共图书馆的业务转型。我们先看第一个方面的研究情况。公共图书馆转型不单是中国的问题,还是一个世界的问题。美国图书馆协会在 2011 年 4 月 22—24 日召开的理事会秋季会议,主题就是"数字革命与图书馆转型"(The Digital Revolution and the Transformation of Libraries),会议讨论美国图书馆协会 2015 战略计划和转型中的图书馆,会议决定创办一个"转型中的图书馆门户"(Transforming Libraries portal,http://

---

① 该数据是在 e 线图情(http://www.chinalibs.net)以"图书馆转型"作为关键词进行检索之后统计所得,检索时间为 2014 年 3 月 23 日。

② 该数据是在中国知网(http://www.cnki.net)以"图书馆转型"作为关键词进行标题检索之后统计所得,检索时间为 2014 年 3 月 23 日。

③ 该数据是在《美国图书馆杂志》(American Libraries Magazine)(http://www.americanlibrariesmagazine.org)以"transformation"作为关键词进行检索之后统计所得,检索时间为 2014 年 3 月 23 日。

www. ala. org/transforminglibraries)①。美国图书馆转型的背景主要是用户需求的变化、人口的变化以及技术因素的推动，这些变化使得美国公共图书馆与社区的关系、用户期望与用户服务、馆藏、物理空间、馆员与图书馆领导力方面产生变化与转型②。2002 年 4 月，吴建中在《中国图书馆学报》上发表文章《中国图书馆发展中的十个热点问题》，提出图书馆的范型转变问题③。2002 年 5 月，《图书馆》2002 年第 3 期开始推出"新世纪新视点三人谈"系列文章，该系列第一组文章的总题目是"追寻 20 世纪的图书馆精神"，刊登范并思的《延绵不绝的图书馆学理论精神》、邱五芳的《挥之不去的图书馆学的技术情结》与韩继章的《学科精神和行业精神——图书馆精神的双翼》三篇文章，探讨 20 世纪图书馆学精神的理论精神和技术情结，中国图书馆精神的重要特质及其在学术领域和行业方面的体现④。文章从价值层面、从制度层面对图书馆的发展进行讨论。吴建中以及范并思、邱五芳和韩继章的文章这可以看作是新世纪以来探讨公共图书馆转型的最早尝试之一。2002 年 5 月，黄俊贵和林汉城在《中国图书馆学报》发表文章《公共图书馆转型与定位的探索》指出，"图书馆是社会公益性质的文化教育机构"⑤。这是最近十多年明确提出公共图书馆转型的文

---

① Keith Michael Fiels. The Digital Revolution and the Transformation of Libraries[EB/OL]. [2014 - 03 - 23]. http://www. americanlibrariesmagazine. org/article/digital-revolution-and-transformation-libraries.

② Keith Michael Fiels. Defining"Transformation"[EB/OL]. [2014 - 03 - 23]. http://www. americanlibrariesmagazine. org/article/defining-% e2% 80% 9ctransformation% e2% 80% 9d.

③ 吴建中. 中国图书馆发展中的十个热点问题[J]. 中国图书馆学报，2002(2):7 - 12.

④ 范并思，邱五芳，韩继章. 新世纪新视点三人谈之追寻 20 世纪的图书馆精神[J]. 图书馆，2002(2):1 - 8.

⑤ 黄俊贵，林汉城. 公共图书馆转型与定位的探索[J]. 中国图书馆学报，2002(5):5 - 9.

献。2005年1月,《图书馆》编辑部与南山图书馆、湖南大学信息研究所共同发文倡导“21世纪新图书馆运动”。文中虽然没有明确提出“转型”二字,但文章指出,由于种种原因,我国图书馆“服务偏离公正和平等的轨道,违背了国际图书馆界关于图书馆免费服务、平等服务的共识和关心弱者、贴近平民的人文关怀主旨”①。因此,“21世纪新图书馆运动”的目的就是“以弘扬现代公共图书馆精神,协调图书馆与社会的关系,以人为本,建立和谐社会,走近平民,关心弱者,平等服务,缩小数字鸿沟,建立一个信息公平和保障的制度”②,“转型”之思想可以说跃然纸上。此后,程焕文、范并思、蒋永福、李国新、陈传夫等人围绕图书馆精神、制度图书馆、图书馆立法与知识产权等主题,从多个方面和角度对图书馆转型问题进行深入研究,取得了不小的成果。

关于公共图书馆业务转型方面的研究也有深入的开展。因为受到数字技术和互联网技术的影响,图书馆的业务领域首当其冲感受到技术带来的挑战和变化。在业务转型研究的文章中其中论及最多的是就是传统图书馆向数字图书馆的转型,影响特别大的就是图书馆消亡论,认为技术的发展会使传统图书馆消亡,其典型代表就是美国的兰开斯特。这是从总体的、综合的角度研究技术发展对图书馆带来的影响。从具体的业务领域而言,技术的发展对图书馆的传统核心业务也影响颇大,传统图书馆以纸本书为核心的业务加工流程受到了很大的影响,由于手段和工具以及对象的变化,图书馆的业务流程也正在发生着变化。由此,图书馆的服务方式也发生了深刻的变化。业务转型的动因是技术驱动下读者获取信息方式的变化,这种变化对图书馆的发展产生了深刻的影响。1995年12月8日,美国国会图书馆、美国网络信息联盟、美国图书馆资源委员会(1997年与美国保护与存取委员会合并为美国图书馆与信息资源委员会)、美国公共图书馆协会(美国图书馆协会的分会)、美国城市图书馆协会、美国图书馆未来组织、

---

①② 本刊编辑部. 以人为本 弘扬公共图书馆精神——本刊与南山图书馆、湖南大学信息研究所共倡“21世纪新图书馆运动”[J]. 图书馆,2005(1):1.

哈佛大学肯尼迪政府学院在美国国会图书馆共同举办一次公共图书馆转型研讨会,讨论网络世界数字信息的存取与信息时代的公共图书馆,会议邀请通讯、经济、信息与图书馆学、公共政策、出版和技术领域的专家共同探讨技术发展、竞争环境对公共图书馆的影响①。自从20世纪90年代起,国内外关于信息技术对图书馆影响的研究和讨论就一直没有停止过。颜务林认为,20世纪80年代图书馆的核心技术是分类编目,90年代中期图书馆的核心技术是检索技术,而新一代核心技术是交流②。索传军则认为,数字技术的发展,使得图书馆的知识服务单元从图书等颗粒度大的单元深入到篇章段落等颗粒度小的知识单元,这对图书馆业务转型影响很深刻③。张晓林认为,数字学术出版技术、科学数据与语义化出版等破坏性技术,将会对图书馆的模式产生颠覆性影响,图书馆应该采取“破坏与颠覆”的态度、观念,预测可能的战略发展方向④。

由于中国图书馆事业和美国图书馆事业所处阶段不同,对于公共图书馆转型关注的侧重点有所不同。美国公共图书馆事业发展相对成熟,公共图书馆体系建设相对比较完善。因此,美国公共图书馆转型更多关注的由于数字技术和信息技术的发展对图书馆所带来的影响,在图书馆生存环境发生重大变化,比如由于城市化的影响,农村人口向城市迁移造成农村社区人口减少、由于 ebook 的应用对于图书馆

① CNI. The Transformation Of The Public Library[EB/OL].[2014-04-26]. http://www.cni.org/resources/historical-resources/the-transformation-of-the-public-library/.

② 刘锦山,颜务林.颜务林:知识公园是现代图书馆的一面旗帜(图)[DB/OL].[2014-04-25]. http://www.chinalibs.net/ArticleInfo.aspx? id=292388.

③ 刘锦山,索传军.索传军:追本溯源继往开来(图)[DB/OL].[2014-04-25]. http://www.chinalibs.net/ArticleInfo.aspx? id=253149.

④ 张晓林.颠覆数字图书馆的大趋势[J].中国图书馆学报,2011(5):4-12.

业务方面的影响等[①]。而中国提出公共图书馆转型这个概念，是在中国公共图书馆事业总体不甚发达，但又有一部分地区的公共图书馆事业相当发达的基础上提出的，一方面要适应中国社会发展的需求，进一步完善公共图书馆服务体系的建设，彻底去除先前的官本位意识，使公共图书馆真正发挥在保障群众文化权利的作用；另一方面要正视技术变化对图书馆业务层面的冲击，实现在业务领域的转型，中国公共图书馆与美国公共图书馆转型相同之处也正在这里。

十余年的公共图书馆转型研究取得了不少成果，但是把公共图书馆转型作为一个课题进行系统的研究还很少。从研究方法上来看，将历史视域、现实视域、文化视域和实践案例结合起来进行多维视野下的比较研究尚有待开拓，对于转型的内部机制尚有待进一步厘清，对于中国公共图书馆转型的路径选择尚待进一步论证等。在实践层面上，关于公共图书馆的转型问题，无论是在公共图书馆的定位与职能拓展以及业务层面，图书馆界已经进行诸多的探索。首都图书馆、上海图书馆、重庆图书馆、深圳图书馆、杭州图书馆、东莞图书馆、佛山图书馆与浦东图书馆等许多图书馆都做了相当多的尝试，也取得了很好的效果，积累了很多经验，这些经验也有待进一步总结完善。这就是本课题的意义所在。

三、公共图书馆转型路径

量变和质变是事物运动发展的两种状态。一般情况下，量的增减所对应的就是外延发展方式，而质的变化对应的就是内涵发展方式。改革开放前一直到 20 世纪末，由于我国公共图书馆事业长期

① Keith Michael Fiels. Defining“Transformation”[EB/OL].[2014－03－23]. http://www.americanlibrariesmagazine.org/article/defining-%e2%80%9ctransformation%e2%80%9d.

投入不足,形成硬件不硬、软件更软的基础严重薄弱的局面,公共图书馆事业发展缺乏必要的物质基础。为解决这一问题,最近十余年各级政府加强对公共图书馆的财政投入,用以解决公共图书馆在馆舍、设备、馆藏、经费等诸多方面的欠账,为公共图书馆事业的发展奠定必要的物质基础。正是在这种背景下,十余年来公共图书馆的发展主要体现在规模的扩张与量的增长之上,正是通过这种扩张与增长,使得公共图书馆的办馆条件有了质的飞跃,为我国公共图书馆事业的进一步发展奠定了坚实的物质基础。这一阶段的发展十分必要,我们不能否定这一阶段对于图书馆事业发展的积极推动作用。

但现在,是我们应该回过头来反思和调整公共图书馆发展战略的时候了。量的扩张到达一定规模、一定阶段的时候,必然需要充实内涵,进行质的升级。这是事物发展的普遍规律,只有这样事物才能不断以螺旋式的方式上升发展。经过十余年的外延发展,为公共图书馆的内涵发展奠定很好的基础和条件,而且内涵发展本来也是公共图书馆现阶段发展的必然选择。因此,在现阶段,公共图书馆转型主要指的是从以外延发展为主转变到以内涵发展为主的发展方略上来。这就是公共图书馆转型的路径。以内涵发展为主的发展方略要求我们充分发挥价值引领作用,通过价值引领来促进公共图书馆业务层面的转型,通过业务层面的转型来实现公共图书馆的社会价值。内涵发展就是根据当前社会转型发展的背景,从理念、制度、功能、队伍、文化五个方面探索公共图书馆转型实践的一种发展方式。其中,理念是先导,制度、功能、队伍是手段,其最终目的是构建内涵发展的文化,实现图书馆的文化引领①。

---

① 张伟. 公共图书馆内涵发展的理论与实践研究——以浦东图书馆为例[M]. 上海:华东师范大学出版社,2013:12.

1. 构建理念体系,确立存在根据

“公共图书馆是什么”是一个本体论问题,“公共图书馆为什么”是一个价值观问题,这两个问题反映出公共图书馆的存在根据和价值取向。任何一个公共图书馆都不能逃脱这两个问题的追问,只有彻底明确这两个问题,公共图书馆才能够行稳致远,才能找到自己的位置,做出自己应有的积极贡献。对这两个问题的回答,其实就是一个对办馆理念进行梳理总结的过程。只有办馆理念明晰了,图书馆的办馆实践才有章可依,才不致被纷繁复杂的现实表象所困扰,才不致迷失方向,才能够愈挫愈勇,不断向前。

从哲学观来讲,人们对根本问题的思考,一般都遵循“是什么”“为什么”和“怎么是”的三层逐步递进的逻辑展开,这三层逻辑分别对应的是本体论、价值论与方法论。公共图书馆理念体系的构建也应遵循上述逻辑展开。对应于本体论层面的理念属于战略层面的理念,包括公共图书馆使命与公共图书馆愿景,这主要解决的是公共图书馆“是什么”的问题。对应于价值论层面的理念属于价值层面的理念,包括公共图书馆核心价值观、公共图书馆精神、公共图书馆伦理(职业道德)与公共图书馆作风,这主要解决的是公共图书馆“为什么”的问题。对应于方法论层面的理念属于执行层面的理念,包括公共图书馆运营理念和公共图书馆管理理念。通过理念体系的构建,可以切实解决公共图书馆之所以存在的本体论与价值论依据,并且为公共图书馆的运营与转型提供执行依据。

理念体系的构建属于顶层设计,需要有开阔的事业和丰富的实践作为基础。理念体系的构建来源于实践又高于实践,缺乏实践支撑闭门造车自然是行不通的,但只有经验的堆砌而没有理论的指导同样是行不通的。

2. 构建制度体系,确立运营依据

多数人认为,公共图书馆是一种制度安排。这种制度安排的基本目的在于保障公民基本文化权利、保障社会信息公平。因此,为保障公共图书馆的顺利运行,需要一系列配套的制度作为基础和条件。图书馆制度体系可以从三个层面上来看,第一个层面是政府层面的制度体系建设,第二个层面就是图书馆行业协会层面的制度体系建设,第三个层面就是图书馆层面的制度体系建设,这三个层面的制度要实现有效对接。制度体系的构建和完善,对于保证图书馆正常的运营具有十分重要的作用和意义。三个层面制度体系的建设,有利于在宏观、中观和微观层面上为公共图书馆的发展创造一个稳定可持续的发展环境。

我们这里谈的图书馆制度,是一种广义上的理解,包括图书馆方面的法律、政策、制度、规范和准则。国家层面的公共图书馆制度有《公共图书馆建筑设计规范》《公共图书馆建设用地指标》《公共图书馆服务规范》文化部制定的省级、市级、县级公共图书馆评估标准和定级必备条件,地方政府层面的公共图书馆制度有各地颁发的图书馆条例,应该说最近十余年我国图书馆立法工作发展还是比较快的,但是由于种种原因,公共图书馆法还没有最后完成立法,这种状况不适应我国公共图书馆事业的发展要求。行业协会方面,中国图书馆学会发布的《中国图书馆员职业道德准则(试行)》以及其他有关文件。图书馆层面,大多数图书馆都有相关的馆内各项制度。可以说,图书馆制度体系建设,在我国已经具备了一定基础,但仍然存在着相当的完善空间。关于公共图书馆法定经费来源及其数额、公共图书馆馆长任职资格、公共图书馆人员编制等关键问题,缺乏明确的法律规定,这就制约了公共图书馆的健康可持续发展。

面对这种行业法律法规缺失的情况,我们不能坐等,而是要积极行动起来。首先,充分利用好现有的制度条件,努力开展图书馆的转型工作;其次,要积极推进公共图书馆法的立法进程;第三,要加强公共图书馆内部的制度体系建设,为公共图书馆的转型发展营造良好的微观环境,使公共图书馆的运用具有制度依据。在构建"现代图书馆制度"的实践中,应该着力解决好四个方面的关系:政府与公共图书馆的关系、公共图书馆之间的关系、公共图书馆与读者和社会的关系、公共图书馆内部的关系。强化图书馆治理结构,使公共图书馆的决策机制由传统的政府主管部门决策向由专门成立的理事会或委员会决策转变,真正实现行业自治与自律管理。

3. 拓展功能内涵,创造新的价值

最近几年,关于图书馆的功能拓展,出现诸如信息中心、学习中心、交流中心、共享空间、文化空间、学习空间等许多新的概念和实践。这些不同的概念与实践反映出图书馆这一文化服务机构的多种属性,这些属性体现出图书馆不同发展阶段不同的侧重点。我们从中可以看出,上述概念有一个共同的特点,都体现出图书馆作为场所的价值。图书馆作为一个文化传承机构,绝非只是一个资料、书籍和数字资源的简单堆砌的地方,作为一个场所,它具有独特的文化内涵和氛围,是其他空间所不能比拟和取代的。特别是图书馆的资源经过图书馆人的精心组织,产生了新的价值,这是吸引读者的重要因素之一。图书馆作为公共文化服务空间,可以开展讲座、沙龙、展览等诸多形式的文化活动,通过这些文化活动,可以大大提升图书馆作为场所的价值,丰富图书馆的文化内涵。要充分发挥公共图书馆的场所价值,用人文精神来提升大众文化品质,引领大众文化走向,最终帮助大众实现“文化自觉”。

在新的历史背景下,图书馆要开门办馆,走向社会,不断拓展和丰富自己的功能。美国图书馆协会执行理事基思·迈克尔·菲尔兹认为:“今天的图书馆应该主动融入社区,图书馆员应该走出图书馆进入社区,与当选官员和社区成员一起工作支持社区的希望、日常事务和目标。图书馆怎样帮助社区减少犯罪、增加高中学生毕业率、帮助人们找工作?逐渐地,图书馆作为召集人,带领社区成员一起清楚地说出他们的愿望、带领他们进行创新以便使图书馆在社会发展与社区变

化中成为积极的伙伴和驱动力量。”①

4. 加强队伍建设,确保永续发展

在一切事业发展的过程中,人是最为关键的因素。因此,加强馆员队伍建设是确保公共图书馆可持续发展的关键所在,也是公共图书馆内涵发展的题中应有之意。加强馆员队伍建设既是图书馆事业发展的需要,也是馆员自身发展的需要。加强馆员队伍建设,首先需要强化馆员队伍的职业意识,使大家从内心深处真正认识到公共图书馆的社会价值及其使命,能够自觉地做好图书馆的工作。其次,需要不断提升馆员的专业素养。公共图书馆的馆员队伍学科背景各异,其中既有图书馆学情报学背景,又有人文社会科学、理工科背景,为做好公共图书馆的工作,必须要努力提升馆员的专业素养,为此,需要制订系统的、持续的专业培训计划,并与馆员职业生涯发展结合起来,根据馆员职业不同发展阶段的需求提供有针对性的教育与培训。第三,还需要不断提高馆员的综合素质和水平。公共图书馆作为一个文化服务机构,它的服务对象分布在社会各行各业,服务方式多种多样,向用户和读者提供的文化产品和服务也呈现出多样化的发展趋势,这就要求图书馆的馆员具有较强的宣传推广才能,要求馆员具有比较丰富的知识面,要求馆员具有良好的心理素质,要求馆员具有较好的演讲才能……只有拥有一支综合素质水平高的馆员队伍,才能适应公共图书馆转型发展的需要。

5. 加强文化建设,实现以“文”“化”人

文化发展已经成为21世纪的核心话题,未来世界的竞争也将是文化生产力的竞争,脱离人或文化背景的发展是一种没有灵魂的发

---

① Keith Michael Fiels. Defining“Transformation”[EB/OL]. [2014-03-23]. http://www.americanlibrariesmagazine.org/article/defining-%e2%80%9ctransformation%e2%80%9d.

展。1998 年,联合国教科文组织召开的“文化政策促进发展”政府间会议提出了《文化政策促进发展行动计划》,该《计划》指出,“发展可以最终以文化概念来定义,文化的繁荣是发展的最高目标”“文化的创造性是人类进步的源泉。文化多样性是人类最宝贵的财富,对发展是至关重要的”。公共图书馆承担着保存文化、传承文明的历史责任,它提供让人成为特定社会人的文化土壤。人之所以成为人,就是因为受到一定文化的熏陶,并认同这种文化,在此基础上成为一个文化的存在。从本体论角度来说,图书馆是大众享受学习乐趣、接受文化感召、体验心灵和谐、接近生命智慧的“精神家园”,是促使人们寻找和平与精神幸福之所,是极富影响力的城市公共文化空间。因而,文化理所当然地应该成为公共图书馆的立馆之基。公共图书馆应该着力进行愿景文化、制度文化、环境文化一直到行为文化的构建,通过愿景文化、制度文化与环境文化的设计与建设,滋养出行为的文化。以理念、机制凝聚馆员向心力;营造优秀的学术文化,以“文”“化”人,提升馆员的人文素养;设计开发“基于读者、为了读者、在读者中、让读者充分参与”的课程式文化活动,增强读者的认同感和归属感;建设宜人的绿色、人文环境,以环境文化提升人文关怀①。

四、本书的研究范围

本书将从历史、现实、文化、实践以及对话五个视域出发对公共图书馆转型与内涵发展这一主题展开研究,从多维视野下来研究和审视公共图书馆转型与内涵发展,通过研究为公共图书馆转型发展提供方法论与路径选择支持。

---

① 张伟.公共图书馆内涵发展的理论与实践研究——以浦东图书馆为例[M].上海:华东师范大学出版社,2013:17.

1. 历史视域下公共图书馆的转型与发展

从历史角度看，公共图书馆的转型是受到其所生存的社会环境的变化引起的。作为一般生产系统的特殊形式，图书馆这一特殊的生产系统也是由劳动力、劳动工具、劳动对象三个要素组成的，而其业务流程的发展变化也是由这三个要素的发展变化引起的。根据生产工具和劳动对象的变化，可以将图书馆的发展过程划分为三个发展阶段：农业时代的图书馆、工业时代的图书馆和信息时代的图书馆，与这三个发展阶段相对应的是图书馆的三种发展形态。本部分主要从历史的角度，对受社会发展影响而发生变化的图书馆进行梳理，由此总结和归纳出不同时代公共图书馆的转型与发展特点。

2. 现实视域下公共图书馆的转型与发展

与中国社会发展变迁现实相适应，中国的公共图书馆也正经历着从农业时代的图书馆向工业时代的图书馆与信息时代的图书馆不断嬗变和突变的时代，公共图书馆的转型与发展正是在这样的背景下发生的。本部分研究了现实环境下社会对公共文化服务需求的变化引起的公共图书馆的定位与职能的变化、由此引发的公共图书馆建设发展模式的嬗变、业务流程变化引起的组织形态的变化、读者需求变化引起的服务模式的变化、资源形态变化引起的建筑空间的变化、技术变化引起的运营模式的变化，以及人员的变化。

3. 文化视域下公共图书馆的转型与发展

文化的转型与发展是公共图书馆的转型与发展的核心，只有完成了文化的转型与发展，公共图书馆的转型与发展才算真正完成。图书馆文化结构分为理念、制度、行为与物质四个层次，本章从这四个层面论述公共图书馆的文化重构与发展，具体阐述了从现代公共图书馆基本理念、信息时代公共图书馆的理念文化建设、制度文化转型、图书馆行为文化的变迁、馆长身份的变迁、如何打造新时期公共图书馆形象、从注重规模扩张到向品位发展的图书馆物质文化、信息时代图书馆的数字化生存、创新公共图书馆文化载体等问题。

4. 转型与内涵发展视域下的浦东图书馆

本部分以浦东图书馆几年来的实践为中心,具体、系统地介绍了浦东图书馆成立之后在建构发展理念体系、建构区域内的现代图书馆制度、建构图书馆服务新的功能和方式、建构专业化的馆员队伍、建构图书馆内涵发展文化等方面所做的工作,从理论上总结和梳理了浦东图书馆在上述各个方面所取得成就和经验。

5. 关于公共图书馆转型与内涵发展的对话

本部分通过张伟与刘锦山的对话,细致入微地阐述了公用图书馆发展环境的变化、公共图书馆面临的挑战与机遇、公共图书馆发展思路的转变、内涵发展的规定、公共图书馆的本质、技术与人文的关系、公共图书馆与社会教育、公共图书馆如何转型、文化转型、业务模式转型、制度转型、组织机构转型、治理机制转型、转型过程中需要的注意的问题、浦东图书馆在转型过程中的实践与经验以及对未来的展望等方面的内容。

第一章　历史之维:历史视域下的公共图书馆转型与发展

导语:从农业时代到信息时代是一个漫长的历史过程,不同的时代、图书馆的发展变化也各具特色,这与当时社会的生产力水平密切相关。以图书馆为一种生产力分析其三个基本要素——劳动者、劳动工具和劳动对象,可以发现图书馆事业独特的发展脉络。

美国当代著名社会学家阿尔温·托夫勒,在《第三次浪潮》中从生产力发展的角度对人类社会进行考察研究,指出人类社会历史的发展可以三次"浪潮"为转折点进行划分:第一次浪潮,是大约在公元前8000年开始的农业革命,使人类从原始野蛮的渔猎时代进入农业社会和农业文明时代,这段时期大概延续了数千年之久;第二次浪潮,即17世纪末因蒸汽机发明引起的工业革命,带来的是工业社会和工业文明,至今约有300年的历史;而从20世纪50年代后期开始,随着电子技术的发展,第三次浪潮正汹涌而至,为人类社会带来急剧变化,人类由此迅速进入信息社会,产生一种新的文明。托夫勒提出的这一划分标准为学界带来新的研究视角。

从历史角度看,公共图书馆的转型与发展是由于其业务流程的发展变化而引起的。作为一般生产系统的特殊形式,图书馆这一特殊的生产系统也是由劳动力、劳动工具、劳动对象三个要素组成的,其业务流程的发展变化也是由这三个要素的发展变化引起的。在图书馆这一生产系统中,图书馆工作人员是劳动力,书架、书柜、计算机、复印机、电话、互联网等是劳动工具,馆藏资源属于劳动对象。图书馆自从产生之初,根据生产工具和劳动对象的变化,其业务流程曾经发生过三次显著的改变,由此引起了图书馆的具体形态发生过和正在发生着显著而深刻的变化。因此,可以将图书馆的发展过程划分为三个发展阶段:农业时代的图书馆、工业时代的图书馆和信息时代的图书馆,与这三个发展阶段相对应的是图书馆的三种发展形态。

农业时代的图书馆从时间上看,大致从图书馆出现之后一直到工业革命之前,图书馆的馆藏主体主要是各种手抄本、雕版印刷、传统活字印刷品等文献;图书馆的存储工具主要是传统的书架、书柜,馆员的劳动工具主要是人的头脑、双手、笔和账簿等;图书馆的业务流程主要围绕馆藏对象的搜集、整理、保存展开,因馆藏之获得不易,馆藏资源的利用在图书馆业务流程中并不突出;图书馆的读者对象仅限于有特殊社会地位或身份的人员,图书馆的办馆理念与形态亦与此相适应——重藏轻用。

工业时代的图书馆从时间上看,大致从工业革命起一直到互联网出现之前。由于出版技术和计算机技术的发展,图书、期刊、报纸的出版数量大为增长,而且出现了各种音响出版物和单机或者局域网内部使用的数据库,图书馆的馆藏种类和数量大为增加,但纸本的书报刊依然是图书馆的馆藏主体;图书馆的存储工具除了传统的书架、书柜之外,出现了密集书柜和光盘、硬盘等计算机存储设备,馆员的劳动工具除了人的头脑、双手、笔和账簿(卡片)之外,还有打字机、计算机和馆内的局域网等;图书馆的业务流程主要围绕馆藏对象的搜集、整理、保存和利用展开,馆藏资源的利用在图书馆业务流程中逐步显示出来;图书馆的读者范围有了很大的拓展,但受“重藏轻用”思想的影响,馆藏资源的利用仍然有诸多限制,图书馆的办馆理念与形态亦与此相应。

信息时代的图书馆是指互联网出现之后的图书馆。计算机技术和互联网技术的发展,一方面使得已经出版的纸本书报刊等资源不断数字化,另一方面互联网上的原创或者原生的资源品质越来越高,数量越来越多,这就使得图书馆的馆藏结构和主体发生了质的变化;图书馆的存储工具在除了工业时代的工具之外,还出现了网络存储、云存储等,馆员的劳动工具除了人的头脑、双手、笔和账簿(卡片)、计算机、馆内局域网之外,还出现了互联网;图书馆的业务流程正在从对传统资源的搜集、整理、保存和利用逐步转向对数字资源的搜集、整理、保存和利用,资源利用在图书馆业务流程中的地位空前突显,“重藏轻用”的理念开始转变;图书馆的社会文化功能、咨询功能进一步得到强化,而读者由于获取资源、信息和知识途径的拓宽,图书馆不再是读者获取资源、信息和知识的主要渠道,图书馆作为资源、信息和知识中心的地位呈现出弱化的迹象,这种情况下,图书馆的办馆理念和形态也在发生着深刻的变化。

第一章主要从历史的角度,对受社会发展影响而发生变化的图书馆业务流程进行梳理,由此总结和归纳出不同时代图书馆的转型与发展特点。

一、农业时代的公共图书馆

需求决定事物的发展。因为生存的需求,即使同样是鱼类,为了适应不同的生活环境,生活在洞穴中的鳗鲡和黄鳝,为能迅速自如地出入洞穴,身体变成圆筒形,栖居于水底的鳐身体发展为平扁状,而普通的鱼类则大多是两头尖中间凸的纺锤形身体。在人类开蒙启智的最初时期,对于社会各方面的发展,需求所带来的原动力尤为明显,为了保暖蔽体,人开始穿衣,为了交流沟通,语言文字被创造出来。图书馆的出现是因为人们对文献收集、保存、利用的需求,同样,图书馆的发展也是由用户需求所决定的。

在农业时代,图书馆经历了诞生、发展的阶段,数千年的时间中,图书馆事业呈现出丰富多样的变化。但就整体而言,因为社会生产力的限制,文化教育只是少数人的特权,社会上的大多数人并不识字或识字很少,和图书馆之类的机构基本绝缘。农业社会的书籍等文献物以稀为贵,图书馆的服务对象局限于特殊阶层,如皇室贵族,神职人员,以及其他具有一定社会地位的知识分子。基于此,这一时期,在图书馆的建设中,人们更重视文献的收集保存,即"藏",对文献的利用则无论是在深度上还是广度上都显得十分有限,没有面向社会大众广泛开放。

1. 农业文明的确立与图书馆的起源

图书馆作为人类文明的宝库,其起源与人类社会的发展息息相关。就人类历史的演进历程而言,人类先后经历过旧石器时代、新石器时代、农业时代、工业时代和信息时代。在目前可知的历史看来,农业产生于距今约 1 万年前的新石器时期,农业的出现极大地促进了社会生产力的发展,为人类社会带来了巨大变革。所谓"仓廪实而知礼节,衣食足而知荣辱"。人类文明的出现是在农业社会形成之后。公元前 4500 年左右,灌溉农业在西亚的两河流域(即幼发拉底河和底格里斯河流域)兴起,文字、城市、国家随后相继形成,在此基础上诞生了最早的人类文明之一——美索不达米亚文明,而目前已知最早的图书馆就出现在这一地区。

文字的产生和文献的出现,是人类文明诞生的重要标志,也是图书馆出现的先决条件。在不同地区和不同时代,不同文明创造出不同的文字体系。现在我们知道的比较早的就有美索不达米亚的楔形文字、古埃及的象形文字、我国的甲骨文、古希腊的拼音文字、印度的梵文等。在文字产生后,文献作为记载知识和信息的载体也随之出现。由于书写材料、记录方式的不同,文献的形式也各不相同。如古代埃及的泥版文献和纸草文献,古巴比伦、古希腊、古罗马的纸草文献和羊皮文献,以及我国早期文明发展史上出现的石质文献、泥质文献、甲骨文献、竹木文献、青铜文献、丝质文献等。这些早期文献所使用的材料多为只进行了粗加工的天然物质,制作工艺简陋,生产出的数量很少,笨重不便携带,记录手段也非常原始。

当文献数量在不断积累中日益增加,需要用到的时候也越来越多,就必然需要对已有的文献进行收集、整理和保存,于是,图书馆的雏形就出现了。目前,大家比较认可的是,人类历史上出现得最早的图书馆是大约公元前3000年两河流域的尼普尔城神庙图书馆,而亚述巴尼拔图书馆是现今已发掘的古文明遗址中,保存最完整、规模最宏大、书籍最齐全的图书馆。这座皇家图书馆因亚述国王亚述巴尼拔而得名,建立于公元前7世纪,在时间上要比埃及著名的亚历山大图书馆早400年,拥有3万多块泥板文献,并已按照内容的不同进行了分类,并存放在不同的房间里,亚述书吏还在每块泥版上附上题签,标明该泥版所记载的内容。亚述巴尼拔图书馆所藏文献门类齐全,包括哲学、数学、语言学、医学、文学以及占星学等各类著作,几乎囊括了当时的全部学识。亚述巴尼拔还雇有好多学者和抄写员,专门抄写各地的泥版和有价值的铭文,完成了史上最早的图书目录①。

而在我国,图书馆的萌芽可追溯到公元前13世纪,当时的商代王室已有了保存典籍的地方。他们记录文字的材料多为龟甲和兽骨,上面的文字就是“甲骨文”,也有一些是把文字刻铸在青铜器上,所以被称为“铭文”。1928年,考古人员开始发掘商代都城遗址殷墟,在其后的100多年里,殷墟遗址出土了数目惊人的甲骨文物,多数刻有文字。研究人员发现,这些甲骨记录了祭祀、狩猎、农业、天文、军事等方面的内容,内容极为丰富,并被有意识地收集和保管在专门的收藏地点,由史官专门管理。《尚书·多士》中也有对殷商典籍保存情形的描述:“惟尔知,惟殷先人,有典有册,殷革夏命。”这表明,在殷商时期,官府已经设置了机构对典籍文献进行收藏、管理和利用,已具备图书馆的最基本职能②。到了周代,社会政治、经济、文化的发展更是大大超越殷商。就目前可知的记载来看,周王朝的史官被称为太史、内史、作册、作册吏等,负责记录史事、收藏保管文献档案、提供顾问服务等工

① 陈晓红,毛锐. 最早的图书馆——亚述巴尼拔图书馆[DB/OL].[2013-07-11]. http://www.chinalibs.net/ArtInfo.aspx? titleid=4454.

② 王应,吴晓英,黄友均. 浅析中国图书馆史[DB/OL].[2013-07-11]. http://www.chinalibs.net/ArtInfo.aspx? titleid=196837.

作，和商代史官相比，周代史官藏书的行为更加典型，不但保存的文献类型更加丰富，对文献的利用也更加明显，所以，有研究者认为：如果把商代甲骨文献的收藏称为我国古代藏书的萌芽时期，则商代就是古代藏书的成型时期①。

2. 图书馆的发展及其文化地位

图书馆在人类文明史上具有极其重要的地位，图书馆是应人类对文献收集、保存、利用的需求而出现，对文化科技的进步乃至社会的发展都起到了重要的推动作用，并使人类历史上的众多文化遗产得以长期保存下来，流传至今。迄今为止，农业时代在人类历史上占据了最长的时间，达数千年之久。正是图书馆的存在，使得农业文明得以源远流长，为我们现在了解那个时代的历史提供了最大助力。在那数千年之间，随着社会生产力不断发展，图书馆也取得了巨大的发展，而纸张的发明和印刷术的出现无疑是农业时代图书馆史上两个最重要的里程碑。从这个角度来看，我们可以将农业时代图书馆的发展分为：泥版书、纸草书、简帛书时期的图书馆；写本书时期的图书馆；以及印本书时期的图书馆。

早期图书馆的发展程度与文献形态关系较大。在纸张被发明出来的之前，文献数量较为稀少，在古埃及、古希腊、古罗马时期，最为常见的文献形态是泥版书和纸草书，不易携带和储存，图书馆发展受到很大限制。因此，当比纸草纸更为耐用的羊皮纸出现后，欧洲的图书馆事业得以迅速发展起来，到了 5 世纪，在欧洲，羊皮纸已取代纸草纸成为主要的书写材料。

公元前 332 年，埃及被希腊人占领，置于亚历山大大帝统治之下，兴盛了 2000 多年的埃及文明从此逐渐淡出中心位置，被希腊文明取而代之。古希腊的图书馆事业于公元前 6 世纪进入繁荣期，并在其后的 300 年中将书写文化推向顶峰。古希腊还是第一个建立公共图书

---

① 谢灼华. 中国图书和图书馆史[M]. 武汉：武汉大学出版社，2011：20.

馆的国家,尽管这种“公共图书馆”和我们现在的“公共图书馆”有着很大的不同。在古希腊,公共图书馆十分普遍,从大城市到小城市,甚至岛屿上也都设有公共图书馆。除了公共图书馆外,古希腊还设有各种专业图书馆,私人藏书的潮流也在古希腊十分流行,如柏拉图、亚里士多德、欧里庇得斯等希腊文化史上的明珠式人物,都拥有自己的私人图书馆,且颇具规模。这些图书馆成为当时学者、知识分子的重要活动中心,对古希腊文化教育事业的发展发挥了巨大的贡献。

公元前3世纪,亚历山大图书馆建立。这是古希腊最著名的图书馆,也是整个人类历史上最古老、最为伟大的图书馆之一,被誉为是人类文明世界的太阳。亚历山大图书馆拥有当时世界上最丰富的藏书,多达50万(或说为70万)卷,主要为希腊文学书籍,均为纸草纸手稿及抄本①。亚历山大图书馆的历任馆长都是当时的知名学者,馆员也是饱学之士,地位十分崇高。在长达700多年的时期里,亚历山大图书馆一直是当时世界的知识和学问中心,即使在罗马帝国建立后。

古罗马的文化事业与古希腊一脉相承,图书馆也是如此,无论在建筑形式、管理方式,还是藏书内容上,古罗马的图书馆都与古希腊十分类似,发展得十分繁荣。古罗马历代帝王都十分重视图书馆的兴建,到5世纪,古罗马已有公共图书馆28所,所藏图书不下10万余卷②。

而在古代中国,当纸发明出来以前,书籍的载体多为竹木和缣帛,即简帛书。春秋以前,文献典籍集中于官府,设专门的官吏掌管。到了战国,各国国君曾明令不准民间藏书只准官府藏书,这一措施到了秦朝,更是严苛。秦始皇焚书坑儒,使得先秦典籍被严重毁损。到了汉代,统治者开始放松查禁民间藏书,并积极丰富官府藏书。汉惠帝时,朝廷正式解除挟书禁令,使民间藏书合法化;汉武帝下令“大收篇籍,广开献书之路”,充实宫廷藏书;汉成帝命刘向、刘歆整理图书,编

---

① 杨子竞.外国图书馆史简编[M].天津:南开大学出版社,1990:10.

② 杨子竞.外国图书馆史简编[M].天津:南开大学出版社,1990:15.

成我国最早的藏书目录——《七略》,对上古至汉代的藏书首次进行大规模地汇集、整理。东汉恒帝时,秘书监正式设立,“掌典图书,古今文字考合异同”。自此,藏书管理机构正式在朝廷中出现,藏书管理事务日益完善。这一制度也被后来各朝代一直沿袭发展,在此后长达1100余年的我国封建社会时期,历代秘书监在朝廷中都占有显要地位,官员亦待遇隆厚。

后汉时期,约2世纪,蔡伦发明了造纸术,“用树肤、麻头及敝布、渔网以为纸”,原料低廉易得。至东晋末年,约5世纪,纸张已广泛使用,我国已完全进入写本书时代,图书馆事业的发展也随之逐渐兴盛起来。到了隋唐,官府藏书、私人藏书、寺观藏书均得到很大发展。而当印刷术出现后,书籍的大量制作和广泛传播成为可能,促进了我国古代图书与图书馆事业的飞跃式发展。雕版印刷始出现于我国唐朝,由此写本书开始向印本书时代过渡,至11世纪宋人毕昇发明活字印刷术,书籍生产和流通开始专业化。在此之前的中国,无论是官修书籍,还是私人著述,全赖手抄留传①。世界上其他地区也是如此。印刷术的出现则打破了这一限制,对图书馆事业的发展带来深远的影响。

宋代是我国古代藏书史上的一个高峰,官府及私家藏书都远超前代。在这一时期,我国古代藏书四大体系基本成型,官府藏书、私人藏书、寺观藏书和书院藏书都已达到了一定的发展规模。宋之后,历辽金元数代,直至明清,印刷术不断改进创新,迎来我国古代印刷业的繁荣时期,官刻、私刻、坊刻盛行,出现线装这种新的书籍装订形式,更加结实,还可重装,更有利于广泛流通传播。明清时期,朝廷十分注重编书藏书,明成祖时编纂《永乐大典》,清康熙时编《古今图书集成》,乾隆时编成《四库全书》,并建文渊阁、文津阁等较大规模的官办藏书楼,体现出较强的国家图书馆行为。明清时期的私家藏书愈加普遍,出现了如天一阁、汲古阁、澹生堂、续钞堂、倦圃、曝书亭、乐善堂等一大批著名的藏书楼。

---

① 谢灼华. 中国图书和图书馆史[M]. 武汉:武汉大学出版社,2011:64.

书院藏书虽然出现时间后于官府藏书、私人藏书和寺观藏书,但由于教学、讲学活动的需要,书院藏书形成了独具特色的公共性和开放性。我国古代历朝官府藏书、私家藏书等更注重“藏”,而书院藏书则不同,其目的在于为师生提供研习之资,服务、服从于其教学与学术研究工作。因此,书院藏书建设管理也向不同重点发展:设置专人管理书院藏书,制定完备的图书馆保管、借阅制度,编制院藏图书目录,以方便读者的检索、阅读①。

造纸术和印刷术是我国古代四大发明之二,对世界各地图书馆事业的发展都具有极为重要的影响。随着造纸术和印刷术从我国传播到世界各地,期间不仅促进了不同文化之间的传播、交流和发展,也推动了世界各地图书馆事业的加速发展。

我国的造纸术先是传入朝鲜、日本、越南等亚洲国家,然后从阿拉伯国家传到非洲、欧洲大陆,欧洲人再把造纸术带到美洲,最后传入大洋洲。我国造纸术在 8 世纪中期传入阿拉伯世界后,在一定程度上促进了这一地区图书馆事业的发展。得益于阿拉伯帝国政治经济方面的强大实力,还有伊斯兰教的巨大影响,阿拉伯的图书馆在 9 世纪就已得到很好的发展,一直到 12 世纪,皇家图书馆、清真寺图书馆以及私人图书馆在这一地区都十分发达。以巴格达和大马士革为中心,穆斯林信徒大力兴办图书馆和学校,远达开罗、西班牙等地,在文化鼎盛时期,巴格达城内的公共图书馆就多达 30 多座②。这些图书馆的藏书范围十分广泛,除了《古兰经》等伊斯兰教的宗教图书,还有古希腊罗马的文献、梵文哲学著作、印度史诗等各时代不同门类、文种的图书。

但事物的发展并不是一路顺利直行的,其中不乏曲折。与阿拉伯图书馆事业的兴旺形成鲜明对比的是,中世纪的欧洲陷入了“黑暗时

---

①　谢灼华. 中国图书和图书馆史[M]. 武汉:武汉大学出版社,2011:214－218.

②　M. H. 哈里斯. 西方图书馆史[M]. 吴晞,靳萍译. 北京:书目文献出版社(今国家图书馆出版社),1989:81.

代”，文明走向衰落，在过去十分常见的公共图书馆在这一时期的欧洲几乎销声匿迹，只有一些小型的私人图书馆艰难地幸存下来，直至漫长的近千年之后，公共图书馆才重新出现。欧洲的中世纪时代指5世纪到15世纪，随着西罗马帝国灭亡，欧洲逐渐被宗教势力垄断，在浓厚的宗教氛围下，基本上只有修道院图书馆和教会图书馆得到发展，成为这一时期图书馆的主流。但与穆斯林图书馆数以万卷计的藏书相比，中世纪欧洲修道院图书馆的藏书数量太过稀少，通常不过百来卷。在中世纪，书籍都是手工制作而成，抄写书籍在数百年中成为保存典籍、传播知识的主要方式。手抄书十分费时费力，仅是抄写一本《圣经》就需要15个月的时间①。因此十分珍贵，当时的修道院图书馆对图书采取了严格的保护措施，不对公众开放。

15世纪初，我国发明的印刷术西传，对西方图书馆的历史产生重大影响。印刷术实现了书籍的批量生产，由于成本降低，书价也越来越低廉，阅读的受众日益增多，这导致了图书更多地生产，并提供给各种类型的图书馆，促使图书馆的规模不断扩大，随之又更加复杂化。因此，有学者表示，从某种意义上，可以说现代图书馆事业是随着印刷术的发明而诞生的②。

当然，15世纪后欧洲的图书馆有了重要发展，除了有印刷术得到广泛利用的一大原因，文艺复兴运动也起到了很大的作用。文艺复兴运动（14世纪中叶—17世纪初）以人文主义精神为核心，提出复兴希腊罗马的古典文化，打破了中世纪时期宗教神学的绝对权威地位。更重要的是，文艺复兴时期人文主义者对“普遍人权观念的追求和主张开放图书馆”的呼吁，从实践上促使形成了公共图书馆最早的初期萌芽，孕育了图书馆的人文传统，对图书馆进化过程施加着深层次上的

---

① 斯图亚特·A. P. 默里. 图书馆：不落幕的智慧盛宴［M］. 胡炜译. 广州：南方日报出版社，2012：48.

② M. H. 哈里斯. 西方图书馆史［M］. 吴晞，靳萍译. 北京：书目文献出版社（今国家图书馆出版社），1989：138.

持久影响①。

在人文主义这一自由思潮的影响下，从意大利开始，欧洲各国积极兴建图书馆，并再度向公众敞开图书馆大门，这大大推动了西方图书馆的发展，促进了西方各国图书馆及其藏书数量的增加。一些具有人文主义思想的国王、贵族、教会权贵也纷纷建立图书馆，其中，一部分皇家和教会图书馆逐渐演变成国家图书馆和大学图书馆。另一方面，私人图书馆也大量出现，修道院图书馆逐渐衰落。文艺复兴的积极参与者几乎都是狂热的藏书迷，他们大量搜集古籍，并对其进行研究，让古希腊、古罗马时期的众多作品重新面世，贡献巨大。文艺复兴时的图书馆馆藏结构发生很大变化，古代经典作品和其他非神学作品开始增多，改变了过去以宗教书籍为主的局面，而图书馆馆藏的激增也促使图书馆的管理方式开始发生深刻的变化，图书的分类、编目等工作越来越受到重视，涌现出一批杰出的图书管理员，如“目录学之父”康拉德·格斯纳。图书馆建筑也出现较大变化，一些大型图书馆设计得十分华丽壮观，装饰着精美的壁画、雕塑等。

3. 生产力视域下的农业时代图书馆

马克思主义认为，生产力是人类改造自然的能力，是人类全部历史的基础，人们所达到的生产力的总和决定着社会状况，一定的物质生产力决定了一定的生产关系和其他社会关系，并归根到底决定了在一定生产关系基础之上所形成的政治上层建筑以及其他各种社会意识形态。生产力包括三个基本要素：劳动者、劳动工具和劳动对象。其中，劳动者在生产中起主导作用，劳动工具是生产力发展水平的重要标志，劳动对象也在一定程度上反映了人类改造自然的能力。

将马克思主义生产力理论应用在图书馆的研究上，我们可以发现，在农业时代，无论中外，图书馆的劳动者，即图书馆工作人员，主要

---

① 李洪建，张亚红. 文艺复兴与图书馆人文传统[J]. 情报杂志，1996(2)：63－64.

是以书籍文献的保管者和整理者的身份存在①,一般学识素养要求较高,具有渊博的知识,社会地位也比较高,是一个十分受人尊重的职业。劳动对象,即各种图书文献等馆藏品,从泥版书、纸草书、羊皮书、简帛书,到各种以纸张为载体的写本书,再到雕版印刷品、传统活字印刷品等。

而图书馆员的劳动工具,大致可分为统计记录文献的记录工具、收藏保存文献的存储工具,以及传输工具——人力或其他物力。在农业时代,文献储存场所从最初简陋的洞窑发展到精心设计的藏书楼、图书馆等独立建筑物,文献或存放于陶罐、壁龛,或摆放在传统的书柜、书架上。而在对馆藏的整理、记录、查找、传输工作上,人力一直是最主要的,主要依赖人的头脑与双手,以及笔、账簿等来登记整理所藏文献,通常图书管理员需要对馆内藏书非常熟悉,他们的头脑犹如一部活的检索机器,也正因此,农业时代的图书馆馆长多由知识渊博的人士担任。图书馆学的发展历经数千年来积累了一定的经验和成果,在编目分类上已有一些建树。由于文化习惯的不同,中外图书馆各有不同标准,中国按内容不同分为经、史、子、集四类,而西方图书馆多按主题进行编排。早期手抄书的传播方式导致文献内容的准确性难以保障,为此,我国古代的图书馆工作人员还需要对入藏书籍严格进行考订、校雠,形成了专门的版本学、目录学、校雠学等。

农业时代的中外图书馆都已形成较为完备的图书馆管理体系,业务流程较为规范,主要工作是搜集、整理、保存各种文献典籍,对文献的利用主要体现在为少数的统治者、达官显贵、知识分子等提供借阅,帮助资政参考,支持教学培养、学术研究,或利用藏书编纂出版各类图书等,范围并不广泛。即使是古希腊、古罗马时期的公共图书馆,也与现代意义上的公共图书馆相距甚远,所服务的人群在全社会中所占比例很小。有的图书馆,如我国部分私家藏书楼、西方的修道院图书馆,更是严格限制图书的对外开放,著名的宁波天一阁规定“代不分书,书

① 汤津红.图书馆员角色变迁探讨[J].图书馆工作与研究,1994(1):31-33.

不出阁”,范氏子孙不得无故开门入阁,而中世纪初期和中期的修道院图书馆里最常用的书一般都用铁链拴在书桌上,防范极严。

这种观念显然和当时社会生产力发展水平密切相关。图书馆的基本职能是收集、整理、保管和利用文献,这是图书馆自出现之日起即已确定的,但在不同历史时期会各有侧重,表现出不同的主导社会职能。在农业时代,图书馆的主要职能是保存社会生产的各类文献,文献的利用是次要的。农业社会的特征表现在以手工为主要生产方式的自给自足的小农经济在社会中占主导地位,社会分工不发达,社会分化程度低下,长期缓慢发展的生产力和偏低的社会物质水平,导致一方面人民大众的需求重点还处于满足生存温饱阶段,对文化艺术的追求基本可以忽略,大部分人不识字,不具备足够的读写能力,社会上不存在广泛的读者群;另一方面,书籍制作不易,数量较少,也无法充分满足人们的需求,有限的书籍资源被掌握在少数社会地位较高的人群中。为了防止损坏丢失,对于文献典籍这类珍贵的资源,人们的保藏意识自然要远重于利用的想法。而从目前来看,这种观念的确为人类文化遗产的长期保存做出了巨大的贡献,有一定的积极意义。

在藏书大于用书这一点上,我国的藏书楼体系表现得尤为明显,而这个问题也在很长时间上被众多研究者所诟病,认为:与现代图书馆相比,我国的藏书楼是封闭的落后的。事实上,关于藏书楼与图书馆之间的异同,现在学界依然存在诸多争议,争议的关键点在于,这二者之间的差异是属于两种不同事物的本质性差异,还是同一事物处于不同阶段的差异。我们认为,藏书楼就是古代的图书馆。藏书楼是对中国古代政权机构、寺院、民间团体以及私人收藏图书文献典籍的建筑物的统称,由于语言差异的存在,在译介西方各国及世界其他国家的一切收藏图书文献典籍的场所时,我们都称之为“图书馆”。因此,有学者认为:“西方国家和东方中国在工业革命之前,都同时存在皇家、书院(学院)、寺观(教会)、私家藏书楼,共同构成了完整的藏书楼体系,这不是什么巧合,是由农业文明造就的产物。”“中国的藏书楼就是农业社会形态的‘图书馆’。西方工业革命之前,存在于西方各国的各类保存图书、文献的机构,就是农业社会形态的'藏书楼',两个概念实指同一事物。"①

虽然属于同一事物,但从前面所述图书馆的发展历史可以看出,由于社会政治、经济条件、文化传统等因素的不同,在农业时代,中西方图书馆事业的发展存在着显而易见的差异。最为显著的一点是:中国图书馆事业发展进程更为缓慢,独特的藏书楼体制在数千年之间延续发展,没有发生剧烈的变化,而在相同的时间维度中,西方的图书馆发展却出现了翻天覆地的改变,终于成为近现代全世界图书馆事业的先锋典范。从生产力角度来分析,这是因为,在农业时代,我国是最典型的农业大国,经济方面以"重农抑商"、高度自给自足的自然经济为特征,和西方国家相比,我国很早就建立了高度专制的封建皇权统治制度,延续的时间也更长,一直到清末,社会基本形态没有太大改变。即使后期出现资本主义萌芽,也一直处于被压制的境况,无法动摇社会的根本。所以,在我国古代,一直未能像西方那样,资产阶级发展成为促进社会改革的一股重要力量。作为基础的生产关系没有发生根本变化,那么,图书馆作为上层建筑的意识形态层面,也不可能突然发生剧变。

二、工业时代的公共图书馆

和农业时代长达上万年的时间相比,跨度仅仅300多年的工业时代要短很多,但由于这一时期生产力的变革,使得工业时代社会出现的变化远大于农业时代,图书馆的发展亦是如此。工业革命之后,世界市场逐渐形成,各国政治、经济、文化的发展相互影响,图书馆的发展也不再是彼此隔离的,封闭的大门被打开,不同地区、不同国家之间

---

① 王学进.藏书楼、图书馆、数字图书馆比较研究兼与吴晞、陈源蒸先生商榷[C]//第五次全国图书馆学基础理论研讨会论文集,2007:107-119.

交流、影响日益加深,形成一个全球化的图书馆事业。

随着印刷科技的不断进步,图书出版市场飞速发展,真正意义上的公共图书馆在英国出现,图书馆的开放性日益受到重视,对图书馆的利用更为深入广泛,图书馆在社会大众生活中逐渐成为不可或缺的一部分。1927 年,国际图联正式成立,世界图书馆事业在此推动下更加欣欣向荣,同时各国图书馆、图书馆协会之间的国际协作也更加频繁,图书馆学研究和图书馆学教育广泛兴起,指引图书馆科学化、规范化、专业化发展。1949 年,联合国教科文组织首次通过《联合国教科文组织公共图书馆宣言》,强调了公共图书馆作为民主社会保障、承担社会教育职能的重要作用,以及对公共图书馆的立法、公费支持,对所有人免费服务的基本理念,具有划时代的意义。

1. 工业革命和公共图书馆

1769 年,英国人瓦特改良了蒸汽机,在整个英格兰引发了一场史无前例的、影响深远的工业革命。在此之前的农业时代,整个生产动力基本依靠人力和畜力;而蒸汽机的出现,使人力、畜力开始被机器取代,个体工场手工生产方式被大规模工厂化生产方式取代。随着工业革命在欧洲大陆乃至世界各地传播开来,人类社会出现了翻天覆地的变化,无论是经济、政治,还是文化、精神方面,以及社会结构和人的生存方式等,都与农业社会截然不同。毋庸置疑,作为工业文明的起点,工业革命实现了从传统农业社会转向近代工业社会的重要变革。

机器的发明及运用是工业时代的独特标志。得益于科技的飞跃式发展,呈规模化生产的工厂如雨后春笋涌现,城市化进程不断加快,大量人口涌向新兴的工业城镇,大众教育日益受到重视,推动图书馆事业也出现了前所未有的进展。在各国中,英国率先完成工业革命,成为世界上第一个工业国家。工业革命时期,英国出现大量专为工人服务的图书馆、阅览室及工人读书演讲会,工人们在这些地方展现出极大的求知欲,这些图书馆从大城市发展到小城市,到了 1850 年,英国本土已有近700所这样的图书馆①。有研究者考察了英国公共图书馆产生的社会背景,指出:"在十九世纪中期之前,英国社会上的图书馆可谓名目繁多,形式多样,数量不少,但服务面都很小,有各自的服务范围,且一般都收费。这些,一方面反映了英国社会对图书馆的需求很强烈,另一方面也反映了当时图书馆状况的落后,尤其是当时的英国还没有向所有居民开放的、免费的、大型的、普通的图书馆。然而,民间自发建立的如此众多的小型图书馆,社会普遍产生的如此强烈的阅读需求,向资产阶级的政府发出了一个信号,即建立服务于最大多数民众的公共图书馆,是英国社会的需要。"②

为适应这一需求,在有心人士的推动下,1850 年,英国议会通过《公共图书馆法案》,世界上第一部国家公共图书馆法正式出台,随后拉开了英国公共图书馆运动的序幕。法案规定,在人口达到 1 万及以上的英格兰和威尔士各城市有权建立公共图书馆,入馆免费,其经费从地方税中支出,城市议会可为此增加税收,每年对每 1 英镑的固定资产课以半便士的财产税,用以支付公共图书馆的建造费和地租,但不可用于购买图书,公共图书馆的图书来源应为个人捐赠。

随后的时间里,法案内容在此基础上又经过多次修订充实,不断得到发展完善,法案适用范围扩大,不再限制人口数量,经费得到提高,管理更为合理,由独立的专门机构对图书馆进行管理、调配,更重视公众意愿的更充分表达,法案的各项规定条款也更为明细且易于操作③。这些对于法案的修订让英国公共图书馆法律体系日趋完善,对英国公共图书馆事业的发展发挥了很大的作用,公共图书馆建馆数目逐年增加,1850—1851 年建立 4 所,1851—1862 年建立 23 所,1868—

① 杨子竞. 外国图书馆史简编[M]. 天津:南开大学出版社,1990:68.

② 华薇娜. 英国公共图书馆产生的背景及其历史意义[DB/OL]. [2013-07-29]. http://www.chinalibs.net//ArtInfo.aspx? titleid=126432.

③ 冯佳. 英国《1850 年公共图书馆法》发展探究[DB/OL]. [2013-07-30]. http://www.chinalibs.net/ArtInfo.aspx? titleid=228392.

1886 年建立 98 所①,而到了 1900 年,英国国内已有公共图书馆 352 所②。英国公共图书馆的数量在 19 世纪的最后 25 年中迅速增加,除了公共图书馆法律体系的完善,其缘由还有英国初等教育法的颁布③。1870 年英国政府开始强制实施初等教育,1876 年的教育法规定,家长有义务让其子女接受 3R 初等教育,违者受罚。教育的普及使得图书馆的需求人群急剧增加,从而促进了图书馆的发展。另外,1877 年英国图书馆协会的成立也为这一时期公共图书馆的发展做出了贡献。

1850 年英国公共图书馆法案的颁布是世界图书馆史上的一个重要分水岭,在此之前,即使已经有公共图书馆的出现,但其服务对象主要还是在全体人口中占少数的统治阶级,并未实现真正的公众共享。在工业革命时期出现的英国公共图书馆为后来其他各国的公共图书馆确立了几个要点:一、向所有居民免费开放;二、经费来源是地方行政机构的税收;三、公共图书馆的设立和经营必须有法律依据④。此后,公共图书馆由地方政府拨款建立的观念被普遍接受。

在英国之后,欧洲其他各国的公共图书馆事业也有了很大发展。德国从 1850 年开始工业化,越来越庞大的工人队伍带动了图书馆事业的兴起,德国的工业城市纷纷兴建图书馆,读者群主要是工人阶层,以便工人能更好地学习掌握工作中必需的一些科技知识。到了 19 世纪末,德国的工业已跃居世界第二,仅次于美国,德国的各种图书馆总数也由 767 所增为 1609 所,并已形成了一个独立的公共图书馆系统⑤。其他如丹麦、瑞典、瑞士、挪威等国的公共图书馆运动也都开展得颇有成效。而法国由于国情等方面的原因,在欧美国家中工业化进展比较缓慢,法国的第一批公共图书馆大约形成于 1814 年,但由于缺

① 华薇娜. 英国公共图书馆产生的背景及其历史意义[DB/OL].[2013 - 07 - 29]. http://www.chinalibs.net//ArtInfo.aspx? titleid = 126432.

② 杨子竞. 外国图书馆史简编[M]. 天津:南开大学出版社,1990:67.

③④ 杨威理. 从法国资产阶级大革命到巴黎公社时期的图书馆事业(九)——外国图书馆事业之二十九[J]. 图书馆学研究,1985(3):81 - 84.

⑤ 杨子竞. 外国图书馆史简编[M]. 天津:南开大学出版社,1990:83.

乏足够的重视和适当的管理，其公共图书馆发展水平也落后于英、美、德等国。

美国工业革命开始的时间约比英国晚半个世纪，19 世纪初，美国开始工业化道路，但由于美国的自然条件和经济社会条件更具优势，工业革命在美国的发展十分迅速，19 世纪末 20 世纪初，美国完成工业革命，国力超过英国、德国等，成为世界上头号工业强国。而公共图书馆出现的时间，美国与英国大致相同，成就也相当。实际上，美国图书馆事业的发展就一直与欧洲紧密相关。欧洲殖民者在 16 世纪初将书籍带到美国并在当地兴建图书馆，传教士和清教徒移民们在此事上发挥了重要作用，教区图书馆、私人图书馆，以及包括哈佛大学图书馆在内的大学图书馆构成了美国殖民地时期（1607—1765 年）的主要图书馆体系。而随着社会的发展，阅读生活逐渐进入大众层面，会员图书馆这一新型图书馆模式也在美国出现。1731 年，美国独立战争领导人之一、科学家富兰克林在费城创办的“费城图书公司”，被认为是“所有北美会员图书馆之母”①。会员图书馆是采取个人入股的方式建立起来的图书馆，每个会员拿出一定的金额，共同购买、利用图书。加入富兰克林会员图书馆的成员大多是社会地位不高的小业主、店员、职工等②。随后，会员图书馆在美国各地迅速发展起来，美国独立战争（1775—1783 年）结束后，会员图书馆更是迎来全盛时期，并逐渐向更多的人开放，不再限于会员，非会员也可以使用其中的图书，成为美国公共图书馆事业的先声。

由于政治体制的差异，不同于英国由国会统一制定公共图书馆法的方式，美国的公共图书馆法是由各州、各市自行通过的。1848 年，美国马萨诸塞州议会通过了一项法案，决定建立波士顿公共图书馆，

① 斯图亚特·A. P. 默里. 图书馆：不落幕的智慧盛宴[M]. 胡炜译. 广州：南方日报出版社，2012：162.

② 杨威理. 从法国资产阶级大革命到巴黎公社时期的图书馆事业（七）——外国图书馆事业之二十七[J]. 图书馆学研究，1985(1)：107－110.

1852 年,波士顿公共图书馆开始投建并于 1854 年正式对外开放,这是美国第一所依法设立的由公众投资维持的公共图书馆,免费向公众开放,规模仅次于当时的国会图书馆。波士顿公共图书馆的建立,为美国其他州和地区提供了很好的借鉴案例,到了 19 世纪 90 年代,公共图书馆已在美国各州和地区普遍建立。

工业革命不仅改变了各个国家的政治、经济、文化等局势,还从整体上改变了世界格局,促进了世界市场的形成。19 世纪初,世界市场初步形成,20 世纪初,资本主义世界体系最终形成。这也对图书馆事业的发展起到了一定影响。全国乃至全世界范围内的学术文化交流更易实现,图书馆的馆际协作更加便利,国际协作也逐渐开展起来。作为当时世界各国图书馆事业中的翘楚,美国、英国率先成立全国性的图书馆协会。1876 年,美国图书馆协会成功创建,1877 年 10 月,第一次图书馆员国际会议在伦敦召开,来自英国、美国、比利时、丹麦、法国、意大利、希腊和奥地利等国的 200 多位馆员参加此次会议,会上宣告成立英国图书馆协会。1908 年,美国图书馆协会与英国图书馆协会联合编辑出版第一部跨国的统一条例《ALA 目录规则:著者和题名款目》,也叫《英美规则》,为编目规则的国际化、标准化做出榜样,是早期图书馆协作的一个重要事件。

2. 图书馆运动和世界图书馆事业的发展

在图书馆的发展上,美国可以说是后来者居上。1865 年南北战争的结束为美国资本主义的发展进一步扫除了障碍,美国的各项事业进入高速发展期,图书馆亦然。1876 年,美国热烈庆祝建国 100 周年,美国图书馆界也借这一时机在费城举办了全美馆员大会,这是继 1853 年纽约图书馆员会议之后举办的第二届全美馆员大会,在美国图书馆史上占有重要的地位①。在此次大会上,美国图书馆协会正式成立,此

① 郑永田. 1876 年费城馆员大会及其历史意义[J]. 图书馆建设,2010(5):97 – 100.

后,美国图书馆协会就坚定地承担起美国图书馆事业的领导者和中坚力量的角色作用,进一步推动了美国图书馆,尤其是公共图书馆的发展。美国的图书馆界在这一年还发生了更多的重要事件:美国第一家图书馆刊物《图书馆杂志》的创刊,《杜威十进分类法》(Dewey Decimal Classification)的发布,以及美国联邦教育部《美国公共图书馆:历史、现状与管理》(Public Library in the United States of America)特别报告的出版。因此,1876 年也被视为美国图书馆史上的一个重要转折点。

在 19 世纪末 20 世纪初的美国公共图书馆运动中,表现最引人注目的是被誉为"现代图书馆事业之父"的麦维尔·杜威。杜威是美国图书馆史上最重要的著名图书馆学家之一,为人类图书馆事业的发展立下赫赫功绩,他是史上第一个图书馆协会——美国图书馆协会的创建人之一,并长期担任协会的领导职务,也是史上第一部采用现代标记符号的分类法——《杜威十进分类法》、史上第一份图书馆杂志——《图书馆杂志》、史上第一所图书馆学校——哥伦比亚图书馆管理学校的创始人①。杜威的这些创举为美国图书馆事业的进步做出非凡贡献,更是大大促进了世界图书馆事业的发展,其影响一直延续至今。另外,在他的职业生涯中,杜威十分注重图书馆作为"人民的大学"的作用,不但首创参考咨询馆员制度,还提出了图书馆图书资料选择的"三最原则"——用最低的经费为最多数的读者提供最好的读物(The best reading for the largest number at the least cost),并且建立了流动图书馆制度,将公共图书馆的服务延伸到广大偏远社区,让成千上万的普通民众从中受益。

另一位为美国公共图书馆发展做出不可磨灭的贡献的是美国"钢铁大王"安德鲁·卡内基。卡内基是美国工业史上的一位传奇人物,而他对图书馆事业的投入和影响,更是令人敬佩。从 1881 年至 1919 年间,卡内基和卡内基基金会共花费 5600 多万美元,在世界各地建立

① 冯玉. 杜威:图书馆学先师(图)[DB/OL].[2013-08-02]. http://www.chinalibs.net/ArtInfo.aspx? titleid=64809.

了2509座公共图书馆,其中近一半是在美国,惠及1412个社区。卡内基图书馆计划促进了美国图书馆事业的蓬勃发展,其规模之大,时间之长,在世界图书馆事业史上也比较少见。19世纪末20世纪初被认为是美国图书馆发展的巅峰时期,实在与卡内基的贡献分不开。也许是因为年少时的经历,卡内基对图书馆的服务功能非常重视,他提出,“图书馆应该成为社区的实际存在”(Libraries should be a real presence in the community)①。他还坚持在捐建的图书馆中执行开放式书库的做法,让读者能够直接浏览到图书馆的藏书。

美国图书馆事业的繁荣发展不仅限于公共图书馆这一块,其他类型图书馆的成就也足以引领群雄。美国国会图书馆成立于1800年的华盛顿,从最初只为国会议员提供法律参考方面的服务,到后来逐渐发展成为面向公众服务的美国最大的综合性图书馆,其发展一直备受重视。在几代馆长的共同努力下,通过确立享有呈缴本特权、制定《美国国会图书馆分类法》、发行印刷目录卡片、编制《全国联合目录》等举措,美国国会图书馆切切实实发挥了它作为国家图书馆在美国图书馆界的领军地位。而随着19世纪美国教育科研事业的进步,各种大学图书馆、学校图书馆以及专业图书馆也得到长足发展,成为教学和科研机构不可缺少的一部分。以哈佛大学图书馆为例,1636年建立之初的一段时期主要是依靠赠书维持,最开始馆藏仅为约翰·哈佛遗赠的400本书,到1723年馆藏发展到3500册,到了19世纪末,哈佛大学图书馆已成为美国最大的图书馆之一,拥有近23万册书籍②。

而从世界图书馆事业的发展角度来看,这一时期较为重要的表现还有各国国家图书馆和图书馆协会的创建。至20世纪初,欧美各国以及俄国、日本、中国、印度等大多已基本建立了自己的国家图书馆和

① 翟艳芳,赵喜红.美国钢铁大王卡内基与图书馆[DB/OL].[2013-08-02].http://www.chinalibs.net/ArtInfo.aspx?titleid=168029.

② 斯图亚特·A.P.默里.图书馆:不落幕的智慧盛宴[M].胡炜译.广州:南方日报出版社,2012:158-160.

全国性图书馆学会。这些机构的成立为图书馆馆际互借、国际协作的进一步开展创造了有利条件。1927 年,来自中国、美国以及欧洲各国等 14 个国家的图书馆协会代表联合倡议并通过决议,在苏格兰爱丁堡市宣告国际图书馆联合会(简称"国际图联",International Federation of Library Associations and Institutions,IFLA)正式成立,从此更是开创了全球图书馆事业共同发展的一个全新局面,让世界图书馆事业成为一个整体,各国图书馆事业之间的联系日益紧密。

然而,由于当时世界政治格局的影响,亚洲、非洲等世界大部分国家和地区成为西方的殖民地,随着文化输出,西方文明在这些殖民地产生了巨大的影响,非对等的地位也让西方之外的图书馆事业呈现出新的发展趋势。在近代亚洲,日本是唯一一个没有沦为殖民地、半殖民地的国家,1868 年明治维新之后日本迅速崛起,成为亚洲第一个工业化国家,1872 年效仿英美图书馆建立了日本的第一所公共图书馆——"官立书籍馆"(后改称"官立图书馆",1897 年改为帝国图书馆),随后,日本的近代图书馆数量迅速增加,1913 年已增至 900 所左右,但其中大多数馆禁止书籍外借,并未很好地起到公共图书馆的作用[①]。印度作为英国的殖民地,其第一所公共图书馆——加尔各答公共图书馆(创建于 1835 年,次年正式对公众开放)也受英国图书馆模式影响甚深,1902 年,加尔各答公共图书馆与其他图书馆合并为"帝国图书馆",这也是印度国家图书馆的前身。而在印度的巴洛达邦,其邦主 M. S. 盖克沃德则接受了美国图书馆的影响,并聘请美国图书馆专家帮助建立了中心图书馆、免费公共图书馆、阅览室巡回图书馆,形成图书馆系统,让巴洛达邦成了当时印度公共图书馆事业最发达的地区。

近代中国图书馆的发展也受西方影响至深。在两次鸦片战争之后,我国对外壁垒被进一步打破,西方传教士在中国的活动中心转至东南沿海,上海因此"成为西方传教士图书馆活动的中心和西方

---

① 杨子竞. 外国图书馆史简编[M]. 天津:南开大学出版社,1990:125.

图书馆观念的传播中心”①。同时，国人居弱图强情绪不断高涨，以“师夷长技以制夷”为口号的洋务运动在中国各地开始了近代工业化的步伐，郑观应、康有为、梁启超等人对我国传统的藏书楼活动进行了反思批判，并大力提倡向西方学习，重藏轻用的传统藏书楼逐渐式微，相反，带公共图书馆性质的民间实践却颇为踊跃：1901 年，以何熙年为首的皖绅创办了皖省藏书楼，开我国创办公共图书馆之先河；1902 年，在徐树兰的筹备下，古越藏书楼建成，次年对外开放，我国近代第一个公共图书馆章程《古越藏书楼章程》正式出现。随后在清末新政时期，西方图书馆观念在我国的传播更为广泛，在晚清历史上引发了一股自上而下的有组织的创办新式图书馆的热潮，由此形成了一场公共图书馆运动。“这场公共图书馆运动，包括公共图书馆的创办、图书馆管理体制的建立、图书馆管理制度的建立、公共图书馆观念的广泛传播、西方图书馆学术的翻译介绍等内容，奠定了我国近现代图书馆发展的基础。”②在这场公共图书馆运动中，比较有影响力的重要事件有：1904 年，湖南图书馆、湖北图书馆先后创办；1910 年，清政府颁布《京师图书馆及各省图书馆通行章程》，该章程被认为是“晚清新图书馆思想观念的结晶和公共图书馆运动兴起的重要标志”③。

辛亥革命后，再加上五四运动和新文化运动的进一步推动，图书馆开放为公的观念及其对于国民教育的重要作用得到广泛实现，首都图书馆的前身——京师通俗图书馆于 1913 年正式开馆。1924 年，美国政府向我国退还庚子赔款用于发展图书馆等教育文化事业，由此引

---

① 程焕文. 晚清图书馆学术思想史［M］. 北京：北京图书馆出版社（今国家图书馆出版社），2004：74.

② 程焕文. 晚清图书馆学术思想史［M］. 北京：北京图书馆出版社（今国家图书馆出版社），2004：222.

③ 程焕文. 晚清图书馆学术思想史［M］. 北京：北京图书馆出版社（今国家图书馆出版社），2004：238.

发了一个“新图书馆运动”的高潮①,全国图书馆事业尤其是公共图书馆事业得到迅速发展。据中华图书馆协会统计,1925 年,全国 502 所图书馆中,公共图书馆 259 所,占 51.6%;学校图书馆 171 所,占 34%,其中大学图书馆仅 7 所;机关、团体及其他类型图书馆 72 所,占 14.4%②。图书馆的读者从知识阶层人士扩大到社会全体民众,专为妇女、儿童所设的阅览室、图书馆等也相继出现,馆藏类型也发生了很大变化,在广泛搜求各种图书报刊的同时对国外书籍期刊的收集也予以了很大重视,多部图书馆法律法令颁布,并引进《杜威十进分类法》《美国国会图书馆分类法》等,管理制度得到进一步规范。但由于时局动乱、战争频繁等原因,我国图书馆的发展状况与英美等西方国家相比依然十分落后,尤其是在抗战至新中国成立这一时期,基本处于停滞不前的境地。1949 年新中国成立后,图书馆成了广大人民的科学文化教育阵地,在党和政府的支持下,各类图书馆发展迅速。但与同期欧美国家的图书馆事业相比,还是差距很大。

3. 图书馆学研究与图书馆学教育

近代图书馆事业的发展和图书馆学密不可分。和图书馆的悠久历史相比,图书馆学显得十分年轻。图书馆学(library science)是研究图书馆的发生发展、组织管理,以及图书馆工作规律的科学。图书馆学的出现为图书馆事业的发展提供了理论指导,进一步促进了图书馆的发展,提高了图书馆在人类社会进步中的地位和作用。

“图书馆学”的正式出现是在 1808 年,时任德国慕尼黑宫廷与邦立图书馆副馆长的施莱廷格首次提出“图书馆学”这个术语,他将图书馆学的研究对象概括为藏书的整理,内容是图书的配备和目录的编制。随后,艾伯特、莫尔贝克等人进一步发展其观点,从理论和方法角

① 范并思等. 20 世纪西方与中国的图书馆学——基于德尔斐法测评的理论史纲[M]. 北京:北京图书馆出版社(今国家图书馆出版社),2004:198.

② 谢灼华. 中国图书和图书馆史[M]. 武汉:武汉大学出版社,2011:300.

度对藏书建设、分类编目、典藏保护和读者服务等方面做了比较完整的总结,使之系统化,初步形成了图书馆学理论体系。

如前文所述,作为19世纪影响最大的图书馆学家之一,杜威在图书馆事业发展和图书馆学领域都做出了极大的贡献。相对于理论研究,杜威更偏向于从实用的观点去设法解决一个实际问题,因此,在图书馆学领域,杜威的功绩主要体现在十进分类法的创建,《图书馆杂志》等专业期刊以及哥伦比亚大学图书馆学院的创办。《图书馆杂志》等专业期刊为广大馆员提供了一个学术与工作经验交流的平台,大大促进了美国图书馆的专业化。而十进分类法的影响更为广泛,十进分类法简易明确,适应了当时因图书数量迅速增加带来的急需科学分类以及便利检索的实际需要,在图书馆实践中可操作性极强,是世界上使用最为广泛的一部分类法。其他分类法虽然影响力不如十进分类法,但也有一定数量的图书馆在采用,如美国国会图书馆图书分类法在一些政府机关图书馆、科技图书馆和高校图书馆中使用较多,英国图书馆学家布朗创建的主题分类法有在英国一些公共图书馆中使用,美国图书馆学家布利斯的书目分类法有被英国、美国以及澳大利亚的一些政府机关及高校图书馆采用。1899年,比利时目录学家奥特勒、拉封丹以及英国文献学家布拉德福等人以《杜威十进分类法》为基础制订了《国际十进分类法》,通用至今。后者也是文献学基本定律之一——布拉德福分散定律的创立者,该定律不仅说明了核心期刊的客观存在,而且还揭示了文献分布的集中与离散规律,已成为世界期刊工作的指导理论①。

1886年,德国格廷根大学图书馆馆长齐亚茨科作为图书馆学教授最早在大学开设了图书馆学讲座。次年1月,杜威在哥伦比亚大学开设的图书馆学院正式开学。他们的努力让现代图书馆学教育得以正式登上大学讲坛,为图书馆学专门人才的科学培养奠定了良好的基

① 贾蕾.布拉德福——文献学先驱[DB/OL].[2013-08-27].http://www.chinalibs.net/ArtInfo.aspx?titleid=121559.

础,此后世界各国的图书馆学教育多以此为范本进行。杜威在图书馆学教育方面还有一大创举是对于女性图书馆从业人员的重视,在其首批招收的20名学生中,就有17名为女性,大大提高了女性在图书馆界的地位。

杜威在图书馆学上的实用主义观点在当时的美国以及全世界属于主流思潮,而进入20世纪30年代后,理性主义思潮逐渐占据上风,巴特勒、谢拉等学者相继提出了不同意见,他们认为:图书馆的管理和技术方法问题,不应成为图书馆学的主要研究对象,图书馆学应研究其理论基础和科学原理以建立图书馆哲学,从而揭示图书馆的本质特征和发展规律。谢拉构建的"社会认识论"打破了以往孤立地看待研究图书馆事业的方式,将图书馆放在活生生的社会大系统中,从历史、社会心理学的角度来审视图书馆现象,被认为是图书馆学的重要理论基础,是图书馆事业进步的源泉,意义十分重大①。

20世纪是现代图书馆学迅速发展的时期,而有"印度图书馆学之父"之称的阮冈纳赞无疑是当时最伟大的图书馆学家之一。1931年,阮冈纳赞发表了图书馆学史上的不朽著作——《图书馆学五定律》,提出了图书馆工作的五条基本原则,即:书是为了用的;每个读者有其书;每本书有其读者;节约读者时间;图书馆是一个生长的有机体。"图书馆学五定律"不但深刻阐述了图书馆的性质和任务,还首次把图书馆的工作置于科学基础之上,为现代图书馆的各项工作指明了基本的规律和发展的方向,直到今天,这五条基本原则都是图书馆学基础理论的核心指导思想②。阮冈纳赞的特别之处还在于,作为一个印度本土的图书馆学家,他将源自西方工业化国家的图书馆学与印度的具体国情融合起来,取得了独创性理论进展,使之适应并促进了印度图

---

① 冯玉. 谢拉:文献工作和情报学领域的智者与先驱(图)[DB/OL].[2013-08-27]. http://www.chinalibs.net/ArtInfo.aspx? titleid=75042.

② 冯玉. 阮冈纳赞:印度图书馆学之父(图)[DB/OL].[2013-08-27]. http://www.chinalibs.net/ArtInfo.aspx? titleid=68573.

书馆事业的发展,同时又为世界其他国家图书馆事业的发展提供了借鉴和指导作用,就这方面而言,尤其值得我国图书馆人进行思考。

我国的图书馆学萌芽于20世纪初,这一时期,梁启超、蔡元培、鲁迅、李大钊众多社会知名人士以莫大的热情投入图书馆发展事业中,贡献较大。五四运动之后,我国图书馆学教育逐渐普及,除了大量派出人才出国留学专门学习图书馆学外,还在国内各大学正式开设图书馆学系科,正式授予学位,如文华图专、上海国民大学图书馆学系、金陵大学图书馆学系、国立北京大学图书馆学专修科等。由此出现了一批职业化的图书馆学家,如沈祖荣、杨昭悊、洪有丰、杜定友、刘国钧、李小缘等,他们也是我国的第一代图书馆学家,共性是都有过图书馆相关的留学经历,他们对美国等西方国家图书馆界思想的积极介绍传播让国内图书馆的学习对象由日本变为美国,也为这一时期的中国带来一阵图书馆学理论研究高潮,建树颇丰,众多外国图书馆学理论方法被中国化,对20世纪前半叶中国的图书馆学产生了决定性的影响。在20世纪20、30年代,在中国图书馆学研究中占主要地位的是对图书馆管理的探讨,内容集中在图书分类、编目和检字法方面,而到了50年代,受政治体制的影响,我国图书馆界普遍转向苏联学习,在马克思列宁主义的指导下,围绕图书馆的阶级性和新图书馆任务的讨论成为主流,图书馆"为工农兵服务"和"为科学研究服务"的思想,成为当时中国图书馆学研究的主要指导思想。

4. 生产力视域下的工业时代图书馆

工业时代开始于18世纪60年代,从第一次工业革命开始,蒸汽机的发明开启了机械大生产的时代,建立了工厂制度,流水线生产方式的出现大大提升了工作效率,劳动分工日益精细化。第二次工业革命带来的电力能源技术进一步解放了劳动力,让大规模生产得以实现,产业结构发生巨大变化,科学技术成为第一生产力。1946年,第一台电子计算机在美国问世,自此一直到互联网出现(1969年)的数十年时间里,工业时代逐渐向信息时代过渡,给人类社会包括图书馆事业带来更为剧烈的变化。

生产力每一次改革所带来的变化几乎都首先体现在劳动工具上。在工业时代,图书馆的存储工具除了传统的书架、书柜之外,还出现了密集书柜和光盘、硬盘等计算机存储设备。电灯作为照明工具的应用,也为图书馆延长每天的开馆时间提供了有利条件。1874 年,打字机正式进入市场,随后也成为图书馆员的常用劳动工具。在以手工检索为主要方式的工业时代,目录卡片在非常长的时间里都是图书馆员的一个必备的重要工具。1902 年,美国国会图书馆统一编制该馆藏书的印刷目录卡片,并对外发行,对国内外众多图书馆起到表率作用,而后经过杜威的提议,原本大小各异的卡片在规格上得到统一,并于 1948 年在布鲁塞尔的国际目录学会上被正式批准为国际标准卡片。此外,穿孔卡片设备、纸片打印机等设备开始广泛应用于图书馆的流通管理、订购、统计、编制书卡与期刊收藏目录等工作中①。

工业时代的图书馆已走上了自动化的发展道路,以计算机的出现为界分为两个阶段。在 20 世纪 40 年代之前,图书馆的自动化发展处于机械化阶段,如以电力作为动力,应用于图书传送和升降,在书库采用手推车以加速图书流通速度,减轻图书馆工作人员的劳动量。当计算机出现后,图书馆的打字机则逐步被计算机所取代,卡片式的手工检索方式也逐渐转向了计算机检索。在图书馆的其他业务工作中,如采购、编目、流通等也都不同程度地应用上计算机技术,这些改变大大促进了图书馆的自动化进程,直至互联网出现,图书馆跨入信息时代后,自动化进程更是日新月异。

从劳动对象角度来看,工业时代的图书馆主要表现为对馆藏的管理和为读者服务。对于馆藏的管理主要体现在载体而非内容上。工业化带来科学技术的飞速发展,曾经的个体手工印刷生产方式逐渐发展为机械印刷。从 1845 年起,大约经过一个世纪,各工业发达国家都

---

① 张树华,张久珍. 20 世纪以来中国的图书馆事业[M]. 北京:北京大学出版社,2008:412.

相继完成了印刷工业的机械化。科技的进步带来出版行业的空前兴旺,图书、报纸、期刊等纸质出版物的出版数量大为增长,音像制品、电子出版物也开始出现并迅速发展起来,带来图书馆馆藏的极大丰富,但纸本的书报刊依然是图书馆的馆藏主体。1838 年,缩微技术出现,采用这一技术的缩微胶片在收藏、保存、利用方面更为便利,使用范围十分广泛,在这一时期的图书馆馆藏中占据着重要地位。

工业时代图书馆的服务对象即读者范围发生了重要变化。真正意义上的公共图书馆的出现,意味着图书馆的读者从统治阶层、知识阶层等精英群体扩大为全体社会民众。联合国教科文组织 1949 年发布的《联合国教科文组织公共图书馆宣言》明确指出,“作为一个民有民享的民主机构,公共图书馆必须是依法设立及运作,必须全部或大部份由公费支持,对其所在民众,应不分职业、信仰、阶层或种族,一视同仁,给予以同等的免费服务”①。公共图书馆的地位日益凸显,成为各类型图书馆中最受关注的一部分。人们不断投入到对公共图书馆事业的发展及其研究上,大致来说,工业时代公共图书馆的理念经历了三个阶段:19 世纪中叶英国图书馆学家爱德华兹的平民化图书馆理念,为和古代公共图书馆区别开来,他将这一时期的公共图书馆称为“免费公共图书馆”,强调其服务对象是所有社会成员;19 世纪末 20 世纪初美国图书馆学家杜威提出了“人民的大学”的理念,为所有读者提供义务教育,强调了公共图书馆的社会教育职能;直至 20 世纪中叶,《联合国教科文组织公共图书馆宣言》明确提出公共图书馆作为“社会民主保障”的理念②。和农业时代人们视图书馆为文献保存场所的观点不同,工业时代的图书馆活动已经不再仅限于收藏和利用文

① 毛庆祯译. 联合国教科文组织公共图书馆宣言 1949——公共图书馆是平民教育的生力军[DB/OL]. [2013 - 08 - 29]. http://www.chinalibs.net//ArtInfo.aspx? titleid = 309540.

② 范并思等. 20 世纪西方与中国的图书馆学——基于德尔斐法测评的理论史纲[M]. 北京:北京图书馆出版社(今国家图书馆出版社),2004:59.

献,而是和国家的民主化建设建立了紧密的联系,图书馆成为赋予公众知识自由信息自由权利的象征,而这也成为图书馆精神的核心内容,并一直延续至今。

作为生产力三要素中的劳动者,同工业时代众多新兴行业的发展趋势一样,图书馆的从业人员也开始走向职业化、专业化。在农业时代,图书馆员并无明确的职业特质,只要有一定学识就可成为图书馆员,图书馆馆长也多由学识更为渊博的学者担任,而他们最负盛名的一面往往并不在图书馆领域,更确切地说,他们在图书馆领域的活动更像是一种兼职副业。职业图书馆员的形成是在工业时代。施莱廷格率先阐述了图书馆职业独立的必要性,首次把"图书馆学"作为一门理论学科正式提出,引发了图书馆界人士的热烈回应。1876 年 9 月,杜威在其担任主编的《图书馆杂志》第一卷上发表了著名的"(图书馆)专业"一文,宣布一位馆员可以骄傲地宣称自己所从事的职业是一门专业的时代已经到来①。在图书馆员职业化、专业化的过程中,除了图书馆协会、图书馆专业学术期刊的作用,图书馆学专业教育的兴起无疑是促进这一趋势的相当重要的环节。在此之前,图书馆员的知识和技能主要依靠"师徒式"的经验传授或馆员个体的体验积累来获得②。从 19 世纪晚期图书馆学正式登上大学讲坛,到 20 世纪图书馆学专业教育逐渐形成一套较为完整的体系,从最初的职业技能培训到逐渐偏向于重视学问研究,由此出现了图书馆学上著名的"芝加哥学派",一大批图书馆专业人才被培养出来,为图书馆事业的稳步前进不断发挥作用。

工业时代的图书馆发展迅速,图书馆员的队伍迅速扩大,图书馆业务也相应大幅增加,除了文献的搜集保存外,流通服务、读者教育、

---

① 郑永田. 麦维尔·杜威与美国公共图书馆运动[J]. 图书馆,2011(4):45 - 50.

② 张峰. 图书馆员专业化的发展历程[DB/OL]. [2013 - 08 - 29]. http://www.chinalibs.net//ArtInfo.aspx? titleid = 125426.

参考咨询等新业务开始出现,这就使得图书馆内部的细化分工势在必行。这一时期,图书馆的业务流程主要围绕馆藏对象的搜集、整理、保存和利用展开。面对不断成倍增长的书籍出版物,图书馆员首要的任务就是高效准确地将所搜集的馆藏文献进行分类整理,这就对图书馆员的分类编目工作提出了较高的要求,不但要严谨精确,还要易于查找。因此,分类编目成为这一时期图书馆的核心职业,负责分类编目工作的图书馆员在馆内职业地位最高,很多图书馆界的代表人物都在分类编目方面有所建树,图书馆学科的领军人物也多数都是分类编目方面的专家。如美国的杜威、英国的布朗、印度的阮冈纳赞,以及国内的刘国钧、杜定友等①。由此可以看出来,虽然工业时代的图书馆已经开始重视对馆藏文献的利用,但其服务模式依然是以馆藏为中心,相对于图书馆员、图书馆学家的积极活跃,读者尚处于弱势地位。

三、信息时代的公共图书馆

互联网的出现可以说给人类社会带来了难以想象的变化,其发展之迅猛胜过种种,虽然自互联网出现至今尚不足半个世纪,但其影响力已远远超过曾持续万余年的农业时代和时间跨度达 300 年左右的工业时代。现在,互联网已经深入到人类社会生活的方方面面,改变了人们的行为模式。而在图书馆领域,以互联网为标志的信息革命所带来的变化更是深刻,新技术的应用让图书馆走向自动化、网络化、数字化,以人为本的办馆理念日益深入人心,服务模式上从以馆藏为中心到以读者为中心,从重藏轻用到藏以致用,图书馆正面临着全方位的转型与重构。

---

① 颜务林,李亚芬. 图书馆核心职业的变迁与图书馆学发展[DB/OL]. [2013-08-28]. http://www.chinalibs.net/ArtInfo.aspx? titleid=135483.

这个多元化、开放的、充满活力的信息时代还在继续,我们正身处其中,尚无定论。因为充满变化,所以能寄放更多的希望。互联网带来的图书馆消亡论逐渐烟消云散,事实证明,图书馆的存在必不可少。

1. 互联网与数字图书馆

互联网的普遍应用,是人类进入信息时代的重要标志。1969 年,出于军用方面的需要,美国国防部建立了互联网的雏形——阿帕网(ARPANET)。1983 年,得到进一步发展的阿帕网被正式命名为“互联网(Internet)”,随后,互联网技术以较快的速度不断发展并逐步成熟,但这一时期互联网的应用还较为局限,是由政府出资建设,只有研究部门、学校和政府部门能够使用,网络规模小,人们更多的是利用其进行文件传输以及发送和接收电子邮件。1991 年,万维网(www)技术被开发出来,Web 页面正式面世,随后直到 1994 年,商业资本被允许介入互联网建设和运营,互联网才从实验室进入面向社会的商用时期,网络规模快速扩大,呈现井喷式的迅猛发展状态,大批网站相继出现,普通民众也可以通过互联网浏览网页或收发电子邮件。进入 21 世纪后,互联网已深入到社会公众的日常生活中,Web2.0 时代随着博客、播客等的普遍使用而到来,给人类社会生活带来了革命性的影响。

互联网在图书馆领域的应用较早。自出现至今,互联网的发展已经历了门户网站、搜索引擎和开发平台三个时期,每一次的技术革新都为图书馆带来了进步的契机①。门户网站时期,图书馆效仿以Yahoo为代表的门户网站建设自己的主页,大力发展分类导航工具,学科导航建设取得良好的绩效;搜索引擎时期,Google 异军崛起,成为第二代互联网的翘楚,在此影响下,图书馆积极发展资源检索工具,如统一检索、跨库检索等;开放平台时期,互联网的先锋则成了 Facebook 这一类网站,用户的个性化需求得到前所未有的重视,图书馆将开放平台的

---

① 翟晓娟,许鑫. 解析图书馆信息组织在互联网发展三个时期的定位、演变及趋势[J]. 国家图书馆学刊,2012(2):12 - 54.

核心技术——OpenAPI 运用到资源集成上,为用户提供一站式服务。

更多的研究者则习惯将互联网的发展分为 Web1.0、Web2.0、Web3.0 三个阶段,其中,图书馆人最为熟悉的正是当前我们正身处其中的 Web2.0 时代,并在图书馆领域相对应地提出图书馆 2.0(Lib2.0)的概念。从时间上来看,2003 年以前的互联网被称为 Web1.0 时代,2004 年至今称为 Web2.0 时代,Web3.0 则是一个正在兴起的、即将到来的时代①。简单地说,Web1.0 时代的特征是用户单向被动地接收互联网信息,Web2.0 时代将互联网的主动权交由用户掌握,可实现在线互动,Web3.0 时代更添加了智能因素,其核心理念是人性化、智能化。与此相对应的,在图书馆 1.0 时代的读者只能被动地接受图书馆提供的服务,如通过图书馆网站进行信息浏览查询等;到了图书馆 2.0 时代,借助博客、Wiki、RSS、社会化书签、即时通讯等 Web2.0 的技术和应用,读者已经可以和图书馆进行广泛互动,而不仅仅是被动接受,并在很大程度上影响着图书馆,促使图书馆按照读者的需求提供服务;在图书馆 3.0 时代,读者与图书馆的联系更加紧密,图书馆发展为智慧型图书馆,与此相关如语义网、RFID 技术、Mashup(糅合)技术的应用以及对于 UGC(Users Generate Content,用户生成内容)的筛选性过滤等,这些新一轮的技术将为图书馆服务带来真正的变革,实现资源的有效共享、智能化的情报检索和分析、移动通信设备等多种终端平台的兼容使用等②。

互联网对图书馆的影响首先表现在技术层面。从计算机的单机应用,到局域网的出现,再到互联网的产生,图书馆的自动化程度也日益深入。20 世纪 70 年代,美、英、法、德等发达国家都已基本实现用计算机管理图书馆业务,图书馆流通自动化系统、编目与检索自动化系

① 王枫. Web3.0 时代的图书馆[J]. 西南民族大学学报(人文社会科学版),2010(2):274 - 277.

② 吴一平. 基于 Web3.0 思想的图书馆 3.0 服务新模式的研究与应用[J]. 图书馆,2011(1):90 - 92.

统、采购自动化系统与行政管理自动化系统已在图书馆广泛使用。具体到图书馆中来看，图书馆的采购、编目、检索、流通、行政管理等工作在引入计算机技术后自动化程度得到不断加强，为图书馆的网络化和数字化提供了很好的基础。尤其是在传统图书馆中对技术性要求最强的文献编目和分类检索，当计算机技术应用到图书馆中，编目和分类检索工作所遭受的冲击也最为强烈，从手工操作交由计算机完成，并可借助网络、联盟实现成果共享。随着信息技术和图书馆现代化的发展，编目工作经历了从传统卡片著录格式到现代 MARC 机读目录格式再到新兴的 DC 元数据格式的发展过程；其工作对象也由传统印刷型文献信息资源扩展到广泛的数字和网络信息资源等[①]。检索技术也由字段检索、全文检索发展到内容检索——即“根据媒体对象的语义和上下联系进行检索，主要包括基于内容的图像检索、音频检索、视频检索”[②]。

随着计算机技术由单机应用走向机组联网，图书馆的网络化趋势也不断向纵深发展，从地方网络、国家网络走向地区网络、国际网络，在此期间，各图书馆联盟的表现十分引人注目。计算机网络的发展经过了局域网时期和互联网时期，局域网(Local Area Network，LAN)是某一区域内的计算机实现互联，有一定的地理限制，它是封闭的，而互联网(Internet)是开放的，规模最大，可实现全球计算机的互联。互联网突破了空间和时间的限制，因此，在互联网出现后，图书馆网络化以及图书馆联盟的发展更为迅速。20 世纪 90 年代，欧美国家已建立了数量众多的图书馆联盟，进入 21 世纪后，图书馆之间的馆际合作和资源共享更为普遍，已成为一种通行做法。1997 年国际图书馆联盟联合会(International Coalition of Library Consortia，ICOLC)的成立是现代图书馆联盟发展走向国际化的一个重要标志，它是由世界各地的图书馆

---

① 杨琼. 试论图书馆编目职能社会化之趋势[J]. 新世纪图书馆，2005(1)：42－44.

② 陈连梅. 论计算机技术对图书馆的影响[J]. 图书馆，2004(4)：53－56.

联盟共同组成，被称为“联盟的联盟”，现已有超过200家图书馆联盟加入其中。

传统图书馆联盟的合作主要表现在印本文献的馆际互借和文献传递，而基于图书馆自动化技术和网络环境的现代图书馆联盟更强调图书馆资源的共建共享，被认为是网络时代图书馆合作最有活力的、最具可行性的形式①。OCLC就是现代图书馆联盟中最著名、最典型的代表之一。1967年，OCLC（Ohio College Library Center）成立，第一批成员是美国俄亥俄州54所大学的图书馆，1981年更名为联机计算机图书馆中心（Online Computer Library Center）。OCLC利用全球网络连接各个图书馆，是世界上最大的图书馆联盟之一，拥有世界上最大的书目数据库WorldCat。现在，全球大部分的国家和地区超过7万所的图书馆都在使用OCLC提供的各种服务。联机合作编目是OCLC最早的也是最核心的服务，成员馆既可以向OCLC上传提供新的书目数据，也可以下载OCLC中现有的编目记录为己所用，实现了“一家编目，多家使用”。

而数字图书馆则是以计算机和通信网络技术为核心的多种现代化技术在图书馆领域综合利用的一大突出成果。数字图书馆概念随着互联网的出现而诞生的，最初问世是在20世纪90年代初期。简单地说，数字图书馆就是利用互联网或局域网等网络为用户提供数字化信息资源存取服务的机构②，也有叫电子图书馆，或虚拟图书馆的。1990年，美国国会图书馆启动“美国记忆”（American Memory）图书馆数字化试点工程，将馆内资源，包括图书、手稿、照片、录音、影像等，进行系统的数字化处理和存储，并编辑制作成系列专题作品。这可以说是“数字图书馆”早期最有影响力的一个实践。随后在全世界引发了

---

①　赵炜霞，李庆芬，庞红．国内外图书馆联盟实践评析［J］．上海高校图书情报工作研究，2005（2）：15－17．

②　张树华，张久珍．20世纪以来中国的图书馆事业［M］．北京：北京大学出版社，2008：447．

一股数字化建设潮流,“数字图书馆”成为一个新兴名词被广泛传播,各种关于“数字图书馆”的研讨会不断举办,多国陆续开始实施全国性的数字图书馆计划,如1993年正式开始的英国elib项目和法国国家数字图书馆项目,1994年启动的加拿大数字图书馆先导项目,1995年开始的美国国会图书馆国家数字图书馆项目,以及1998年日本国立国会图书馆制定的电子图书馆发展计划。1995年5月,美、英、法、德、意、加、日7国的国家图书馆在法国成立G7全球数字图书馆集团,在俄罗斯加入后则扩展为G8集团,其目标是从现存的数字化项目中组织一个大型的人类知识的虚拟馆藏,并通过网络向全球范围内的广大公众提供服务。不久,《数字图书馆杂志》(D-Lib Magazine)创刊,并逐渐发展成为数字图书馆领域最为重要的核心期刊。1997年7月,我国开始启动数字图书馆建设,由国家图书馆、上海图书馆、深圳图书馆、中山图书馆、辽宁图书馆、南京图书馆6家图书馆共同参与实施了“中国试验型数字图书馆”项目,引起巨大反响,各种大大小小的数字图书馆项目自此在我国如雨后春笋般不断出现,比较重要的有国家数字图书馆工程、国家科技图书文献中心(NSTL)、国家科学数字图书馆(CSDL)、中国高等教育数字化图书馆(CADLIS)等。

进入21世纪后,数字图书馆在全球的发展更加兴盛。数字图书馆建设也不再局限于图书馆领域,众多网站、数据库商、出版社等也积极加入到其中。2004年12月,谷歌大手笔启动一项数字图书馆计划,野心勃勃地提出打造世界最大的数字图书馆,尽管过程中一直争议风波不断,但后来效仿者不减反增,更多机构和组织开始了数字图书馆的建设。2009年4月21日,“世界数字图书馆”(The World Digital Library,WDL)在联合国教科文组织总部正式启用,该项目由联合国教科文组织和美国国会图书馆等全球23家合作机构共同推出,向全世界用户免费在线提供各种珍贵资源,包括但不限于图书、地图、手稿、乐谱、影片与照片等,这些资源可按地点、时间、主题、条目类型、参与机构进行浏览,也可以英文、中文、法文、俄文、西班牙文、阿拉伯文、葡萄牙文等多种语言进行广泛搜索。可以说,不论从数字图书馆建设还是世界图书馆史角度来看,世界数字图书馆都代表着一个重要的里程碑,它在诸多方面都有所突破,是数字图书馆技术的一个重要发展,同时,世界数字图书馆对开放性的强调也意义重大。

作为信息技术的一个集成性应用,数字图书馆的蓬勃发展促进了人们对相关技术的探索。IBM 公司曾在其提出的"数字图书馆"解决方案中将数字图书馆的相关技术分为五大方面:1. 内容的创建和获取;2. 存储和管理;3. 查询与访问;4. 内容发布;5. 权限管理。创建和获取数字化资源的方式有很多种,如录入、扫描、光学字符识别(OCR),以及针对多媒体信息处理的视音频捕捉等。数据的存储和管理是数字图书馆最为核心的技术问题,其中涉及海量存储的问题。查询与访问主要体现在数字资源的检索方面,目前数字图书馆的全文检索技术已趋于成熟,针对多媒体资源的基于内容的检索技术也有应用,此外跨库检索技术也比较受关注。内容发布则涉及网络协议、媒体特性、易用性、信息导航、语言转换等方面。权限管理即对数字图书馆的知识产权管理,相关技术有数字水印技术、数字签名技术、数据加密技术等。

信息时代数字图书馆技术的发展与应用也经历了一个变化的过程。数字图书馆技术最初是以书目为中心或以图书馆自动化系统为中心,典型成果是网络联机联合编目系统、联机情报检索系统等。随后,数字图书馆技术发展到以资源数字化为中心,主要是扫描技术、OCR 技术、海量信息存储技术、全文检索技术等。目前,数字图书馆技术发展到以资源集成为中心,核心是解决分布式异构数字资源的互操作问题,其代表技术是跨库检索技术、Open URL 技术、门户技术、元数据收割技术等①。当然,在建设数字图书馆的过程中,还会遇到更多复杂的问题,如数字化作品的版权保护问题,这在国内外已多次出现,其中最著名的就是谷歌数字图书馆计划侵权案事件,由于涉及的利益方

① 张树华,张久珍. 20 世纪以来中国的图书馆事业[M]. 北京:北京大学出版社,2008:474.

有作者、出版社、图书馆和读者等,这就不仅仅是技术层面所能解决的问题,而必须放在社会和法律层面来进行协商处理。

2. 走向以人为本的图书馆转型

互联网的发展带来图书馆领域的技术革新,促进图书馆的现代化发展,但互联网对图书馆的影响远不仅于此。实际上,人们对于互联网和图书馆的关系有过各种看法。互联网的出现对于图书馆来说是挑战还是机遇?是终结者还是催化剂?是让图书馆走向消亡的危机还是促进图书馆蜕变的契机?图书馆的发展是技术至上还是以人为本?……这些争论曾经沸沸扬扬,即使到了今天依然时有回响。

图书馆界对现代信息技术的关注由来已久,且空前热烈。早在互联网还未真正社会化的20世纪80年代,美国的情报学家兰开斯特就提出了"图书馆消亡论",认为随着计算机技术的发展普及,无纸化社会将会来临,而图书馆将不可避免地走向衰落,并可能完全消失。这一观点的出现对当时的图书馆界来说无异于一次大地震。进入21世纪后,互联网日益深入到社会公众生活之中,Google等搜索引擎成为网络日常工具,人们越来越习惯有需要先上网查找信息寻求帮助,一些人开始担心互联网会取代图书馆的功能,由此怀疑图书馆存在的价值。而现在,图书馆再一次遭遇冲击,数字出版即将取代传统出版成为出版市场的巨头,电子资源在图书馆资源中的比重日益增加,图书馆转型的呼声越来越高。正是在这一次次的争论中,人们尤其是图书馆人展开了广泛而深刻的思考,图书馆的使命是什么,图书馆为什么存在,图书馆将向何处去……以挖掘图书馆更为本质的层面。思索的同时,图书馆人也在不断实践,坚定地探索着图书馆的发展之路。

1994年联合国教科文组织和国际图联《公共图书馆宣言》(Public Library Manifesto)的发布毋庸置疑是一个重大事件。随后,1999年联合国教科文组织和国际图联发布《学校图书馆宣言》(UNESCO/IFLA School Library Manifesto),2001年,双方再次合作制定了《公共图书馆服务发展指南》(IFLA/UNESCO public library service guidelines for development)。2010 年 2 月,国际图联对《公共图书馆服务发展指南》进行修订后出版了第 2 版,名字改为《公共图书馆服务指南》(IFLA public library service guidelines)。这些文献对图书馆的使命、目标、图书馆赖以建立的法制与财务框架、用户需求的满足、馆藏发展、人力资源、图书馆管理、图书馆营销等做出了翔实的指南①,提出了对世界各国各地区图书馆都具有较高适用性的基础性原则,对后来的图书馆发展发挥了巨大的参考指导作用,而其最为重要的一点,就是对图书馆人本精神的倡导。

图书馆的人本精神可以简要概括成:以人为本是图书馆根本精神之所在,图书馆是人的图书馆,人是图书馆的第一要素。当今人们已普遍认同,图书馆是国家和政府为保障公民自由、平等地获取信息和知识而进行的制度安排;最大限度地满足每一位公民(读者)对信息和知识的需求,是图书馆义不容辞的责任。在这些文献中,1994 年的《公共图书馆宣言》无疑是最重要的纲领性文献,被视为"世界图书馆宪章",随后出现的关于图书馆的其他文献都与其保持着高度统一的原则和立场。1994 年《公共图书馆宣言》指出:"公共图书馆是开展教育、传播文化和提供信息的有力工具,也是在人民的思想中树立和平观念和丰富人民大众的精神生活的重要工具。""公共图书馆应不分年龄、种族、性别、宗教、国籍、语言或社会地位,向所有的人提供平等的服务。"并提出,"要求世界各国及各地的决策者和全体图书馆工作者实施本宣言中的各项原则"②。

联合国教科文组织和国际图联的《公共图书馆宣言》为世界各个国家和地区的图书馆法制建设提供了参照,进入信息时代后,多个国家或制定或修订了相关的图书馆法律法规或纲领性文献,除了大力发

---

① 刘淑华,刘锦山. 沉思与对话:城市图书馆运营创新[M]. 北京:国家图书馆出版社,2014:44.

② 联合国教科文组织,国际图联. 公共图书馆宣言[DB/OL]. [2013-08-28]. http://www.chinalibs.net/ArticleInfo.aspx? id=14386.

扬以人为本的图书馆核心精神,还特别凸显出了信息社会的时代特色,而且在适用范围上也普及到了各类各级图书馆,不仅限于公共图书馆或学校图书馆。继20世纪80年代,美国相关法规将图书馆定位为信息中心后,1996年美国颁布的《图书馆服务与技术法》(Library Services and Technology Act,LSTA),进一步强调通过技术手段加大对信息的利用及通过特殊服务扩大信息的提供范围。2000年丹麦的《图书馆服务法》(Act Regarding Library Service)提出"网络综合图书馆"概念,建立以互联网为基础的综合性联盟目录,促进馆际互借服务①。2006年,韩国对其《图书馆及读书振兴法》进行修订,更名为《图书馆法》,指出:图书馆是国家核心知识机构,也是国民体验生活和学习的空间,通过对知识信息利用能力的提高,图书馆应当成为消除知识鸿沟的场所。同时确定建立直属总统的图书馆信息政策委员会和"国立残疾人图书馆服务中心"②。和这些国家相比,我国在图书馆法制建设方面较为滞后,《公共图书馆法》立法工作在2008年11月正式启动,目前已公布征求意见稿,未来任重而道远。

纵观近现代世界各国图书馆的发展,美国图书馆界无疑是一直走在前面。20世纪两次世界大战的战火让欧洲、亚洲、非洲等地满目疮痍,毁于其中的图书馆不计其数,而美洲大陆则幸免于难,图书馆事业得到快速发展,即使在经济危机时期经费遭到削减,但图书馆的作用却更加凸显,失业民众纷纷涌进图书馆学习提高就业技能,或查找求职信息。进入信息时代后,作为全球图书馆事业发展最为发达的国家,美国在图书馆领域的领军地位更加巩固,不但在技术上一路领先,在图书馆以人为本精神的倡导实践方面也一直是其他国家和地区的典范。1995年,美国图书馆协会发布《美国图书馆事业发展12条宣

① 肖明,杨楠,黄国彬.美丹韩印四国图书馆法比较分析[J].图书情报工作,2011(21):40-44.

② 王磊,李吉子.韩国图书馆法立法历程及其启示[J].国家图书馆学刊,2008(4):82-86.

言》,指出:“图书馆尊重个人价值。图书馆要向每一个人、每一种思维方式打开方便之门。”1998 年,美国图书馆协会委员会确立了图书馆发展的 5 个关键行动领域(Key Action Areas),即多元化、存取公平、教育与持续学习、知识自由以及 21 世纪素养。随后,美国图书馆协会陆续发布了一系列战略计划,包括美国图书馆协会 2000 年目标(ALA Goal 2000),美国图书馆协会 2005 行动计划(ALA Action2005),美国图书馆协会走向 2010 年(ALA Ahead to 2010),及其最新发布的美国图书馆协会 2015 战略计划(ALA2015),并将原来的 5 个关键行动领域进行扩充发展,确定为 8 大关键行动领域——多元化;公平地获取信息和图书馆服务;教育和终身学习;知识自由;图书馆宣传和专业化;扫盲;组织优势;图书馆转型。

图书馆转型是当前图书馆事业的重要课题,而转型的主导方向就是走向以人为本的图书馆。阮冈纳赞曾提出,图书馆是一个不断成长着的有机体。图书馆服务于人的知识需求,当随着社会发展,人的需求出现变化时,图书馆也必然要随之发生转变。从图书馆诞生到现在的数万年间,图书馆已经早不是最初的样子。而在信息时代,图书馆的改变尤为明显,显然,这种改变最大的特点就是走向以人为本。吴建中在《转型与超越:无所不在的图书馆》一书中指出,当前的图书馆正处于以纸质资源为主体的旧范型向以数字资源为主体的新范型转型的时期,只有坚持以人为本,以需求为主导,才能与时俱进,与不断变化的环境相适应。并细致地分析了与传统图书馆相比,现代图书馆的工作是如何向以人为本的方向演变的。

在采访环节,从重视图书本身价值转向根据对书的需求进行选书,编目工作由图书馆本位发展到读者本位,联机公共检索目录(OPAC)一开始仅包括书目信息、订购信息、馆藏与流通记录等,后来随着 Web2.0 的发展,更多的图书馆将数据库、互联网资源以及读者评价、意见和书评等融入联机公共检索目录,使得该系统更加贴近用户的信息需求和检索习惯。美国国会图书馆已经于 2013 年 3 月 31 日实现馆藏全部采用 RDA 编目。RDA 可以将作者同一本书的不同版本、翻译、改编等整合在一起，适用于不同国家不同语种。其他如加拿大国家图书馆与档案馆、德国国家图书馆、澳大利亚国家图书馆等越来越多的图书馆也都在积极实施或计划将 RDA 引进图书馆编目体系①。图书馆的分类工作也在向用户本位发展，目前，美国已有一些图书馆开始放弃杜威分类法，而改用更便于读者浏览的方式对图书进行排列设计。

在图书馆直接服务于读者的工作方面，人的因素更是发挥着重要的作用，可以从分别代表外借、阅览和参考服务的电子书外借、共享空间和虚拟参考这三大服务项目的发展上看出来。信息时代的人们对网络资源的需求十分强烈，网络下载量不断飙升，速度惊人。规模最大的电子书发行商 OverDrive 公司表示，在 2011 年，OverDrive 的图书馆目录共有 16 亿次的访问量，比前一年增长了 130%。美国公共图书馆 2011 年 12 月的电子书借阅需求与上一年同期相比增长了一倍，而波士顿公共图书馆则增长了 3 倍。而不同主题共享空间的出现也显示了信息时代图书馆发展的一大趋势，有效地发挥了图书馆作为知识导航的功能，对图书馆建筑设计的影响非常大。虚拟参考服务在 20 世纪末的美国首开先河，借助网络即时通信技术的应用，图书馆员实现了网上实时回答读者提出的问题，目前，人们不再必须到馆才能获取图书馆的咨询服务，还可以通过电话、电子邮件、在线提问等方式得到图书馆员的帮助。1999 年 9 月，全美只有 5 家图书馆开展实时的虚拟参考服务，而到 2001 年的 3 月，全世界开展这一服务的已经有 200 多家，其发展之迅速可就此略窥一斑。

3. 生产力视域下的信息时代图书馆

信息时代的图书馆中，作为生产力三要素的劳动工具、劳动者、劳

---

① 吴建中. 转型与超越：无所不在的图书馆[M]. 上海：上海大学出版社，2012：97.

动对象都发生了翻天覆地的变化,呈现出与传统图书馆截然不同的发展面貌。

劳动工具方面,计算机已在图书馆各工作环节得到利用,互联网的重要性日益凸显。人与人的交流互动突破了时间、空间的限制,任何时间、任何地点,只要有计算机、互联网,就可以进行。图书馆员可以通过互联网采购馆藏资源,提交或下载编目数据;读者可以通过互联网查找所需资料,咨询问题。有了互联网的存在,图书馆的采编工作和过去相比大为简化,对人力的需求骤减,很多图书馆甚至将编目等业务外包出去,图书馆工作的重心发生转移,在此基础上,部门设置也发生了变化,一些部门被裁减,而新的部门相继出现。传统图书馆的核心职业为分类编目,故单设采访部、编目部等,而进入信息时代后,人们对信息服务需求逐渐增强,文献检索随之逐渐取代文献分类编目成为图书馆职业核心,原来分开单设的采访部、编目部合为一个部门,并且新出现了负责图书馆计算机网络的部门。而当Google、百度等搜索引擎发展起来后,图书馆文献检索又开始快速边缘化,社会交流成为新的图书馆核心职业①,许多图书馆顺应此趋势设立公关部、推广部等负责社会交流工作。另外,图书馆内部的工作沟通、联系也可以通过计算机网络自由实现,促使图书馆的组织机构发生了深刻变化——由以前的多层塔式结构正逐步转变为扁平组织结构,从而减少了管理层次,扩大了管理跨度,降低了图书馆运营成本,提高了效率②。而在可预见的未来,因为更多新科技的应用,图书馆将更加智能化、人性化,图书馆将成为“活”的图书馆。例如,现在的虚拟参考服务还需要有个图书馆员在线提供服务,而在智慧型图书馆可能计算机本身就能对读者的问题进行智能分析解答,做到有问必答而不是答非所问,

---

① 颜务林,李亚芬. 图书馆核心职业的变迁与图书馆学发展[DB/OL]. [2013-08-28]. http://www.chinalibs.net/ArtInfo.aspx? titleid=135483.

② 刘淑华,刘锦山. 沉思与对话:城市图书馆运营创新[M]. 北京:国家图书馆出版社,2014:51.

从而让更多的图书馆岗位实现无人化运营，让更多图书馆员可以从低层次的工作中解放出来，去做更高层次的工作，最终促进图书馆事业的更快发展。

馆藏的存储工具更加多样。由于馆藏包括印刷品资源和数字资源，而且数字资源的分量在不断增加，网络虚拟存储工具，如网盘、云存储等也得到发展。同时，馆藏资源的传输工具也发生了较大改变，自助借还书系统已在一些图书馆得到应用。从条形码到 RFID 技术的应用，图书馆流通环节的工作效率大大提高，不但读者得到便利，也让更多馆员能解放出来从事其他工作，如参考咨询等。另外，现在延伸服务已得到各图书馆的十分重视，很多图书馆已开展送书上门服务，为读者尤其是残障人士带来极大便利，其他还有流动图书车、设于街头路口的书亭、24 小时自助借还书设备等，使得图书馆可利用的传输工具越来越多样。而数字馆藏的传输已可完全通过网络虚拟工具实现，即图书馆在网络上为读者提供下载服务，这一新的发展趋势正受到越来越多的关注。随着传输工具的发展，图书馆的影响力辐射范围越来越大，并突破了物理空间的限制。过去，读者只有到馆后才能得到图书馆的服务，导致图书馆的影响力被局限在建筑物内或以建筑物为中心的一定区域内，而在信息时代，即使读者与图书馆横跨地球两端，读者没有去过图书馆，也能通过网络获得图书馆的服务，如电子书下载，以及虚拟参考服务。

信息时代的图书馆中，劳动者不仅仅是指专业的图书馆员。按照国际标准，图书馆的工作人员可分为四大类：专业图书馆员；图书馆助理；专业技术人员；辅助人员。信息时代带给图书馆工作人员的一大改变是，计算机人员作为图书馆的专业技术人员不可缺少，另一方面，信息素养已成为图书馆员的职业知识结构中的必要组成，无论是编目、数据录入、网络检索还是多媒体服务，都离不开计算机、网络等方面的知识。尤其是对于专业图书馆员来说，必须具备较好的获取、分析、处理信息的能力，这就需要涉及图书馆学、教育学、信息学、管理学等多学科的知识。过去，图书馆员是追求专才，而信息时代的图书馆人才开始要求向通才发展,即复合型人才。例如,现在的编目人员不但要在自己专业上不断学习,了解掌握最新的编目发展趋势,还必须“要努力熟悉并积极深入借阅服务以及参考咨询等一线服务,在与用户的交流中了解用户的实际需求与信息习惯”①。图书馆员最好有图情专业之外的学科知识作基础,以美国为例,其图情专业教育主要是培养硕士和博士两个层次的人才,在图书馆工作的专业图书馆员必须有图书馆学的硕士学位,也就是说,美国的专业图书馆员在图情专业之外还掌握了至少一门以上的其他学科知识。

当然,比图书馆员的业务技能素养更为深刻、更为核心的,是图书馆员理念观点的变化。信息时代的图书馆是以人为本的。我国颁布的《公共图书馆服务规范》指出:“公共图书馆是公共文化服务体系的重要组成部分。公共图书馆服务规划应体现出公益性、基本性、均等性和便利性。”“公共图书馆服务应体现以人为本的原则,通过就近、便捷、可选择、温馨的服务,不断改进服务质量,统筹兼顾服务资源、服务效能、服务宣传、服务监督与反馈,促进服务的全面协调可持续发展。”②2008 年中国图书馆学会发布的《图书馆服务宣言》指出:“图书馆是通向知识之门,它通过系统收集、保存与组织文献信息,实现传播知识、传承文明的社会功能。现代图书馆秉承对全社会开放的理念,承担实现和保障公民文化权利、缩小社会信息鸿沟的使命。我国图书馆人经过不懈的追求与努力,逐步确立了对社会普遍开放、平等服务、以人为本的基本原则。”③目前,人们正越来越认可这一理念,以人为本的图书馆发展中,“人”不仅仅指读者,而是有着更加广泛的内涵,读者和馆员是“人”的两大中心,以读者为本必须通过以馆员为本来实

① 吴建中. 转型与超越:无所不在的图书馆[M]. 上海:上海大学出版社,2012:100.

② 文化部. 公共图书馆服务规范[DB/OL]. [2013 - 09 - 23]. http://www.chinalibs.net/ArticleInfo.aspx? id = 374535.

③ 中国图书馆学会. 图书馆服务宣言[DB/OL]. [2013 - 09 - 23]. http://www.chinalibs.net//ArtInfo.aspx? titleid = 208382.

现,专业图书馆员是图书馆的第一资源,也是最有价值的资源[①]。图书馆是作为社会公益性质的文化服务机构,服务是图书馆的核心价值观,图书馆员的职业使命就是服务于读者,做好信息导航。因此,要想成为一个优秀的图书馆员,不仅要具备过硬的业务技能,在专业上与时俱进,还必须确立良好的服务精神,树立“读者第一,服务至上”的职业观念,为读者提供满意的服务。

如前文所述,在信息时代,“以人为本”是图书馆发展的新趋势,人本精神体现在了图书馆工作中的每一个环节,或许图书馆不再是读者获取资源、信息和知识的首要渠道,但图书馆的社会文化功能、咨询功能却在不断强化。因此,从这方面来分析图书馆的劳动对象的话,读者的重要性更甚于馆藏。工业时代的传统图书馆是以纸质文献为主,一切工作都围绕馆藏开展,为读者提供的服务也是基于馆藏而展开,现代图书馆则不然,人成为一切工作的中心,图书馆的服务是基于读者需求而开展的。读者需要什么样的资源和服务,图书馆就提供什么样的资源和服务;读者在哪里,图书馆的服务就延伸到哪里。

互联网进入图书馆以来,数字资源在图书馆的馆藏中的数量、地位都日益提升。和纸质文献相比,数字资源的类型更为丰富,包括电子书、电子报纸、电子期刊、数据库、光盘、电子文件、电子文档、参考工具、舆图、音乐、摄影,等等[②]。由于科技的进步,互联网的普及,各种信息呈爆炸式增加,知识的更新换代越来越频繁。有数据显示,全球信息量每两年翻一番,2011 年全球生产的数据量达 1.8ZB。而这一速度还在不断被刷新着,没有哪一个图书馆能全部储存这些信息。美国国会图书馆负责战略计划部副主管 Laura Campbell 早在 2008 年就指出,网络时代的来临给国会图书馆提出了新的挑战,全世界每 15 分钟创造出的信息数量就相当于国会图书馆馆藏(1.38 亿册)所有数据和信

① 张伟. 问道[M]. 上海:上海远东出版社,2013:23.

② 吴建中. 转型与超越:无所不在的图书馆[M]. 上海:上海大学出版社,2012:41.

息的总和。因此,馆藏发展战略之类的计划对现代图书馆来说就显得尤为重要。在不能全部兼收并蓄之后,图书馆必须要思考:如何选择馆藏?馆藏为什么而藏?

显然,在纸质文献和数字资源的比较中,它们各有优劣。数字资源无须占有太多物理空间,传送迅速,可以无限复制下载,利用起来更加方便。纸质文献也有其不可替代的优势,储存麻烦,但更易长期保存,携带有限,却在阅读时无须借助任何工具,目前依然还有很多人保留着纸质阅读的习惯,比起电子屏幕,他们更喜欢拿着纸书阅读。因此,虽然数字资源增长之快已前所未见,但还是无法完全取代纸质文献,基于此,现代图书馆馆藏中呈现纸质文献与数字资源并重的发展状态。另一方面,现代图书馆还对过去传统图书馆经常忽略的一些资源,如非结构化资料、零次情报、灰色文献等,投入了更多的关注。图书馆中的非结构化资料包含正式文献以外的所有文献信息,如残本、散页、手稿等;零次情报包括未形成文字材料的口头交谈,以及未经正式发表的原始文献;灰色文献则指不受商业出版者控制,而由各级政府、学术单位、工商业界所生产的各类印刷与电子形式的资料①。尤其是对于互联网上高品质灰色文献的深度挖掘、保存、管理、呈现、利用,目前已经得到了世界各国图书馆界的较大关注和重视②。2000 年 12 月,美国国会授权国会图书馆领导实施国家数字战略行动——国家信息基础设施和保存计划,国会图书馆通过该计划领导全国数字信息长期保存任务,并与美国重要政府部门和拥有收集与保存数字内容专长的实体进行合作,还鼓励民营机构参与此项计划。2006 年 6 月 1 日,由欧盟第六框架计划和英国联合信息系统委员会共同资助的为期四年的"网络服务中的保存与长期存取"项目正式启动。2007 年,大英

① 吴建中.转型与超越:无所不在的图书馆[M].上海:上海大学出版社,2012:48-51.

② 刘淑华,刘锦山.沉思与对话:城市图书馆运营创新[M].北京:国家图书馆出版社,2014:78.

图书馆实行“电邮英国”(email Britain)计划,向民众征集100万封个人电子邮件,制成档案库,已备后人了解当今文化生活及社会万象。而我国国家图书馆也有类似项目。

在以人为本的发展指向下,图书馆馆藏为何而藏的答案就很明显了,读者的需求决定一切,“为用而藏,藏以致用”成为信息时代图书馆的馆藏发展方针。作为现代图书馆的服务对象,读者,或者说“用户”“利益相关者”的覆盖范围日益广泛,甚至也将图书馆自己的员工包含在内①。这样一种大开放、可持续发展的观念给图书馆的发展带来巨大影响,人们对图书馆责任、价值的认知到达了前所未有的视野。“从服务馆内读者到服务广大利益相关者,变化的不仅仅是形式,而且是整个流程、体系以及服务理念,需要图书馆重新定位、重组机构和流程,以适应不断变化的社会环境和用户需求。”②

① 吴建中.转型与超越:无所不在的图书馆[M].上海:上海大学出版社,2012:8-9.

② 吴建中.转型与超越:无所不在的图书馆[M].上海:上海大学出版社,2012:15.

第二章　现实之维:现实视域下的公共图书馆转型与发展

导语:公共图书馆的转型与发展的外在驱动是读者和用户需求的变化,内在驱动则是其核心业务的变化。核心业务的变化引起或者促进了图书馆组织机构、服务方式、运营模式、建筑设施、文化与功能定位的变化,因此分析和研究现实中图书馆的转型与发展须抓住核心业务这个关键。

中国是一个农业社会、工业社会和信息社会并存的国家,而且正处于一个从农业社会向工业社会与信息社会不断嬗变和突变的时代,中国的一切问题都与此相关。与中国社会发展变迁现实相适应,中国的公共图书馆也正经历着从农业时代的图书馆向工业时代的图书馆与信息时代的图书馆不断嬗变和突变的时代,目前的公共图书馆的组织机构呈现出三个时代混同并逐步向信息时代过渡的特点。公共图书馆的转型与发展正是在这样的背景下发生的。

公共图书馆转型与发展当然有其政治、经济、文化、社会与技术等宏观背景,而就中观背景而言,公共图书馆的转型与发展的外在驱动是读者和用户需求的变化,内在驱动则是其核心业务的变化。核心业务的变化引起或者促进了图书馆组织机构、服务方式、运营模式、建筑设施、文化与功能定位的变化,因此分析和研究现实中图书馆的转型与发展须抓住核心业务这个关键。

一、核心业务的变迁

由于受政治、经济、文化、社会与技术等因素特别是出版技术的影响,不同时代公共图书馆有着不同的馆藏主体,而馆藏主体的变化又导致了核心业务的不同。

农业时代和工业时代,尽管出版技术有过从手工刻写到雕版印刷、从雕版印刷到活字印刷等几次大的演进和变革,书籍的形式也从龟甲、兽骨、竹简、帛书一直发展到印本,但其本质并没有发生质的变化,依然是实体文献。因此,几千年来,图书馆的馆藏主体一直是实体文献,图书馆的核心业务全部围绕实体文献展开,其业务流程并没有发生过质的变化。当然,由于出版技术的局限,在雕版印刷术出现之前,书籍的“出版”全部依靠书写者一笔一画刻写出来,批量“出版”非常困难,社会上书籍甚少,图书馆馆藏亦然不大,这时的图书馆核心业务流程的展开以一种个体劳动、手工作坊为主要特点。在雕版印刷术和活字印刷术发明之后,书籍的批量出版成为现实,虽然由于雕版和活字全凭手工制作,书籍尽管能批量出版,数量有限,但毕竟比以前手工刻写时代图书数量大为增长,图书馆的核心业务虽然还是围绕实体文献展开,但已经开始超越农业时代早期的个体化、作坊化的特点,逐渐发展成为一种工业时代的带有流水线性质的作业方式,特别是进入工业时代以后,这种具有现代工业性质的流水线的作业方式发展越来越成熟,并演变、划分为若干环节,以提高效率。但是,无论如何发展,均没有脱离开实体资源这个核心来开展业务。

1. 工业时代图书馆的核心业务流程

农业时代图书馆与工业时代图书馆的馆藏主体均为实体文献,业务流程均围绕实体文献展开。与农业时代图书馆相比,工业时代图书馆发展更为成熟,其以实体文献为馆藏主体的业务流程发展更为完备。因此,研究和分析工业时代图书馆核心业务流程很具代表性。

“图书馆业务员工作是以图书文献为工作对象,以读者服务为目标,以传递文献信息为手段的一种服务过程。从搜集文献开始到把馆藏文献传递给读者,包括许多工作环节,各工作环节相互联系、相互制约,形成一个开放的图书馆工作体系。图书馆业务工作体系由文献的

收集整理和文献的传递使用两大系统组成。”①具体见下图②:

- 图书馆业务工作体系图
  - 图书文献搜集整理
    - 搜集
      - 确定采购标准
      - 了解出版动态、书源信息
      - 听取专家和读者选购图书意见
      - 检查馆藏是否入藏
      - 订购、选购、邮购、委托代购、交换、接收、征集、复制
      - 排列订单、检查、催询
      - 验收
      - 打号、盖章
      - 登录
    - 加工整理
      - 验收
      - 查重
      - 分类
      - 编目
      - 主题标引
      - 技术加工
      - 目录组织
    - 典藏
      - 书库划分
      - 图书排架
      - 图书保护、清点、剔旧
  - 图书文献传递使用
    - 确定读者对象和原则
    - 了解读者需要
    - 提供服务
      - 流通推广
        - 外借服务
        - 阅览服务
        - 复制服务
        - 馆际互借
        - 馆外流通
        - 宣传辅导
      - 情报服务
        - 文献检索
        - 文献报道
        - 情报研究
        - 参考咨询
          - 接受咨询
          - 寻找资料线索
          - 系统地整理资料
          - 解答咨询
    - 收集服务效益评价

图1　图书馆业务工作体系图

① 程亚男.图书馆工作概论[M].北京:北京图书馆出版社,2000:38.

② 程亚男.图书馆工作概论[M].北京:北京图书馆出版社,2000:39.

从上图可以清晰地看到,传统图书馆核心的业务工作就是围绕实体资源的搜集、整序、利用展开的。其中核心的工作岗位是采访和编目,尤其是编目工作一则因为编目规则复杂,二则大多数的标引和著录工作都逐步采用计算机来做,是传统图书馆中技术含量最高的工作,因此与编目相关的岗位也就成为传统图书馆的核心岗位。可见,编目是传统图书馆业务流程的中心环节,它既是文献搜集整理的后续环节,又是文献利用的基础和前提,起着承上启下的作用。从本质上来讲,传统图书馆业务流程的两个环节——搜集整理与传递利用也是信息时代图书馆业务流程的两个环节,虽然如此,其内涵却大为不同。传统图书馆业务流程所处理的对象是文献,具有一定的物理形态,是实体性的对象,其单元是整本书、整本刊或者整份报纸,标引著录都是围绕文献的外部属性进行,而没有深入到文献的内部。文献的传递利用也是基于整本书、整本刊或者整份报纸进行,虽然复印技术的发明使得图书馆可以为读者提供其所需文献的部分内容,但这种情况仍然不能改变传统图书馆对文献利用的整体性和宏观性。

2. 信息时代图书馆的核心业务流程

信息时代图书馆面临的最大变化是馆藏结构的变化以及由此引起的核心业务流程的变革。传统图书馆时代是实体资源主导的时代,图书馆的馆藏主体由实体的图书、期刊、报纸、音像制品构成,虽然也有广播电台、电视台播放的电视、广播节目,但受技术条件的制约,图书馆并没有将声波纳入自己的馆藏,如果图书馆需要收藏某些视听资料,也是通过影带、磁带、唱盘、碟片等记录有信号的实体形式收藏的。而信息时代最大的变化是出现了虚拟资源,数字出版技术的发展更使得以互联网为载体的数字文献发展日益迅猛,而数字文献中原创灰色数字文献发展更为迅猛,其数量庞大,质量日益提高,并且在学术领域、管理领域、经济领域与社会生活领域中的运用日渐深入。这种背景下,图书馆的馆藏结构正在发生着深刻的变化,一方面数字文献在馆藏结构中所占比例越来越大,另一方面数字文献中灰色文献所占比例越来越大。数字文献在整个馆藏中的比例将会超过实体文献,而数字文献中的灰色文献的比例将会超过数字文献中的白色文献。在我国公共图书馆中,数字资源的重要性正在不断增强,这表现在诸多方面,如文化共享工程、数字图书馆推广工程在公共图书馆的大力推进,公共图书馆自建数字资源的大量涌现,公共图书馆在数字资源方面的投入不断增加。这种发展趋势近年来日益强烈,机构用户达 3 万家的全球最大图书馆电子书服务商OverDrive2014 年统计数据显示,其电子书、有声读物等数字媒体流通量比之前上涨了 33%①。而据《上海图书馆“十二五”规划》指出,到 2015 年,其数字资源经费总量占比将从 2011 年的 9. 26% 提升到 20%②。

如果说上述举措只是调整实体资源与数字资源之间的比例,那么对于灰色文献的搜集、整理和利用则深刻地影响着数字资源内部白色文献与灰色文献的比例。特别是最近 20 余年互联网的迅猛发展,使得灰色文献的发布有了一个非常广阔的平台,学术动态、会议资料、技术报告、商业文件和政府文件等许多类型的原创灰色文献都通过互联网首先发布,因此,对于以互联网为载体的灰色文献的搜集、整理和利用现在成为国内外图书馆界的一个热点课题。2000 年,美国国会图书馆推出了密涅瓦(Mapping the Internet Electronic Resources Virtual Archive, MINERVA)网络档案计划,这一计划成为后来的美国国会图书馆互联网档案(The Library of Congress Web Archives, LCWA)项目,该项目是按照学科专家选择的特定主题的互联网站点的存档,是国会图书馆评估、选择、收集、编目、提供存取和保存数字资料以便为后代研究者提供使用所做的持续努力的一部分;LCWA 已经建好的互联网档案包括:美国第 107 届国会档案、美国第 108 届国会档案、苏丹达尔富

① 姜爱蓉. 图书馆资源变迁与服务创新[N]. 中国出版传媒商报,2015 - 03 - 17(3).

② 倪道敏. 公共馆如何进行数字资源采购?(图)[DB/OL]. [2015 - 04 - 23]. http://www.chinalibs.net/ArticleInfo.aspx? id = 375366.

尔危机档案、国会图书馆手稿部互联网档案、2005 年教皇职位交接档案、2001 年 911 档案、美国 2000 年选举档案、美国 2002 年选举档案、互联网图像档案①。2004 年 6 月，在英国国家图书馆的领导下，包括英国国家档案馆、威尔士国家图书馆、苏格兰国家图书馆、联合信息系统委员会(Joint Information Systems Committee, JISC)、维康信托基金会(Wellcome Trust)共计 6 家机构成立了英国网络存档联盟(UK Web Archiving Consortium, UKWAC)。UKWAC 保存的互联网资源包括如下学科：艺术和人文学科、政府和政治、参考工具、商业和经济、健康、科学和技术、教育和科研、新闻和传媒、社会和文化②。此外，澳大利亚国家图书馆、法国国家图书馆、北欧各国的国家图书馆、中国国家图书馆等世界许多国家均开展了互联网资源的长期保存项目③。

信息时代图书馆业务流程所处理的对象是一种与传统的实体文献不同的数字文献，这种文献具有非实体性、虚拟性等特点。业务对象的这种变化对于图书馆业务流程的构建产生了相当深刻的影响。传统图书馆时代，图书馆业务流程的两大阶段——搜集整理与传递利用，各自又可以划分为若干小的环节，例如搜集整理阶段可以划分为搜集、加工和典藏三个小环节，传递利用阶段又可以划分为了解需求、提供服务和服务效益评价，而提供服务则包括外借、阅览、复制、馆际互借等诸多具体形式和手段。这些具体环节在物理上是可分的，图书馆的组织机构建制则与其对应，有采访、编目、典藏、阅览、外借等各种部门。所有这些都是建立在实体资源这一业务对象的基础之上，一旦实体资源转变为虚拟资源，情况就发生了很大的变化。在虚拟资源时代，传统图书馆基于实体资源划分的业务流程各个环节之间的界限正在逐渐模糊甚至消失，直至相互融合。例如，在搜集整理阶段，以图书为例，搜集就表现在对图书的采选、购买，加工则体现在对所购图书的验收、查重、分类、编目的诸多环节上，而典藏则体现在上架、盘点等环

①②③ 刘锦山. 国外进展：学科导航与互联网资源存档管理[DB/OL]. [2013-12-08]. http://www.chinalibs.net/ArticleInfo.aspx? id=346127.

节上,这些环节在物理上是可分的,在空间上也是可分的;但是在虚拟资源时代,情况却大为不同。虽然从本质上讲,对虚拟资源的搜集整理也可以分为搜集、加工和典藏三个环节,但在实际工作中,这三个环节却是一体化的,不像在实体资源时代不同环节的工作有不同部门不同岗位来完成,虚拟资源时代诸多环节的工作基本上是由同一个岗位来完成的。我们以互联网资源搜集整理为例,典型的业务流程是这样的:

①搜集环节:通过各种途径在互联网上发现所需要的内容即对象数据。

②加工环节:对对象数据进行元数据标引。

③典藏环节:将标引后的对象数据发布入库。

在实体资源时代,上述三个环节的工作必定需要三个岗位来完成,因为在三个环节中实体资源并不固定在一个物理空间,业务流程的完成伴随着实体资源的流转。在虚拟资源时代,上述三个环节的工作需要一个岗位就可以完成了,因为三个环节中虚拟资源实际上"固定"在一个物理空间的——工作人员用的计算机中,当然这仅是对工作人员而言,实际上虚拟资源可能存放于不同国家的不同服务器上,但是就对工作人员而言,他并不需要去虚拟资源所在的服务器那个地方才能工作,他只是一直待在自己的岗位上就能处理这些虚拟资源,完成工作,所以我们说虚拟资源是"固定"在一个物理空间中的,因此,业务流程就可以在一个物理空间由一个岗位来完成。这种情况下,如果人为地将三个环节像实体资源时代那样硬性划分为三个岗位来做,效率和效果等不是很好的。不仅搜集整理阶段如此,就是传递利用阶段也是如此,甚至传递利用和搜集整理也可以融合在一起。

3. 核心业务的变迁

(1)工作重心由"藏"向"用"的嬗变

"藏"与"用"的关系一直是图书馆发展变迁的内在矛盾,推动着图书馆不断前进,在不同的历史阶段,藏与用的关系有所不同。传统图书馆时代的两个历史阶段中，农业时代图书馆以藏为主，以用为辅，工业时代图书馆则是藏用并重，而信息时代图书馆则更加强调用。这种变化的原因在于环境变迁对于图书馆的影响。由于信息技术、出版技术和互联网技术的发展，信息时代是一个资源急剧膨胀的时代，包括实体资源、虚拟资源在内的各种载体的资源日趋丰富，各种类型的出版商为图书馆提供了大量高品质的资源，从而使得图书馆的馆藏有了相当大的增长，而图书馆经费的增长也为图书馆馆藏的增长奠定了坚实的物质基础，因此，信息时代图书馆对于藏与用的关系的看法也发生了本质的变化，在传统图书馆时代，由于各方面条件的制约，"藏"一直是图书馆工作的重心所在，而信息时代这种情况正在发生着变化，"用"逐步取代"藏"而成为图书馆工作的重心所在。例如，索传军认为，图书馆的本质至少包括两个方面，其一是对文献和信息的积累和序化，把无序的文献知识变成有序化；其二就是解决用户获取的问题，从哪里获取，如何获取；图书馆在积累、序化和获取的基础上，应该更加关注用户对获取知识的利用问题[①]。

同时，"用"的内涵和外延在不断丰富和拓展。传统的"用"主要是指对图书馆书报刊等馆藏资源的利用，现在的"用"则拓展为对包括书报刊、数据库、馆舍、人员等图书馆所有资源的利用。不少图书馆除了广泛深入地开展图书馆信息服务、知识服务等基于馆藏资源的常规服务之外，还开展了市民讲座、小学生托管、职业介绍、读者沙龙等各种形式的非常规服务，并使之逐步成为图书馆的常规服务项目。读者和用户对图书馆的利用成为一种广义上的对图书馆硬件、软件、资源、人员等所有资源的利用，而不是狭义上的对馆藏资源的利用。这种实践上和理念上的变化，使得图书馆在进行绩效评估时摆脱了以馆藏资源利用率为导向的局限，而着眼于以图书馆整体资源利用率为导向的辩证绩效考核理念。

---

① 刘锦山，索传军．索传军：追本溯源继往开来（图）[DB/OL]．[2013-12-08]．http://www.chinalibs.net/ArticleInfo.aspx?id=253149.

(2)文献单元颗粒度愈来愈小

基于馆藏资源开展的文献服务,是图书馆的一种常规的基础服务。受制于技术发展水平的局限,传统图书馆的文献服务单元颗粒度很大,是基于整本书、整本刊或者某期报纸展开的。服务的形式是以上述文献单元的借阅展开的,充其量对其中的部分章节提供复印服务。除了个别的高级咨询服务有可能通过高级馆员深入文献内部之外,其余的服务基本上是深入不到文献内部的。信息时代,技术的发展使得图书馆文献单元的颗粒度愈来愈小,馆员可以很方便地深入到文献内部,为读者和用户提供针对性更强的服务。如果说传统时代图书馆的文献单元的颗粒度是一本书、一本刊或者一期报纸,那么,现在图书馆的文献单元的颗粒度可以是某一章节、某一段落、某一句话甚至某个词。这种变化使得图书馆有可能在"用"的领域做出更有成效的工作。索传军认为:"如何把馆藏文献从系统中释放出来,然后加以碎化,加工成若干个'知识片段',或是有些人说的知识元,知识片,知识原子等。将粗颗粒的文献,加工成细小颗粒的知识元,然后把它提供给用户,使用户能够更方便、直接地获取他所需要的东西或者能解决问题的知识,也许图书馆学会有更大的新的发展空间。现在图书馆学关注的还是文献的表面现象,还离不开 MARC,对文献的管理还停留在文献的表面,所以有人说图书馆学是研究书皮的学问。目前,图书馆管理的是文献,提供的是文献服务,而不是知识服务。如果要开展知识服务,就要深入到文献内容之中,对文献进行多层次的揭示、组织管理,促进用户对其内容的创新性利用"①。

(3)图书馆的文化教育职能不断强化

除信息职能这一核心职能之外,传统图书馆时代就肩负着一定的文化教育职能。如果说传统图书馆的核心业务和职能在互联网时代发生了深刻的变化,那么图书馆的文化教育职能在互联网时代不仅没

① 刘锦山,索传军. 索传军:追本溯源继往开来(图)[DB/OL]. [2013 - 12 - 08]. http://www.chinalibs.net/ArticleInfo.aspx? id = 253149.

有削弱,反而得到了进一步强化,这一点已经为大多数公共图书馆的发展实践所证明。互联网时代是一个多元化的时代,面对社会转型期民众的多元需求、多元价值以及社会的多元体制机制,公共图书馆的功能也同样面临完善。作为公共文化场所,图书新馆须通过高层主题论坛、系列文化讲座、展览、阅读、征文等多元化的公共文化主题活动,不断强化自己的文化教育职能来吸引和影响民众①。

(4)图书馆的价值导向作用日益凸显

信息时代图书馆所处的环境比之传统时代有了非常大的变化,一方面图书馆已经不是社会上少数拥有知识和资源的机构了,另一方面读者获取信息和知识的手段和途径也大为丰富,在某种程度上,图书馆对于读者和用户的吸引力在日渐下降。但是,在建设社会主义公共文化服务体系的过程中,图书馆又担负着文化价值引领的重要职责和使命。文化引领是图书馆的核心价值所在,尤其是在信息时代这样一个信息爆炸的时代更是如此。图书馆应很好地发挥文化引领作用,通过引导读书,关注社会学术成长,使得到图书馆的人越来越多,爱好读书的人越来越多,从而使一个区域的学术之风建设起来,民风也就随之淳朴起来,社会也就积极向上了。这就是文化引领,这就是图书馆的文化软实力②。

二、组织形态的变迁

图书馆业务流程与核心业务的变迁,对于图书馆组织形态产生了直接和深刻的影响。业务对象变化引起的业务流程的变化导致了图书馆组织形态的扁平化和大部制的发展趋势,而业务重心的变迁导致

① 张伟.浦东图书馆新馆的文化使命[J].图书馆杂志,2010(10):42-44.

② 刘锦山,张伟.张伟:中国缺少教堂　更需要图书馆(图)[DB/OL].[2013-12-08].http://www.chinalibs.net/ArticleInfo.aspx?id=259530.

了营销部门在图书馆建制中作用愈加凸显的趋势。

1. 扁平化

传统时代图书馆的组织形态多采用塔式结构,层级较多,一般情况下,多数图书馆的组织结构为“馆长—副馆长—部门—室—小组—馆员”,按照塔式结构的管理规则,组织内部每一级领导不能越级管理下下级,同样组织内部每一级工作人员也不能越级向上级汇报工作,这种刚性的层级管理结构,很难适应这样的一个变化的时代,效率比较低下,而且横向联系薄弱、协调困难。传统时代图书馆的组织形态之所以采用塔式结构,是因为受到组织内部协同工具的制约。传统时代组织内部的协同工具主要就是工作会议、个体沟通以及电话等通信工具。显然,这几种传统的协同工具只能采用塔式组织结构。信息时代图书馆,组织内部的协调工具是互联网和即时通信工具,利用这些协同工具,可以便捷地进行点对点、点对多、多对多的沟通,也可以利用这些协同工具召开线上会议,从而使得组织的协同不变依赖于需要层层传达的塔式组织结构。

同时,信息时代图书馆业务流程的变化,也为扁平化组织机构的兴起提供了现实的基础。正是由于搜集整理和传递利用两个阶段的诸多环节之间界限的消融才使得扁平化组织形态成为现实。所谓扁平化有两方面的含义,一是物理层级的减少,二是协同时层级的减少。物理层级的减少,指的是组织的实际建制中撤销一些没有必要的层级。协同时层级的减少,指的是利用互联网和即时通信工具在协同时直接向大部分或者所有层级协同,减少传递信息的层级。物理层级的扁平化和协同层级的扁平化是扁平化的一体两面,具有同样重要的意义。扁平化组织机构减少了管理和协同的层级,扩大了管理和协同的跨度,加强了图书馆横向部门之间的协同,降低了图书馆的运营成本,提高了效率。例如,塔式结构下,馆长要安排一项任务,需要向主管副馆长下达任务,主管副馆长再向部门下达任务,部门主任再向有关办公室下达任务,办公室负责人再向有关小组下达任务，小组长再向馆员下达任务。显然，这种层层下达任务存在有效率低、信息衰减、横向合作差等弱点。在扁平化结构下，馆长通过内部的即时通信系统可以同时直接将任务下达到副馆长、部门和馆员以及需要配合的部门，减少了层层传达造成的效率低、信息衰减和横向合作差等不足。

2. 大部制

传统时代图书馆的部门建制是依据对实体资源搜集整理、传递利用构建的，部门较多。资源建设部门一般包括采编部、地方文献部、报刊部、资源采集部、资源加工部等，读者服务部门一般包括借阅部、参考咨询部、辅导部、培训中心、少儿部等，管理及辅助部门一般包括办公室、财务部、工会、保卫部、后勤部、人事部以及其他部室。一般情况下，地市级以上的公共图书馆的部门设置在10到40个左右。信息时代图书馆业务流程的变迁使得大部制成为图书馆组织形态变化的一个鲜明特点。传统图书馆时代基于实体资源业务流程而设立的采访部、编目部、报刊部、地方文献部以及处于由传统图书馆向信息时代图书馆变迁阶段而单独设立的数字资源采集部、加工部等，在信息时代图书馆可以统一设立为一个资源建设部，下设不同的岗位处理不同载体资源的采购、采集、编目和加工事宜；同样，传统图书馆时代设立的阅览部、借阅处、咨询部、辅导部、培训部、少儿部等可以统一设立为一个读者服务部，下设不同的岗位处理不同的业务；而办公室、财务部、工会、保卫部、后勤部、人事部可以设立为一个综合办公室，下设不同岗位处理不同的业务。

大部制的设立有助于减小图书馆条块分割造成的弊病，“减少各业务部门之间的职能交叉和权限冲突，规范、简化读者利用图书馆的手续，形成权责一致、监督有力的行政管理体制；另一方面也可以减少横向协调困难，解决信息传递阻滞、流通不畅的问题，有利于图书馆信息资源保障体系的建设及网络信息的充分利用，从而建立起高效的符合新一轮发展要求的现代化运行体制,提升图书馆信息服务的整体效益"[①]。因此,越来越多的图书馆采用了大部制管理模式,比较典型的有上海图书馆、南京图书馆、深圳图书馆、浦东图书馆等。如深圳图书馆将具有相同性质的部门整合为一个中心,在馆长领导下分设了四个中心:读者服务中心、资源中心、技术中心、管理中心。其中,读者服务中心下包括图书服务部、报刊服务部、数字图书馆服务部、特藏服务部等多个分部[②]。

3. 营销部门

信息时代是一个资讯发达的时代,是一个知识爆炸的时代,读者和用户获取信息和知识的途径日趋多样化,信息时代的图书馆不像传统时代的图书馆那样成为某一地区为数甚少甚至是唯一的信息、知识中心,图书馆并不是读者和用户要获取信息和知识的唯一选择或者为数不多的选择之一,信息时代的读者和用户可以通过互联网、手机、电视、电台、报纸、图书、期刊等传媒来获取自己所需要的信息和知识,处于这样一个时代的图书馆必须要强化图书馆的营销工作。通过营销,使更多的读者和用户来到图书馆、使用图书馆;使社会各界充分了解图书馆,为图书馆发展创造一个良好的社会环境;让社会各界充分认识到图书馆在保障信息公平、消除数字鸿沟、涵养人心方面所起的积极作用[③]。正是基于这样的考虑,公共图书馆应该设立专门的营销部门,向社会进行图书馆营销。

当然,这里需要特别提出来的是,图书馆营销和一般的市场营销之间的区别。图书馆,特别是公共图书馆,公益性是第一位的。所以,

---

① 黄唯.高校图书馆推行大部制改革的思考[J].江汉大学学报(社会科学版),2013(3):89-91.

② 蒋一平.基于职能、服务延伸的我国城市公共图书馆组织结构演化研究[D].杭州:浙江大学,2008.

③ 刘淑华,刘锦山.沉思与对话:城市图书馆运营创新[M].北京:国家图书馆出版社,2014:91.

图书馆营销的目的不是为了盈利,而是为了更好地宣传推广图书馆的价值和服务,让更多的人来了解并使用图书馆,提高图书馆的社会效益。一直以来,因为各种误读,人们对于图书馆营销存在一定的争议。有的人认为,图书馆是公益性机构,担心营销思想的引入会消解图书馆的公益性,使图书馆事业的发展偏离正途。在市场经济的影响下,我国图书馆界曾经出现过盲目追求经济效益的情况,而且至今为止依然留有遗患。因此,对于图书馆营销的担忧并非杞人忧天,但是,我们也要看到,这种担忧是完全可以避免的。如何避免图书馆营销变成图书馆营利,就需要我们端正目标,把图书馆的公益性时刻放在首位,把图书馆的社会效益作为标准。

实际上,不少公共图书馆都设有与营销相关的部门,具体负责图书馆的宣传和推广工作。但是专门设立独立营销部门的图书馆则并不多见,大多数图书馆的营销工作分散在若干个部门,还没有实现整合。例如,浙江图书馆的办公室负有采集图书馆信息,向媒体及相关机构发布以及新闻媒体采访接待和安排工作,读者活动推广部负责全馆读者活动推广工作。杭州图书馆的图书馆对外信息发布工作由综合办公室负责,国际国内交流则由研究与交流部负责,各类培训、讲座、展览、演艺活动、读者活动等社会活动由社会活动部负责。将分散于各个部门的与营销有关的工作整合起来,集成到一个专门的营销部门,对图书馆的营销工作会起到更大的推动作用。

营销部门的职责包括:市场调查工作、企划工作、营销计划的制定与实施、营销工作绩效评估、读者和用户管理、售后服务管理、营销队伍建设、品牌管理、广告宣传、公共关系等。上述职责可以概括为:扩大图书馆的知名度,提高图书馆的声誉,为图书馆发展读者和用户,为图书馆的发展营造良好的社会环境和舆论环境,促进社会各界对图书馆的深入了解。图书馆的营销部门要善加利用电视、电台、报纸、网站、手机、电子邮件、微博、微信等各种传统的和现代的营销载体,通过精心策划,巧妙借势,促进图书馆营销工作的深入开展。

4. 馆长的职能变迁

馆长对于图书馆发展所起的作用是非常关键的。馆长肩负着组织图书馆资源发展图书馆并带领图书馆向未来不断前进的重任。根据李金莲的调查研究,目前公共图书馆馆长的职业路径通常有业务型、管理型和专家型三种,其中管理型馆长的比例最大,业务型的馆长比例次之,专家型的馆长最低;副馆长中三种类型的排序与馆长中三种类型的排序一样,但是业务型副馆长的比例较高。具体调查数据见下表①:

表1 公共图书馆馆长的职业路径类型

类型	特征描述	总样本比例(%)(n=207)	馆长比例(%)(n=101)	副馆长比例(%)(n=106)
业务型	从低于图书馆馆长职位级别的职位开始,具有丰富的图书馆从业经验,按照职位阶梯到达馆长的职位级别	12.6	7.5	31.5
管理型	没有任何图书馆从业经验,但是具有其他单位的管理经验	83.4	90.5	63.5
专家型	从事科研或教学工作,在图书情报研究领域有一定建树后兼职	4.0	2.0	5.0

无论业务型、管理型还是专家型的馆长,都各有其优势和不足。一般而言,公共图书馆业务型馆长谙熟图书馆业务,但是缺乏管理型馆长所具有的人脉和资源,在为图书馆争取发展条件方面存在不足;

① 李金莲.公共图书馆馆长职业路径研究[J].图书与情报,2011(3):94-98.

公共图书馆管理型馆长不少都是由文化主管部门委任文化干部来担任的,他们熟悉管理政府相关部门,具有相当的人脉和政府背景资源,在为图书馆争取发展条件方面有着自己的优势,但是对图书馆业务不是很熟悉;专家型馆长具有深厚的学术功底和理论基础,对于图书馆发展趋势把握较好,并且具有一定的人脉资源,但是缺乏图书馆业务经验和管理型馆长所具有的政府背景资源。

就目前乃至将来较长一段时期内,公共图书馆管理型馆长仍然占到第一比例,但随着对公共图书馆专业化管理重要性认识的逐步加强,管理型馆长的比例会逐年有所下降,而业务型和专家型馆长会逐年有所增加。信息时代图书馆所面临的社会发展环境、信息环境、用户和读者情况都在发生着深刻的变化,因此,对图书馆馆长的要求更高、更全面了。具体来讲,信息时代图书馆馆长有如下几个方面的职能需要进一步加强。

(1)价值层面

图书馆作为公共文化服务体系的重要组成部分,在公众构建精神家园的过程中起着积极的作用,特别是在现阶段承担着重要的历史使命。这就对馆长在价值层面提出了很高的要求。图书馆馆长一定要有着一颗满怀人文主义情怀的心,关注国家发展,关注社会发展,关注民众的精神文化需求,“要善于求知、善于管理,靠‘文化自觉’和历史担当,实施治馆兴馆方略,不断创新图书馆的服务理念与服务方式”[①],自觉领导图书馆承担起应有的文化职能。要了解和掌握技术层面的东西,但不应一味沉迷于技术层面,忽视或者忘记了图书馆在价值层面的引领作用。

(2)专业职能

图书馆工作是一项专业性很强的工作,作为图书馆的馆长,无论其职业路径如何,都须在担任馆长期间不断加强自身的专业能力建

---

① 张伟. 公共图书馆创新服务的思考与实践——以上海浦东图书馆为例[J]. 图书馆发展研究,2011(1):8 –12.

设，对图书馆专业有比较全面的了解，使之与馆长这一岗位所需的专业知识和能力相匹配。专业职能为馆长行使战略职能、决策职能与营销职能提供专业保证，避免出现专业性错误。专业职能要求图书馆馆长具有比较广博的专业知识，图书馆学的基本理论、图书馆业务、数字图书馆、参考咨询、信息技术、传播学等凡是与图书馆工作相关的知识都应有所涉猎。对于图书馆领域新理论、新实践、新产品和新技术也要有所了解。

（3）战略职能

战略规划对公共图书馆的发展具有十分重要的意义。柯平认为，“多年来，对图书馆馆长的要求从未升级到战略层面，而在21世纪，无论是社会环境和技术环境的变化对图书馆的挑战，还是图书馆事业发展到一定程度的客观要求，都迫切需要图书馆馆长具有战略思维。馆长的战略思维要具体化到战略规划中”①。馆长需要领导图书馆审时度势，制定切实可行的战略规划，这对图书馆的持续发展至为重要。“不谋全局者，不足以谋一域；不谋万世者，不足以谋一时。”讲的就是战略规划的重要性。在一个生存发展环境急速变迁的时代，没有战略规划的组织是行而不远的。作为图书馆的馆长，一定要有敏锐的战略思维和强大的战略规划能力。

（4）决策职能

变化时期的决策职能至为重要。决策就是对具有重要影响的工作、计划、事件进行评估，决定是否开展工作以及如何开展工作的过程。“图书馆馆长作为事业发展的领导者，必须对图书馆事业发展具有敏锐的预见性和前瞻性，善于根据本地实际情况准确定位，提出具有现实指导意义的使命、愿景和价值观，推进图书馆事业不断发展。”②图书馆在发展的关键结点、发展理念的升级、运营模式的改变、

① 柯平. 我们需要什么样的图书馆馆长[J]. 国家图书馆学刊，2011(1)：6－11.

② 张军营. 卓越绩效模式下的图书馆馆长领导力研究[J]. 图书馆建设，2011(2)：79－83.

重大价值设备的引入、新馆建设等情况下都会面临着决策问题。这就要求馆长有较强的决策能力和决策水平，注意把握时机，避免决策失误。2003 年杭州图书馆在全国首先推出免证阅览制度，任何人进入杭州图书馆阅览书籍都不需要证件和费用，并且对 14 岁以下儿童、60 岁以上老人以及困难家庭进行免费服务，对困难家庭还免掉押金。“这一举措对当时的杭州图书馆来说是相当艰难和痛苦的。因为，当时财政划拨的图书馆职工工资是不包含奖金的，发给每个职工的奖金必须由图书馆自行创收。从而，免费服务意味着职工收入的直接减少。虽然如此，这一改革之举还是在大家的支持下推出了。”①可以想见，当时能够做出免证阅览这样的决策，需要馆领导很大的勇气和很高的决策水平的。实践证明，这一决策是正确的，也是及时的。2006 年，杭州图书馆牵头制定的《杭州地区公共图书馆服务公约》把杭州地区的公共图书馆带入了免费服务的时代，此举向社会展示了一个全新的公共图书馆形象，引起了社会和公众的广泛关注；财政对图书馆的支持力度也加大了，图书馆步入了良性发展②。

(5)营销职能

营销职能是信息时代图书馆馆长应该具备的最重要的职能之一。公共图书馆绩效如何，最终是由读者和用户来体验。向读者和用户营销图书馆就成为图书馆运营的最为重要的环节，一个图书馆如果没有读者和用户来用，或者只有很少的读者和用户来用，这个图书馆无论资源多么丰富、馆舍多么舒适都是没有用的。因此，图书馆馆长一定要有鲜明的营销意识，一定要有将图书馆服务惠及每一位居民的目标，克服轻视图书馆营销工作的不良意识，只有这样才有可能将图书馆的服务尽可能惠及民众。馆长应该亲自领导制定图书馆的营销战略和营销计划，整合图书馆营销部门，充分利用各种营销载体，强化图书馆的营销能力，为图书馆的发展获取更多的资源，创造更好的发展

---

①② 刘锦山. 褚树青：藤蔓再长，瓜落故乡(图)[DB/OL].[2013-12-09]. http://www.chinalibs.net/ArticleInfo.aspx?id=251812.

环境,使图书馆尽可能为更多的读者和用户提供服务。

三、服务范式的变迁

与传统时代图书馆相比,信息时代图书馆的服务范式发生了很大的变化。这些变化具体体现在服务范围、服务对象、服务内容、服务方式、服务手段等方面。

1. 服务范围

传统时代图书馆,在一定的时间内,图书馆所服务的读者是有限的,因为图书馆的物理空间不能无限容纳读者到馆,图书馆的实体馆藏数量也不能无限满足读者借阅需求,图书馆员也不能超出一定数量限度向读者提供服务,而且馆员所提供的面对面服务基本上是一种一对一的、点对点的服务,因此,传统时代图书馆的服务是一种有限范围的服务。传统图书馆时代人们推出了流动图书馆、馆际互借、总分馆等创新服务方式,有效地拓展了图书馆的服务范围,尽管如此,受制于物理条件的制约,实体图书馆的服务范围仍然是有限的。

信息时代,图书馆不仅继续保有传统的服务范围,而且由于互联网技术和信息技术的进步,使得图书馆突破了物理条件的局限,无限拓展了图书馆的服务范围。与实体图书馆相比,数字图书馆可以容纳尽可能多的读者到"馆"享受服务;数字图书馆的数字馆藏突破了实体馆藏副本数量的局限,理论上可以满足无限多的读者借阅需求,而即时通信工具的出现可以使馆员在一个时段内同时面向多位读者提供在线服务,这是一种一对多的、点对面的服务,因此,信息时代图书馆的极大地拓展了图书馆的服务范围,主要表现在空间和时间两大方面。

(1)物理空间与虚拟空间的互补融合

从服务空间来看,传统时代的图书馆提供的服务是发生在实体图书馆的物理空间之内的，这是一种面对面（face to face）的服务，读者要享受到图书馆提供的服务，需要亲自到图书馆，或者到一个图书馆指定的物理空间，只有这样才可以享受到图书馆提供的借阅、咨询、讲座、沙龙等服务，读者总要面对图书馆。离开了一定的物理空间，读者是享受不到图书馆提供的服务的。读者可能会把书借回家看，但借书这个过程同样要在一定物理空间发生，或者在图书馆开架借阅处，或者在24小时自助借阅机等，总是脱离不开图书馆的物理空间的。信息时代的图书馆所提供的服务除了传统的面对面的服务之外，还多了一种屏对屏（screen to screen）的服务，读者要享受到图书馆提供的服务，无须亲自到图书馆来，通过联网的计算机即可借阅、咨询，在屏幕上面对图书馆即可。这种服务空间的变化，大大缩短了读者获取图书馆服务的物理距离，这具有非常大的意义。我们知道，公共图书馆有个服务半径的问题，超过一定的服务半径，读者利用公共图书馆的时间成本、经济成本就会大幅度攀升，正是由于这种利用成本的制约，严重局限了公共图书馆的利用。而信息时代的图书馆则可以有效克服这种利用成本的局限。

但这不是说，虚拟空间可以取代实体图书馆的物理空间，物理空间与虚拟空间各有优势，相互补充，相得益彰。人是群居性的社会性动物，需要交流，虽然通过网络、电话也可以进行交流，但这种交流无论如何也取代不了现实中的面对面的交流。在信息时代，图书馆作为人们进行交流的空间的作用日益加强，而不是削弱了。中国人民大学图书馆馆长刘大椿在2013年指出："图书馆既是信息资源空间，又是学习研究空间与艺术文化空间。空间多元化，功能多样化，服务也自当有所拓展。"①因此，信息时代图书馆要充分发挥物理空间在促进交流、文化建设方面的作用，同时也要充分发挥数字图书馆虚拟空间独特的作用。图书馆、读者双方各自积极主动参与基础之上的交互性，

---

① 刘锦山，刘大椿. 更新图书馆理念，提供多元化服务[J]. 高校图书馆工作，2013(5)：3-6.

是数字图书馆虚拟空间的一个非常显著的特点,因此数字图书馆虚拟空间应该具备学术搜索、RSS 推送、参考咨询、学术社区、在线百科、学术博客、即时通讯等功能并应该积极进行资源建设,这样才能充分发挥出虚拟空间应有的作用,满足读者和用户的需求①。

(2)7×24 全天候服务

从服务时间上来看,实体图书馆由于人员、环境的局限,服务时间亦有限制,一般从 8 小时到十几个小时,很少有 24 小时开放的图书馆。而数字图书馆则可以突破上述局限,可以提供 7×24 的不间断的全天候服务。

服务范围拓展具有重大而深刻的现实意义。公共图书馆承担着保障信息知识公平、消除信息知识鸿沟的社会责任,显然,物理条件制约下的公共图书馆服务范围的局限是实现这一社会责任固有的、较难克服的障碍之一,信息时代图书馆服务范围的拓展,则较好地克服了实体图书馆的物理局限,极大地促进了公共图书馆对保障信息知识公平、消除信息知识鸿沟社会责任的担当。

2. 服务对象

公共图书馆自出现之日起就奠定了面向全体社会公众开放的特性,但是,普惠全社会目前还属于一个目标,在实际发展中,要达到这一点公共图书馆还任重道远,其实际服务对象只是全体社会成员中的一部分。值得欣慰的是,随着图书馆事业的发展,越来越多的人能够享受到图书馆的服务。在过去,传统图书馆的服务对象仅限于来馆的读者,而信息时代的图书馆,因为自动化、网络化、数字化建设的不断发展,人们不再受到时间、空间限制,只要具有利用社会公共信息网的基本条件,就可以随时随地享受到图书馆的服务,推动图书馆在普惠大众的道路上迈出重要一步。

---

① 刘锦山. 论学科导航与虚拟共享空间建设[C]//中国图书馆学会. 中国图书馆学会年会论文集(2013 年卷). 北京:国家图书馆出版社,2013:107-112.

过去,图书馆是人们获取信息资源的主要途径,但随着科技的进步和社会的发展,人们获取信息的途径手段日益广泛,预期的图书馆读者被不断分流散失,人们已不再将图书馆视为获取信息资源的首选。尤其是互联网的普及应用,大大方便了人们的信息交流,丰富的网络信息资源,让读者逐渐习惯在网上查找所需资源,这直接影响了读者对图书馆的利用。图书馆的服务能力在提高,覆盖范围在扩大,但读者数量、利用率却并没有得到相应的正比增长,这已成为当前图书馆界的一个亟待解决的重要问题。

图书馆服务对象的另一个变化是,读者的要求越来越高。互联网信息通讯科技的普及和生活水平的提高,使读者的文化需求更加多元、更加高要求。图书馆不仅仅是借书还书的地方,也可以是开展素质教育、进行文化娱乐的场所,而公共图书馆作为地方的文化资源中心,对于区域经济文化的发展也负有重要职责。因此,公共图书馆服务对象不仅包括各阶层、各年龄段的个人,也包括各政府部门、企事业单位等组织团体,这些服务对象对于图书馆服务的需求各有侧重,相对复杂,也给图书馆未来的发展提出了各种可能。

3. 服务内容

从服务内容上来看,传统图书馆提供的服务大多数程度较浅,是基于"书皮"的服务,因为传统图书馆对于资源的描述和处理仅限于实体资源的表面属性,而对于资源的内容则缺乏处理的技术手段和途径,因此,图书馆提供的服务只能局限于实体资源的表层而无法深入到资源内部。

信息时代的图书馆由于技术的进步,图书馆对于资源的描述和处理已经进入到内容层面,图书馆提供给读者的服务是基于内容检索、分析的结果,程度较深。"对资源利用的探讨是永无止境的,图书馆管理的是一本本的文献,而文献中包含了许许多多的知识元,如果要关注利用,就不能只停留在对文献表面描述和分析,要把文献中所包含的知识挖掘出来。……将粗颗粒的文献,加工成细小颗粒的知识元,然后把它提供给用户,使用户能够更方便、直接地获取他所需要的东西或者能解决问题的知识,也许图书馆学会有更大的新的发展空间。"[①]而且,读者可以利用数字图书馆提供的批注、点评、社区、微博、微信等交互功能,与馆员、其他读者之间形成互动交流,深度参与。不仅如此,由于对资源组织的颗粒度变小,使得对资源的检索效率大为提高,这将极大地提高图书馆的科研生产力水平,使得图书馆有更多的力量和更大的能力为企业提供竞争情报分析、为政府提供产业研究等高品质的深度咨询服务。

4. 服务方式

从服务方式上来看,信息时代图书馆在坚持传统的常规服务的同时,更加注重特色服务的提供。有如下几种重要的服务方式:①专题馆员集成服务。通过设立专题馆员,面向用户和读者提供专题集成服务,是信息时代图书馆的一种重要的服务手段。借助数字图书馆专题服务平台,专题馆员向用户和读者提供专题资源保障、专题跟踪、专题分析、专题咨询等综合服务。②专题导航服务。通过专题导航,将有关专题的国内外动态、会议资料、专家学者、研究成果、相关机构、课件、视听资料、论文与基本典籍等文献组织起来通过专题导航平台展示给读者使用,这样可以使专题服务在面上展开,解决图书馆人员有限与读者需求之间存在的矛盾。③特色库服务。根据读者或者用户的需求,开展特色库建设,利用特色库为某一读者群体开展针对性的服务。图书馆可以面向政府开展某一产业发展的特色库服务,通过搜集、整理和挖掘国内外关于该产业发展的产业政策、产业状况、产业竞争、产业发展趋势等文献,为政府决策和相关企业发展提供参考咨询,并根据特色库建设、服务的发展情况,开展更加深度的产业研究。④嵌入式服务。图书馆利用技术手段将自己的数据库服务嵌入机构

---

① 刘锦山,索传军.索传军:追本溯源继往开来(图)[DB/OL].[2013-12-11].http://www.chinalibs.net/ArticleInfo.aspx?id=253149.

用户的网站，借此将自己的服务面向终端读者推送，扩大服务的覆盖范围，提高服务的效能[①]。

和传统图书馆静态式服务相比，信息时代的图书馆服务方式更加活性化。传统的借阅、信息服务属于静态服务，图书馆提供资源和场所，读者进行借阅。在互联网时代，这种常规的静态服务，仍然是图书馆的一项基础业务工作，但绝不是图书馆工作的全部。与图书馆文化教育职能强化的趋势相应，图书馆提供的活性服务越来越丰富。所谓活性服务就是与静态服务相对的，由图书馆组织、读者参加的各种形式的文化教育活动。图书馆可以根据情况整合社会资源，为读者提供论坛、讲座、沙龙、展览等各种形式的活动，在与读者互动中实现自己的价值。

另外，当前图书馆的服务也越来越注重品牌化，这也是图书馆在服务方式上的一个重要变化。在一个产品与服务过剩的时代，尤其是在目前这样一个知识爆炸、信息泛滥的时代，图书馆必须树立品牌意识，着力打造和强化自己的服务品牌。品牌的重要性日益引起了图书馆的关注和重视，因为品牌承载着图书馆的办馆理念，图书馆在其办馆实践中所投入的巨大人力、物力、财力都可以内化和凝聚到品牌之上，优秀的品牌可以长久驻于读者的内心，使图书馆的影响力持久传播下去。认识到品牌的重要性还不够，还要通过持续不断的工作来树立、宣传品牌，使读者认识和接受品牌，这是一个艰苦的过程，不是一蹴而就的。图书馆应该从顶层设计的角度来制订自己的品牌发展规划，并将这一规划与日常的工作、活动紧密结合起来，抓住重要契机，对品牌进行有效的宣播。切记避免单纯为品牌而品牌，品牌一定要有具体的活动、服务作为支撑，“文化品牌不是靠‘硬件’支持的，而是靠

---

① 刘淑华，刘锦山. 沉思与对话：城市图书馆运营创新[M]. 北京：国家图书馆出版社，2014：98 - 101.

它的‘软件’或服务特色来支持的”[1],没有具体的活动、服务作为支撑,品牌将是一个空心化的品牌,没有太大的价值。浦东图书馆以新馆开馆为契机,着力打造新的文化服务品牌,在品塑造的过程中,将品牌的文化内涵与其所承载的活动充分结合起来,创办了“浦东文化讲坛”“人文艺术节”“故事妈妈讲故事”“浦东读书节”“浦东论坛”的文化服务品牌,取得了良好的社会效果[2]。

5. 服务手段

服务手段方面,不同于传统图书馆以手工、机械操作为主,信息时代图书馆服务已普遍应用了各种基于网络的现代化技术手段,如虚拟参考咨询、一站式统一检索,以及多种即时通信工具的应用为图书馆提供了极好的互动服务工具,服务质量和效率大大提高,使得用户的服务体验大为改善。

图书馆服务与现代高新技术结合日益密切,大大推动了图书馆服务手段的发展。如在虚拟参考咨询方面,图书馆员可利用电子邮件、QQ、图书馆网站、微博、微信、图书馆 APP 等为用户提供服务,帮助用户解决相关问题。这种虚拟参考咨询服务主要是基于现在已广泛普及应用的互联网而提供的。图书馆提供的一站式统一检索服务突破了不同数据库之间的壁垒限制,主要对各数据库的元数据进行了有效整合,使用户可通过统一检索平台对图书馆所有馆藏资源进行查找,更方便用户在图书馆资源日益迅速增长的环境下更好地了解并利用图书馆馆藏资源。

此外,自助式服务也是信息时代环境下图书馆服务手段新发展的一个重要体现。无线射频技术(RFID)已在越来越多的图书馆得到应用,借助这一技术,用户可在图书馆完成自助借还书,简单实用,十分便捷。而深圳市自助图书馆的探索实践已成为我国图书馆界服务手

①② 张伟. 公共图书馆创新服务的思考与实践——以上海浦东图书馆为例[J]. 图书馆发展研究,2011(1):8 – 12.

段创新发展的一个典范。深圳自助图书馆除了为用户提供自助借书还书、办证、咨询、检索、收取押金、查检各种数据库等服务外,用户还可通过自助图书馆的“预约服务”提出预借请求和按照预约通知取书,用户可以预借目录中的馆藏文献,并在规定时间在深圳市任何一台读者指定的服务机中取书。据报道,自2008年深圳市首批10个自助图书馆试运营以来,截至2013年年底,自助图书馆累计服务读者4 862 006人次,借还文献量9 834 283册次,预借送书480 702册次,办理读者证111 638张①,在提升图书馆服务质量方面的效果十分显著。

四、运营模式的变迁

信息时代图书馆发展环境的变化,对于图书馆的业务流程、业务形式和组成要素产生了深刻的影响,使图书馆在投入、转换和产出三个环节都发生了很大的变化,这些环节的变化就是运营模式的变化。

1. 运营模式的发展趋势

(1)合作共享

单个图书馆的力量有限,无论是从满足读者日益增长的知识和信息需求,还是从图书馆事业可持续发展的角度出发,图书馆的合作共享都是一个必然趋势。

巧妇难为无米之炊,文献信息资源就是图书馆的“米”。在信息时代,人类知识总量快速递增,各种文献信息资源的增长速度十分惊人,任何一个图书馆都无法实现文献信息资源的“全”收集,而读者需求的广泛而多样化发展也使得任何一个图书馆都无法仅利用本馆馆藏就实现读者需求的“全”满足。因此,单一图书馆独立建设馆藏的方式已

① 谭志平.网络化模式推动自助图书馆服务创新[N].中国文化报,2014-09-03(7).

经不适用于当前图书馆事业的发展,图书馆必须向合作共享之路发展,这是“图书馆为解决信息数量的急剧增长以及用户对信息资源的无限需求与图书馆对信息载体有限的收集和处理能力之间的矛盾,而做出的理性选择”①。

近年来,我国图书馆界对图书馆合作共享展开了广泛探索和实践。除了各级各类的图书馆学会外,还有如“上海市文献资源共建共享协作网”这样的基于整个地区包括公共、科研、高校、情报四大系统的图书情报机构在政府主管机构推动下形成的图书馆联盟,以及“北京市公共图书馆信息服务网络”采取统一的技术平台,连接街市、区、县、乡镇、街道图书馆而形成的图书馆联盟②。当前大部分图书馆联盟主要还是集中在资源共建共享的合作方面,不过也有图书馆联盟正在从图书馆管理、馆员培训、岗位轮换、读者工作、社区服务等整个图情事业的各个方面考虑合作共享的问题,如当前正备受重视的公共文化服务体系的建设中,各地各级公共图书馆正在不断加强各方面的合作共享。可以预见,图书馆合作共享即将进入一个全新的发展局面。

图书馆开展合作共享能够有效提高工作效率,节省人力物力,目标是让任何用户在任何时候、任何地点,都可以获得任何图书馆拥有的任何信息资源。图书馆的合作共享最初始于统一编目、馆际互借等馆际合作,随后其范围和深度逐步扩展延伸。我国地域辽阔,各图书馆以行政关系为基础分属不同系统的管理体制,给跨地区、跨系统的图书馆合作共享带来了一定困难。但进入信息时代后,互联网等科技的发展应用打破了时间空间的界限,为图书馆的合作共享带来了新的形式和内容,极大地促进了图书馆合作共享的发展。基于网络环境下的信息资源管理与利用最大化地拓展了图书馆的合作共享,不仅是各

---

① 中国大学图书馆馆长论坛.图书馆合作与信息资源共享武汉宣言[J].大学图书馆学报,2005(6):2-4.

② 刘淑华,刘锦山.沉思与对话:城市图书馆运营创新[M].北京:国家图书馆出版社,2014:106.

系统、各地区、各国的图书馆更加积极开展相关范围内的合作,全球性的图书馆联盟也在不断壮大,并突破图书馆行业界限,与社会其他机构组织开展形式多样的合作,越来越广泛而深入地展现着图书馆之于社会发展的重要意义。

(2)总分馆制

图书馆总分馆制源于西方,至今已有超过百年的历史,是一种相当成熟的图书馆运营模式,世界上图书馆事业较为发达的国家如美国的图书馆都普遍采用总分馆制。

近年来,我国多地的公共图书馆在总分馆建设上走出了各具特色的探索之路,例如,北京市公共图书馆信息服务网络模式、广东“流动图书馆”模式、深圳“图书馆之城”模式、佛山禅城区“联合图书馆”模式、东莞“图书馆之城”模式、杭州“一证通”模式、上海“中心图书馆网络”模式、苏州图书馆—社区分馆模式、嘉兴总分馆模式、长春“协作图书馆”模式等[①],这些总分馆建设探索突破了过去公共图书馆层级管理体制的限制,有效推动了一定区域内图书馆之间的资源共建共享。

总分馆制的核心机制是统一采购、统一编目、统一配送、统一服务,这样可以有效实现普遍均等的图书馆服务,充分发挥公共图书馆服务社会公众的职能。总分馆制,从严格意义上讲,是指由同一个建设主体资助、同一个主管机构管理的图书馆群,其中一个图书馆处于核心地位作为总馆,其他图书馆作为分馆处于从属地位,分馆在行政上隶属于总馆,或与总馆一起隶属于同一个主管部门,在业务上接受总馆管理[②]。而由于我国行政体制的关系,国内的图书馆还无法完全做到像国外那样,建设人、财、物高度统一集中的总分馆制。目前,我国的体制依然是“一级政府建设和管理一个图书馆”,各图书馆在总分

① 柯平等. 社会公共服务体系中图书馆的发展趋势、定位与服务研究[M]. 北京:国家图书馆出版社,2011:217.

② 邱冠华,于良芝,许晓霞. 覆盖全社会的公共图书馆服务体系:模式、技术支撑与方案[M]. 北京:北京图书馆出版社(今国家图书馆出版社),2008:53 - 54.

馆模式的探索方面缺乏一个有效的制度保障,这已成为制约我国图书馆总分馆建设的最关键原因。也就是说,"能否成为真正意义的总分馆体系,归根结底是个制度问题,而不是职业问题"①。

基于这些因素,总分馆制还处于探索阶段。大量案例证明,总分馆制作为图书馆的运营模式具有较大优越性,低投入,高效益,是图书馆今后发展的一大方向。我国《公共图书馆法(征求意见稿)》中也明确提出了"县级以上地方政府应在辖区内建立总分馆制度"②。因此,可以很肯定地说,总分馆制将是图书馆运营发展的主要趋势之一。

(3)法人治理

法人治理在现代企业经营管理中得到普遍应用,这种管理模式将决策、监督职能从传统管理职能中分离出来,形成三权分立、互相制衡的结构。而这里指的是在公共图书馆建立法人治理结构。公共图书馆法人治理在国外已有百余年的历史实践,至今已发展得较为完善。在公共图书馆建立法人治理结构,最为重要的是,在公共图书馆运行管理过程中,设置决策机构、执行机构、监督机构,三方相互分离、相互制衡,组成完整的组织管理架构。通常,决策机构由公共图书馆成立的理事会承担,理事会成员由政府相关部门、行业专家、社会人士、行政执行人等按比例组成,理事会负责制定公共图书馆的战略规划;执行机构即公共图书馆内负责日常运行与业务管理的管理团队,成员由一名行政负责人(由理事会任命,如馆长)和一批专业人员组成,执行层对理事会负责并接受理事会的监督;监督机构即监事会,成员由独立于执行层之外的人员组成,可对理事会和执行层的权力起到制衡作用,规模较小的图书馆可不单设监事会,而直接由理事会或理事会下设委员会进行监督。

① 邱冠华,于良芝,许晓霞.覆盖全社会的公共图书馆服务体系:模式、技术支撑与方案[M].北京:北京图书馆出版社(今国家图书馆出版社),2008:8.

② 文化部.中华人民共和国公共图书馆法(征求意见稿)[DB/OL].[2014-05-19].http://www.chinalibs.net/ArticleInfo.aspx?id=350538.

公共图书馆是一项公共文化服务事业，在我国，图书馆由国家和地方政府出资建设并实行全面的管理，公共图书馆的建设主体和管理主体同为一个，公共图书馆的事务无论巨细，一概都在政府的管理下。这带来的弊端就是，图书馆事业的发展过于依赖政府，图书馆缺乏自主性和发展活力，无法灵活有效地满足正日益提升的用户需求，对其践行公共文化服务职能实现社会价值带来较大障碍。当前我国公共图书馆普遍实行的是馆长负责制，这一制度作为政府对图书馆管理权的适当放开，由馆长对图书馆行使经营管理权、机构设置权、用人自主权和分配决定全，对图书馆的发展产生了一定的成效，但也存在一些隐患，如馆长不作为，或馆长独断专行，则会对图书馆的发展产生不利影响。

而在公共图书馆建立法人治理结构，就可以有效避免上述问题，对促进图书馆的良性发展具有显著而独特的优势。建立法人治理结构的目的是实现政事分开、管办分离。政府将管理权下放，将决策权交给理事会，不再干预具体事务，政府的责任由现行的行政干预为主转变为宏观协调和政策监督为主①。公共图书馆作为独立"法人"实现独立运作，并独立承担民事责任。这给予了公共图书馆充分的自主权。而在图书馆内部，理事会作为决策层其职责主要集中在战略层面，而不涉及具体的日常工作，馆长领导的执行层负责具体执行理事会的决策，监事会负责监督理事会决策和执行层的权力行使是否合理合法。三者相分离又统一，能够避免相关人员不作为或滥用职权的问题出现，有效确保公共图书馆事业良好有序地向前发展。

深圳图书馆从 2007 年开始试点法人治理结构，是我国首个启动法人治理结构试点的公共图书馆，其积累的经验和所遇到的问题都具有十分珍贵的价值。深圳图书馆馆长吴晞在其博客中对深圳图书馆试点法人治理结构的六年做了一个总结和分析，指出，当前图书馆法人治理结构未取得预期成效的关键在于："图书馆归根结底还是体制

① 蒋永福. 现代公共图书馆制度研究[M]. 北京：知识产权出版社，2010：189.

内的机构,也只能在体制内运作,而法人治理结构以及由此产生的理事会则是在体制内外游离不定的产物。”“在我们现行的体制中,人权、财权、物权、事权统由政府有关部门牢牢掌控,理事会不过是对部分‘事权’有些发言权,这些意见又不是决定性的,不过是参考而已。”“因此,解决问题的钥匙就在于理顺和变革我们现有的体制。”①政府职能的真正转变是公共图书馆建立有效的法人治理结构的前提。所以,归根结底,要在我国实现真正的图书馆法人治理,必须先解决政府与公共图书馆法人的关系问题,以及政府部门和公共图书馆理事会、管理层之间权责划分的问题。

我国现行图书馆运营机制改革势在必行,虽然这条道路充满曲折,但在公共图书馆建立法人治理结构这一方向是正确的,也是符合当前图书馆发展趋势的做法。我国近几年先后发布的一系列相关政策,如《关于建立和完善事业单位法人治理结构的意见》《文化部“十二五”时期公共文化服务体系建设实施纲要》等,都已提出在公共图书馆等公益性文化服务机构建立、健全、完善法人治理机构的相关要求,相信这将对图书馆建立法人治理结构带来极大助益。

2. 运营模式的发展特点

(1)效能第一

从历史上看,图书馆是人类保存文化、传承文明的重要文化机构之一,对于载有知识、文化的实体馆藏有着天然偏好与重视,因此,作为图书馆最为重要的知识资产的实体馆藏,一直是图书馆非常重要的资产,衡量或者评价一个图书馆的影响或者水平,人们一般会首先说这个图书馆的馆藏有多少多少册。传统图书馆时代,实体馆藏对于图书馆有着极为重要的意义。之所以如此,是因为出版技术和传播技术的局限,文献内容并不能与文献载体分离,图书馆保存知识,要为读者

① 吴晞. 变革的名与实:“图书馆法人治理结构”实历摭拾[DB/OL]. [2014-05-20]. http://www.chinalibs.net/bkjh/ArtInfo.aspx?id=348469.

提供服务,必须首先保存载有内容的文献载体。图书馆的服务能力主要取决于其文献保障能力,而文献保障能力主要取决于馆藏量。显然,在这种情况下,馆藏的重要性是大于人的重要性的,馆藏是第一位的,只要有馆藏,就能为读者提供其所需的文献。馆藏起着决定性作用,只要有了充裕的馆藏,就有了一切。这种情形下,传统时代的图书馆对于服务效能并不是很重视的,馆藏作为社会上为数不多的知识宝库之一,不须图书馆费多少事,自然会有读者主动前来寻宝的。所以,传统时代的图书馆无不将馆藏建设置于图书馆工作的重要地位。从而,随着出版物的不断增长,图书馆的实体馆藏数量越来越多,图书馆的规模也越来越大,甚至于不堪馆藏重负。重资产,轻效能可以说是传统时代图书馆运营模式的一个显著特点。

但是,这一切在信息时代正在发生的深刻的变化。信息技术的发展尤其是数字出版社与传播技术的发展使得传统出版物的形态发生了非常大的变化:其一,文献内容与文献的具体有形载体的分离。文献内容不受其具体有形载体的束缚,可以通过网络或者电磁波向电视机、台式计算机、笔记本电脑、PAD、手机、打印机等各种形式的终端设备传播。这种情形下,图书馆采购数字出版物就无须像采购实体出版物那样将文献内容与文献载体同时采购回来,当然图书馆或者读者也须有一定数量的终端设备,但不同的数字出版物均可共享这些终端设备,不像实体出版物那样每本书必须独享其所在的文献载体。从而,数字出版物摆脱了载体对于传播的局限,这就形成了这样一种可能,图书馆不必订购“所有”数字出版物,只要“拥有”其使用权即可,这就是实践中的数字资源的租赁使用模式,显然,资产的重要性让位于效能了。其二,馆藏对于服务的重要性比之传统图书馆时代减弱许多。传统图书馆时代,受制于文献载体对于传播的局限,图书馆提供阅览、外借等基本服务,必须拥有相当数量的实体馆藏,没有这些馆藏,图书馆的阅览、外借服务就无法开展。信息时代的出版和传播是多中心出版和多渠道传播,图书馆也不像传统时代那样成为无可替代的知识信息中心,这种情况下,图书馆服务效能的重要性日渐凸显,而资产的重要性日渐退居其次。

(2)业务外包

与轻资产、重效能的理念与运营模式相应,职能外包也是信息时代图书馆运营模式的一个重要特点。胡越认为,图书馆业务工作的社会化或者说图书馆业务工作的外包起源于20世纪90年代,从编目工作开始,陆续探索开展了安全防卫、物业管理、采访工作、服务器托管等多种多样的业务外包工作,外包为图书馆业务工作的发展提供了新的平台和空间①。实际上,"图书馆业务外包的目的有三个方面:第一是能够降低图书馆的运营成本,第二是能够提高图书馆的运营效益,第三还要考虑是否有益于图书馆的可持续发展。如果把这三个方面都考虑进去,图书馆在哪些环节和工作能够外包就比较好解决了"②。

在传统图书馆时代,由于采访编目是图书馆的核心业务,对于采访编目的外包图书馆界争议颇大,争议的焦点主要在于如果把自己的核心业务外包出去,图书馆以何存在?同时,还有人担心外包业务的质量得不到保证。经过20来年的实践,现在业界基本上就采访编目工作外包达成了共识,采访编目的外包不仅没有削弱图书馆的核心竞争力,而且为图书馆节约了成本、提高了效率,使得图书馆可以面向高附加值的服务提供更多的人力资源支撑。随着办馆理念的发展,信息时代的图书馆外包方向从业务外包正在向职能外包发展,外包不仅仅是基于某项具体的业务展开,而是基于某项职能展开,这使得图书馆在外包方面有了更大的发展空间。

物业职能外包。物业职能外包是图书馆外包工作中最为常见的,也是最易为人们接受的。举凡清洁、安保、复印、咖啡厅、小卖部皆可外包,可以打包外包,也可以分别外包。

加工职能外包。传统图书馆时代的采访、编目、图书加工与上架、过刊装订等加工职能外包依然为大家所接受,信息时代图书馆对于数

①② 贾蕾.探讨图书馆业务外包 馆长沙龙第二期举行(图)[DB/OL].[2013-12-26].http://www.chinalibs.net/ArticleInfo.aspx?id=88455.

字资源的采集、标引、发布等加工业务的外包也将是一个发展趋势。

技术职能外包。为面向读者提供在线服务，绝大多数图书馆都设有技术部、机房，机房存放有图书馆购置的服务器、存储设备等，这些设备上装有图书馆的业务管理系统、图书馆的网站与图书馆所采购的数字资源及其平台。这些设备与平台的维护由图书馆的技术部负责。实际上，将这些设备和系统托管到专业的机房中，图书馆大可不必自己投资建立一个机房，节约了空间和能源；在云计算时代，图书馆甚至无须购买那么多的硬件设备，直接租用更加经济、更加效率高；甚至某些数据和系统也可租用；而技术开发、维护等技术部的职能也可通过购买服务来完成。

营销职能外包。如何面向读者和用户更加深刻地宣传图书馆，使更多的读者和用户来了解图书馆、使用图书馆，这属于图书馆营销。许多专业营销策划机构更加专业，图书馆可以通过外包，强化自己的营销职能，提高图书馆的运营效益，降低图书馆的运营成本。

服务职能外包。图书馆可以把图书流通、信息推送、读者调查等服务职能外包出去，借外力提升和强化自己的服务能力，使自己聚焦于自己最核心的业务。这也是信息时代图书馆发展的趋势之一。

(3)互联网运营模式在图书馆的运用

互联网发展对于传统产业领域和商业模式生产了深刻的颠覆性的影响。对于传统产业领域，任何产品都有一个最低限度的硬成本，无论是吃穿用度方面的物质产品，还是书报刊等以实物为载体的知识产品，都是如此。在一定情况下，传统产业产品的硬成本随着产品数量的增加而降低，但是当产品的硬成本降低到最低限度时，无论如何增加产品的数量，产品的硬成本都不会低于这个限度，甚至还会随着产品数量的增长而增长。由此，决定了传统的商业模式，总的销售利润在一定情况下会随着销量的增长而增长，但是超过一定限度，产品的销售利润反而会随着销量的增长而降低。这就是所谓的边际利润递减的规律。因此，传统商业模式下，商家会把销量控制在边际利润最高点所对应的销量上。

互联网时代上述规则和模式被彻底颠覆了。首先我们来看互联网产品成本是如何变化的。互联网产品就是以互联网作为载体的产品,如数字图书、数字电影、数字音乐等。互联网产品最大的一个特点是没有副本限制,比如一本数字图书,一个人看可以,十个人看也可以,一百个人、一千个人、十万个人……看都可以。一本数字图书一旦完成生产,其总的生产成本就固化了,不会随着看的人多了就增加,其单位成本反而会随着看的人的数量的增加而急遽降低,直至趋向于零。这一点是数字图书与纸本图书最大的不同。这就决定了互联网商业模式的不同。互联网产品的销售利润不会随着产品销量的增加而降低。传统商业模式边际利润的拐点在互联网这里不复存在。由此,互联网时代出现了一种新的运营模式,通过免费服务吸引巨大的关注度,再利用这种巨大的关注度从广告中获得巨额收益。谷歌、百度均采用的这种运营模式,获得了非常大的成功。

这种模式也为图书馆界借鉴。美国国会图书馆 1995 年推出的美国记忆项目,用数字技术展现了美国 200 年来发生的重要事件,包括历史文本、照片、地图、视频、音频等各种格式的数字文件[①]。美国记忆项目面向世界所有人们开放。哈佛燕京图书馆收藏了大量的东亚文献,现在他们正在将这些文献数字化,也面向世界开放[②]。这两个案例就是借鉴了互联网的运营模式,通过免费使用,获得大量读者的关注,进而引起社会和政府对图书馆的关注和支持。应该讲,这种通过免费使用数字特色馆藏,来吸引大量的关注,扩大图书馆的影响,进而为图书馆争取更好的发展条件,不失为一种行之有效的方法。

---

① 美国国会图书馆. 美国记忆[EB/OL]. [2014－02－09]. http://memory.loc.gov.

② 刘锦秀,郑炯文. 郑炯文:书是哈佛的,知识是全人类的(图)[DB/OL]. [2014－02－09]. http://www.chinalibs.net/ArticleInfo.aspx? id＝304586.

五、建筑形态的变迁

过去十几年,与我国公共图书馆事业迅速发展的态势相应,公共图书馆新馆建设也掀起了高峰。与公益、人本、开放、平等、共享、普惠等公共图书馆发展理念相应,公共图书馆建筑形态正逐步朝着生态、开放、均衡的方向发展。

1. 生态

环保、绿色、低碳正成为时代的主流思潮,受其影响,生态图书馆的建设日益受到人们的关注。一方面,随着互联网、服务器、计算机、楼宇智能在图书馆的充分运用,图书馆对于电能的消耗将会极大地增加;另一方面,由于过去图书馆并没有真正引入成本效益核算机制,不少图书馆管理层对于能耗不是太敏感①;随着能源危机的加剧,图书馆实施能源核算势在必行。正是由于上述两个方面的原因,生态图书馆的建设已经日益为人们所重视。

生态图书馆的建设原则是,在保证健康、舒适的条件下,综合考虑生态、环境、能源、水资源的有效利用和保护。为保证图书馆内读者和工作人员的健康,要注意防止来自建筑材料、装饰材料、办公设备与家具可能带来或者产生的氡气、石棉、有机化合物、甲醛、臭氧、军团杆菌、电磁辐射、噪声等污染物对人体造成危害,要保持适宜的温度和湿度;舒适包括热舒适、视觉舒适、听觉舒适等;为保证热舒适,需要充分利用日照、自然通风并与人工照明、人工通风、人工供暖技术与设备结合起来;为保证视觉舒适,尽量采用自然光,只有当日光不足时才采用电力照明加以弥补,采光设计要保证房间里基本上具有日光的特征;

① 刘锦山,崔凤雷,高新陵. 沉思与对话:高校图书馆新馆建设[M]. 北京:国家图书馆出版社,2010:5.

为保证听觉舒适,对建筑进行必要的隔声处理,减少各种噪声,将图书馆分为相应的声学分区,适应使用者不同类型的活动,改善图书馆的内部声学特征,减少图书馆自身产生的噪声;采取有效的手段和措施,善加利用阳光、自然风等自然条件,减少能耗;利用节能设施,提高能源使用效率。提高设备利用效率,减少电子垃圾,尽量减少激光打印机、复印机产生的臭氧量等①。

2. 开放

公共图书馆开放的理念现在深入人心,反映在图书馆的建筑形态上,就是"无门"图书馆的出现。所谓"无门"并非真正的没有门,而是秉持开放理念,使得图书馆大门方便读者进出,给人以开放、亲切的感觉;开放的图书馆,只有一道门,就是图书馆的大门,读者进入图书馆大门之后,图书馆内部除了若干设备重地之外,都不应限制读者进入,馆员工作区,读者有事也是可以进入的;图书馆的一切设施设备,只要是规定面向读者开放的,都要向所有读者开放。平等是开放带来的必然结果,平等这一理念反映在建筑上,就是不必根据读者的身份设立特殊的阅览区或者工作室。

开放的理念反映在建筑上就是统一柱网、统一层高和统一荷载的"三统一"的模数设计模式的出现,目前绝大多数的新馆都是按照这样的模式设计建设的。模数式的设计思路,较好地体现了公共图书馆开放的理念,内部都是大开间,很少有区隔出来的封闭式的小房间,借阅合一,读者置身于这样的空间,可以自由徜徉,十分方便。

开放的图书馆建筑形态是与封闭的图书馆建筑形态相对的,所谓封闭指的是馆藏与读者分离,所谓开放指的是馆藏与读者合一。在封闭状态下,读者利用图书馆馆藏需要通过馆员作为中介;在开放状态下,读者利用图书馆馆藏不需要通过馆员作为中介。开放的

---

① 刘锦山,崔凤雷,高新陵.沉思与对话:高校图书馆新馆建设[M].北京:国家图书馆出版社,2010:7.

办馆理念需要相应的建筑形态作为支撑，这就是模数式建筑形态。模数式建筑形态较好地满足了图书馆的开放需求，但是也存在着图书馆空间利用率不高的问题。因此，业内人士对于这种模数式的建设理念提出批评，认为这种建筑形态“一方面，阅览桌椅占据了大量的空间。另一方面，承重量达不到密集书库的要求，造成库容量大幅减少”①。从而造成空间资源、人力资源和其他资源的浪费，因此我们要认真反思模数式建设理念的优势与不足，辩证吸收封闭式建设理念的优点。

3. 均衡

最近十余年，公共图书馆单馆建筑体量越来越大，十万平方米量级的图书馆越来越多。从发展的眼光来看，十万平方米级公共图书馆的出现，是公共图书馆事业发展到现阶段的一个必然产物，体现了公共图书馆事业发展的水平，因而有其必然性和必要性。但是，我们不能仅仅看到这一点，只注重于大体量的单馆建设，而忽视了公共图书馆系统的建设。

公共图书馆提供的是公共文化服务，而普惠、均衡是公共服务的基本要求。我们知道，实体图书馆的辐射半径是有一定局限的，超过一定距离限度，去一趟图书馆的时间成本、交通成本太高，读者就会选择不去图书馆了。如果一个行政辖区内的实体图书馆没有连城网，就很难实现公共图书馆的普惠和均衡服务。这就要求我们在进行图书馆建设时，要特别注意按照系统发展的原则，着眼于实体图书馆网络与系统发展的要求，做好规划，做好布局，使得实体图书馆形成合理的格局，实现均衡发展。

要实现公共图书馆的均衡发展，为居民提供普惠的公共文化服务，需要按照公共图书馆系统发展的思想进行顶层设计，使各级公共

① 刘锦山，庄雷. 庄雷：“借阅合一”理念批判（图）[DB/OL]. [2014－02－10]. http://www.chinalibs.net/ArticleInfo.aspx? id＝255239.

图书馆形成一个大中小合理布局的完整体系,使得居民可以用较少的时间、交通成本享受到公共图书馆提供的服务。

六、功能定位的变迁

无论核心业务、组织形态、服务范式,还是运营模式、建筑形态,这几个都属于图书馆的表象,表象的发展变化显而易见,但我们还要认识到,图书馆的内在的、本质上的转型趋势,即图书馆功能定位的发展变化,这对图书馆事业的发展来说,将起到更为核心的引领作用。

1. 作为信息资源中心,保存传播人类文化成果

保存人类文化遗产是现代图书馆的四大基本职能之一,这一职能也曾是古代图书馆的最重要使命。图书馆的出现就是为了满足人们保存文献的需求,发展到信息时代,图书馆馆藏的含义不断得到拓展,已经远远超出"图书"的范围,不仅包括各种图书文献、缩微胶卷、光盘、照片等实物资源,各种虚拟数字资源也成为馆藏的重要一部分,此外还有其他前所未有的馆藏类型,如美国芝加哥公共图书馆将一款智能机器人纳入馆藏目录中,可供用户用来学习计算机编程①。另一方面,随着馆藏的不断丰富,对于馆藏资源的长期保存保护也日益成为图书馆领域的一个重要课题,其中,互联网灰色文献的保存保护又尤其受到关注。

保存的目的是为了利用。现代图书馆将"藏"和"用"结合得更为紧密。文献借阅、文献传递服务等基础服务在信息时代也有新变化。

① 赵启玥编译,刘剑英校审.《美国图书馆》杂志专文《谷歌公司向芝加哥公共图书馆捐赠机器人》[DB/OL].[2014-05-22].http://www.chinalibs.net/ArticleInfo.aspx?id=350726.

虽然目前纸质阅读依然占据主要地位,但人们对于电子书、数字图书馆的需求正在飞速提升,纸质书等实物馆藏资源必须通过物理的传播方式,而虚拟馆藏资源拥有更加多样的传递方式,电子书可通过租借电子书阅读器进行借阅,也可通过互联网直接下载。这些新的馆藏资源传播方式需要图书馆在服务功能方面进行拓展,延伸服务就是其中一个重要部分。图书馆是开放的、无障碍的,传统图书馆多集中在阵地服务上,信息时代的图书馆更需要走出去,让馆藏资源更快、更便捷地传递到每一个用户手上,无论他身处何地。

信息时代,图书馆在保存传播人类文化成果方面的基本职能依然存在,这是图书馆的发展之本,是图书馆的功能拓展的基础,如果忽视这一基本职能来谈图书馆的发展就是缘木求鱼。人类文化成果的形态类型多种多样,其保存和传播也不可一概而论,正如实物馆藏不可能永远是唯一的馆藏,虚拟馆藏也不能完全取代实物馆藏的价值,二者相互对立又可高度统一,从这点来说,实体图书馆将永远存在,这也是图书馆作为物理场所的价值之一。

2. 作为社会教育中心,提高公众信息素养

从近代公共图书馆正式出现开始,社会教育就是图书馆特别重视的一大职能,公共图书馆被称为“人民的大学”。发展至今,图书馆是社会教育的重要组成部分,这一观点已深入人心。进入信息时代,公共图书馆的社会教育职能既迎来更好的发展,又面临了新的挑战。这表现在,一方面,网络信息技术的应用给图书馆带来新的教育内容和教育形式,如远程教育、慕课等,使公共图书馆真正成为“智能教育”“终身教育”的重要课堂;另一方面,在学校教育、家庭教育之外,其他各种教育渠道也越来越多,此前图书馆在社会教育中的传统优势被削弱,图书馆的用户被分流减少。因此,公共图书馆在社会教育职能方面需要新的转型发展。

2008 年,中国图书馆学会颁布的《图书馆服务宣言》强调,“图书馆是一个开放的知识与信息中心”“图书馆努力促进全民阅读,为公民终身学习提供保障,促进学习型社会的建设"。图书馆是无边界的社会教育中心,图书馆是实行终身教育的理想场所,为大众提供社会教育是公共图书馆的重要使命。公共图书馆可为公众提供最完备的学习条件,如资源、场地、设备等。公共图书馆的免费、开放原则能最大限度地帮助读者进行自主性学习。社会教育是学校教育、家庭教育的重要补充,在这方面,美国公共图书馆做得更为成熟,相比之下,我国公共图书馆在社会教育方面还远远不够,如儿童早期教育、青少年课外学习辅导、就业求职指导等众多方面需要更加努力。

在信息时代的图书馆社会教育中,信息素养是一个重要关键词。1989 年,美国图书馆协会对信息素养进行了简要概括,一个拥有信息素养的人能够确定何时需要信息,并且能够有效地查寻、评价和使用所需要的信息。图书馆尤其是公共图书馆对此负有不可推卸的重要责任。当前,公共图书馆已普遍认可基础服务免费的原则,并且越来越多的公共图书馆认识到了信息素养教育职责的重要性,为用户开设免费计算机技能培训班,免费提供上网,举办各种免费讲座,等等。而随着公共图书馆的发展,其作为社会教育中心的功能势必将发挥更大的作用。

3. 作为知识服务中心,注重智力资源的开发利用

信息时代,知识是第一生产力。在这一大环境下,图书馆作为知识服务中心,提供深度情报服务,开发智力资源,这一服务职能更加凸显出来,在图书馆工作中变得越来越重要。

智力资源包括文献信息资源和人力资源。图书馆对智力资源的开发显然也包括这两个方面。图书馆对文献信息资源的开发即对文献信息资源进行二次、再次挖掘、整合,从书皮深入到书中的内容信息,将图书馆馆藏资源中的情报、信息充分揭示出来;而在人力资源开发方面,则是对于人的潜能开发,包括对馆员的潜能开发以及对用户的潜能开发,人才队伍建设是提升组织机构核心竞争力的关键。这两

方面的职能都对图书馆员的专业素养和相关技能水平提出了更高要求。只有高水平的馆员才能承担起对文献资源深度开发的工作,馆员工作能力的提升也是人力资源开发的一个重要内容。也就是说,图书馆员职业素养在信息时代图书馆中正变得日益重要,图书馆员要不断提升自身工作能力。

为当地社会发展提供智力支持,是公共图书馆的基本职责。公共图书馆在区域经济文化发展中的作用日益重要,从传统简单的科技情报传递服务走向更高深的知识服务,是信息时代公共图书馆的职能拓展的一个重要表现。图书馆可利用本身的知识资源优势,为政府、企业等相关利益者提供从基本的信息检索到定制课题信息跟踪、参考咨询、信息翻译,以及更具智力因素的深度加工的情报资源和研究成果,帮助决策。这对于当地政府、企业等组织机构和个人,或者图书馆本身来说,无疑是一个事半功倍的双赢成果。

4. 作为文化交流场所,满足公众多元文化需求

在现阶段,人民群众日益增长的文化休闲娱乐需求并未得到很好的满足。公共图书馆作为公共文化服务机构,引领公共文化良性发展,满足公众多元文化需求的功能也变得越来越重要。传统图书馆往往局限于简单的文献借阅等基础服务层面,而随着社会的发展,人们需求的丰富,图书馆逐渐强调文化交流场所的功能。图书馆不仅有馆藏资源,还有空间场所;图书馆和用户之间不只是单向的传播文化知识,还可以进行双向的文化交流互动。

图书馆是人的图书馆,人才是图书馆的第一要素。改变过去图书馆作为书的空间的看法,确立起图书馆成为人的空间的理念,更为本质地揭示了图书馆的特性。这也是图书馆“以人为本”服务理念在新时期的进一步拓展深化。这几年,图书馆领域“打造市民第二起居室”“图书馆作为城市第三空间”的呼声越来越多,图书馆对于场所价值的重视在这上面表现得十分明显。而借着近年来图书馆建筑建设和改造的潮流,众多图书馆将物理空间重新做功能规划,引入先进的数字技术和多媒体设备,使物理空间与虚拟空间融合在一起,让人们在这里不仅能便捷地获得所需资料信息,还可以参与各种展览、演出、讲座等文化活动,又能和其他人进行交流互动,提升了广大用户的图书馆体验,满足了他们在文化休闲娱乐方面的需求,让图书馆成为众人的精神家园。

5. 作为一种社会制度,维护公民文化权利,促进社会公平

公共图书馆是一种社会制度,主要表现在公共图书馆对于人们文化权利的保障上。不论种族、年龄、性别、经济条件等,让每一个人都能自由、平等地获取信息,这是社会公平、人类文明进步的重要保障之一。

数字鸿沟的出现,进一步加剧了信息时代社会矛盾,公共图书馆就负有消弭数字鸿沟的使命,是促进社会公平的一大坚实力量。实际上,在信息时代之前,公共图书馆就已担负维护社会信息公平这一职责。但因为此前信息资源在社会生活中的作用力还比较小,对人们生活的影响往往局限在某一部分。而在信息时代,网络化、数字化已经深入到社会生活的方方面面,人们的生活方式因此发生了翻天覆地的改变,而信息资源的作用力还在不断增强。因此,公共图书馆的这一功能也随之得到越来越多的关注。1995 年,美国图书馆协会在《美国图书馆事业发展 12 条宣言》中强调:图书馆是改变社会不公平现象的基地。其信息技术政策办公室(OITP)则明确将“提升图书馆作为消除数字鸿沟的关键性机构的地位”作为自己的任务。国际图联也在多个相关宣言文献中强调图书馆在消弭数字鸿沟方面的重要地位和作用。

开放、平等是信息时代的重要特征,也是图书馆的基本理念,从这点来说,当前正是图书馆有史以来最好的发展时期。图书馆是一个不断成长的有机体,其功能定位也在不断发展丰富。在瞬息万变的今天,图书馆已发生的、正在发生的,以及将会发生的变化很难一一表述出来,我们需要认识的是其中最为主要、最为核心的一些变化。在当前现实视域下，横向比较来看，我国公共图书馆的转型发展正处于初级阶段，比我们有余者有之，比我们不足亦有之，我们需要做的，就是借鉴前人之辙，改善不足之处，充分实现图书馆的社会价值。

第三章　文化之维:文化视域下的公共图书馆转型与发展

导语:图书馆文化是图书馆发展的灵魂。图书馆尤其是公共图书馆当前正处于一个重要的转型期,而文化的转型与重构正是公共图书馆转型与发展的核心,只有完成了文化的转型与重构,公共图书馆的转型与发展才能真正取得进展。

“图书馆文化”理论于20世纪80年代开始出现,近年来已成为国内外图书馆界颇为关注的一大热点话题。所谓文化,从广义上来说,是指人类在长期的社会实践活动中所创造的物质财富和精神财富的总和。图书馆最初是为保存文化成果而生,随后,人们越来越多地通过图书馆开展文化教育,获得文化信息,参与文化活动,图书馆成为保障公民文化权利的民主机构。而在这漫长的发展中,图书馆又逐渐形成了自己独特的文化——图书馆文化,即图书馆创造的精神文化、制度文化、行为文化、物质文化等物质财富和精神财富的总和①。

人是文化的存在。正如企业文化是一个企业的灵魂,图书馆文化对图书馆事业的发展也至关重要。从宏观上来看,图书馆文化有着独特的社会作用,具有保存、整理、激活、交流以及创造文化的社会职能②。而作为组织文化具体到图书馆工作上,图书馆文化更能发挥出其导向力、凝聚力、激励力、约束力、影响力及防御力的功能和作用,这

---

①　张敏勤.图书馆文化研究[M].广州:世界图书出版广东有限公司,2012:7.

②　王惠君,荀昌荣.图书馆文化论[M].长沙:湖南大学出版社,2004:20.

六种力存在对立统一的关系,如下图所示①。优秀的图书馆文化能引导图书馆内部人员向着共同的目标,凝聚一心,规范举止,积极进取,促进图书馆机构的良性发展,优秀图书馆文化的影响力还可辐射至社会大众,使图书馆的发展与社会的进步和谐一致,实现共同发展。

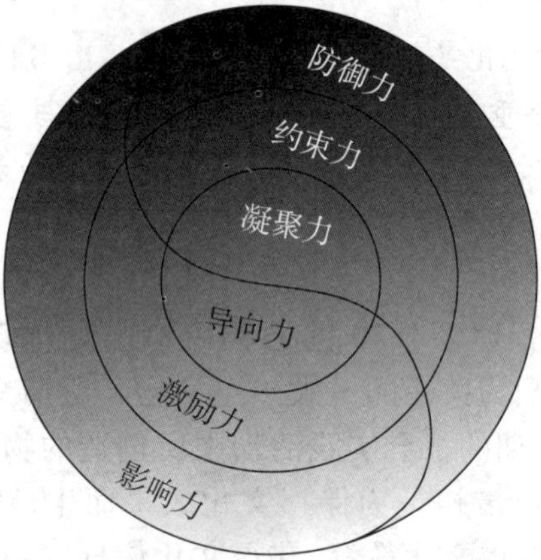

图2 图书馆文化的功能和作用

图书馆文化并非一蹴而就、一成不变,它形成于漫长的实践活动中,有其自身的发展趋势和规律,同时也与整体社会大环境密不可分。图书馆文化随着社会发展而不断变化。在农业时代,图书馆主要是作为文献保藏场所存在,重藏轻用,服务对象局限于统治阶层及知识精英群体。直至工业时代,随着图书馆的发展日渐兴盛,以及真正意义上公共图书馆的出现,图书馆的开放与文献的利用日益受到重视,人们的图书馆观念发生重大改变,图书馆成为公众接受社会教育享受知识自由权利的重要机构,公共图书馆更是被视为社会民主信念的实证,这一观念的转变有力促进了图书馆文化的发展。进入信息时代

① 邢小兰. 医院文化:是软实力,更是硬实力[EB/OL]. [2014-02-09]. http://blog.sina.com.cn/s/blog_ab3905c10101dq21.html.

后,图书馆进入一个全新的发展时期,人本理念得到普遍认可,图书馆发展从书本位走向人本位,丰富多样的文献资源藏以致用,图书馆在社会生活中占据着越来越重要的地位。在这一环境下,图书馆文化重要性日渐凸显,相关研究与实践蓬勃发展,成果斐然,但前路依然艰巨。

图书馆尤其是公共图书馆当前正处于一个重要的转型期,而文化的转型与重构是公共图书馆转型与发展的核心,只有完成了文化的转型与重构,公共图书馆的转型与发展才能真正取得进展。因此,在这一章中,我们将从文化视域着眼,考察公共图书馆的转型与发展。图书馆文化的概念最初是受到现代企业管理理念的启发与影响,借鉴企业文化而提出的。企业文化通常由企业理念文化、企业制度文化、企业行为文化和企业物质文化等四个层次所构成,四者紧密相连,物质文化是外在表现和载体,是行为文化、制度文化和理念文化的物质基础;制度文化是理念文化的载体,同时规范着行为文化;而理念文化则是形成行为文化和制度文化的思想基础,是企业文化的核心和灵魂①。基于此,我们在这里也借用这一结构模式对图书馆文化进行论述,即将图书馆文化的结构分为四个层次——愿景文化层(或称理念文化层、精神文化层)、制度文化层、行为文化层和物质文化层,以同心圆作为示意图,则愿景文化居于核心层,制度文化为中层,行为文化是浅层,物质文化则处于最外面的表层(如图3)。而本章将依次从这四个层面论述公共图书馆的文化重构与转型。

① 黎群,王莉.企业文化[M].北京:清华大学出版社,2012:11-15.

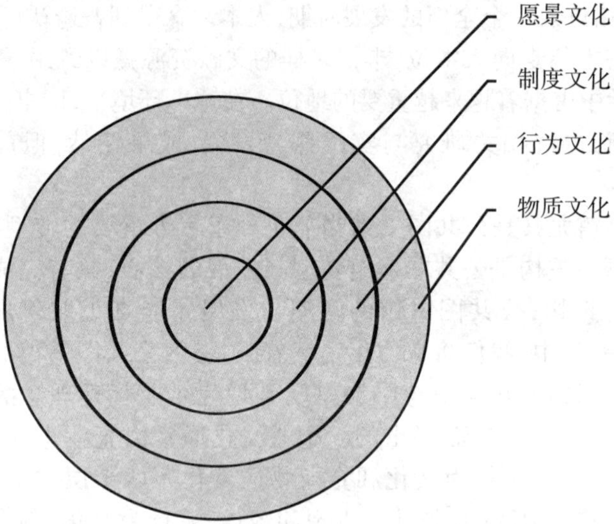

图 3　图书馆文化结构示意图

一、愿景文化

图书馆愿景是存在于图书馆背后的核心价值观和理想,这种价值观和理想引导并激励着图书馆所有的管理者和所有的员工,并且在很长一段时期内保持相对不变。一个明确的图书馆愿景,直接影响到图书馆的核心价值观和图书馆文化。在图书馆文化结构的四个层次中,愿景文化属于核心层,是形成图书馆文化制度层、行为层和物质层的思想基础,决定了图书馆文化的发展特性。愿景文化主要指的是图书馆哲学涉及的问题,如图书馆本体论、图书馆价值观、图书馆精神和图书馆道德等,而具体到某一图书馆或团体机构中,则主要通过愿景、使命、办馆理念、宗旨、馆训、馆徽、馆歌等体现出来。

图书馆哲学是一种世界观和方法论,它回答了图书馆“是什么”“为什么”“怎么做”的问题。“是什么”是从本体论层面探讨对图书馆的界定,“为什么”则从价值观层面回答图书馆存在的依据,从一定意义上说,秉持何种办馆理念和价值定位,决定着图书馆的发展方向①,因此图书馆价值观是图书馆哲学思想体系的核心,它反映着人们对图书馆的根本看法和总体评价。“怎么做”则是回答方法论层面的问题,“怎么做”受“为什么”的指导。图书馆价值观与图书馆精神也有区别,图书馆价值观的诉求对象首先是社会、图书馆以外的人员,其次是图书馆自身、馆员;而图书馆精神是人们在长期的图书馆活动中逐步形成的,并为众人所认可,对图书馆职业所承担的社会义务的文化自觉,其诉求对象首先是图书馆自身、馆员,其次是社会。图书馆精神更为精炼、更为形象,通常外化为馆训、馆徽等形式展现,其作用主要是激发主观能动性。图书馆道德则更着重于行为的规范,要求人们“应该怎么做”,在馆训、服务规范中多有体现,但并非如制度依靠强制实现,而偏向自律。

1. 从封闭到开放的图书馆愿景文化

从图书馆的发展历史来看,图书馆办馆理念经历了从封闭到开放、从以藏为主到藏以致用、从书本位到人本位、从馆员主导到读者第一的变化。

中国古代的藏书楼与近、现代图书馆存在很大差异,但与西方国家的古代图书馆相比,还是较为一致的。中国古代的藏书主要分为四种类型:官府藏书、私人藏书、书院藏书以及寺观藏书,其中,官府藏书和私人藏书规模更大。而西方古代图书馆则大致包括皇家图书馆、教会图书馆、学院图书馆和私人图书馆,其中皇家图书馆和教会图书馆最为主要。但无论是中国古代的藏书楼还是西方古代的图书馆,它们最初都是以文献收集保存场所而出现,与档案馆无异。为了更好地保存文献,图书馆(藏书楼)实行严格的封闭式的管理,只有统治阶级或

① 张伟. 浦东图书馆新馆的文化使命[G]//张伟. 问道. 上海:上海远东出版社,2013:6.

知识精英阶层的人才能有幸接触图书馆所藏文献，对其利用极为有限。由于侧重于藏，对整个社会来说，图书馆的影响力范围相对较小，但图书馆从业人员地位较高，占据知识文化优势，备受尊重。中国的藏书楼文化在这方面表现尤为典型。

有研究者认为，到了宋代中国古代图书馆学思想已全面形成，宋明清是中国古代藏书楼文化的繁荣时期。而作为中国历史文化的重要组成部分，中国古代藏书楼文化明显地包含着以儒家思想为主体的伦理型文化传统的性质①。当时尽管已有少数有识之士意识到图书馆的重要性并提出建立公共书楼的设想，但依然是将“藏”置于“用”之先，“公藏公用”的观点影响不大，人们还是普遍认为图书馆是一个收集保存图书文献的场所而已，相关活动都是围绕图书文献展开，如中国古代的目录学、版本学、校勘学等，都是以图书文献的保藏为中心。图书馆文化层面的意义尚未被人们所关注，更无人谈及图书馆哲学、图书馆价值观、图书馆精神、图书馆道德等图书馆愿景文化相关内容。

随着图书馆事业的不断发展，图书馆人开始有意识地思索“图书馆是什么”“图书馆的作用职能”等问题，西方国家在这方面表现突出，并取得了较大成果。而在中国，晚清之后，延续了几千年的封闭型藏书楼文化开始衰落，西方近代图书馆文化理念逐渐输入，直至今日，我们当前所接受的图书馆思想已基本都是西学东渐的产物。

文艺复兴运动是图书馆愿景文化发展历程中的一个重要事件。文艺复兴是一场弘扬新兴资产阶级文化的思想解放运动，以人文主义精神为核心，肯定人的价值，主张个性解放和平等自由，认为世界的本质不在于神而是人本身。文艺复兴促进了图书馆事业的发展，“人本”“自由”“平等”等思想的广泛传播更是带来了“开放”图书馆的观念，图书馆开始向社会公众敞开大门。文艺复兴之后，宗教改革和启蒙运动进一步推动了近代西方社会的思想解放，从“人”的发现过渡到对人运用思想的肯定，理性主义成为时代精神。在社会崇尚理性的大环境

---

① 王惠君，荀昌荣. 图书馆文化论[M]. 长沙：湖南大学出版社，2004：54－76.

下,图书馆的理念也慢慢得以成熟①。越来越多图书馆——包括私人图书馆在内——向公众敞开了自己的大门,有的图书馆明确提出了“向一切愿意来馆学习的人开放”的办馆宗旨,众多学者积极展开图书馆学方面的探讨,并特别强调了图书馆的功用。其中,作为近代图书馆理论的创始人,德国奥古斯特公爵图书馆馆长、德国著名的数学家和哲学家莱布尼茨的观点十分具有代表性。莱布尼茨指出,图书馆应当是用文字表述的人类全部思想的宝库。对于杰出人物著作的收集应不分民族、不分时代,而是以其思想是否对后人有可取之处为标准。他十分重视藏书的质量,并进一步指出,有学术价值的新出书刊,应当及时地、连续地、均衡地补充采购。他还提出,图书馆必须有固定的经费。此外,莱布尼茨更是强调,图书馆的头等重要的义务是:想方设法让读者利用馆藏,为此必须配置完备的目录,同时主张尽可能地延长开馆时间,不要给图书出借规定太多的限制,还要求馆内有取暖设备和灯光设备②。这种开放的、重视馆藏利用的图书馆理念逐渐为人们所认可,为现代公共图书馆的出现提供了良好的思想基础。

19 世纪现代公共图书馆的出现无疑是一个历史性界碑,公共图书馆以公共资金为支持、对市民完全免费开放的规定被作为法律条款正式确立下来,这一立法保障促进了公共图书馆的繁荣发展,也对其他类型的图书馆带来积极影响,“开放”从此成为图书馆的一个基本要素。到了 20 世纪,全世界尤其是欧美国家已有很多国家建立了较为全面的图书馆体系,图书馆活动的发展走向职业化、专业化。图书馆的影响力不再局限于领域内,对民众教育、社会发展的宏观作用日益凸显,理论研究也不再是图书馆学家就图书馆技术与应用中的微观问

---

①　刘宇. 文艺复兴、启蒙思想与现代图书馆核心价值[J]. 农业图书情报学刊,2008(12):140 - 143.

②　杨威理. 十六世纪—十八世纪的图书馆(四)——外国图书馆事业之二十[J]. 图书馆学研究,1983(6):136 - 140.

题的个别性研究,而是更多地展开了对图书馆的基础理论探索[①]。图书馆愿景文化在这一时期也得到了重大发展。此前杜威所倡导的“人民的大学”公共图书馆理念曾在整个图书馆界盛极一时,公共图书馆的社会教育职能得到普遍关注,图书馆员常以高姿态强势介入读者的社会教育中。这一做法受到了后来者的广泛质疑,如 1939 年《美国图书馆权利宣言》确立的“图书馆自由”原则要求,图书馆员提供服务时,在意识形态上必须保持中立性、客观性和被动性[②]。杜威之后,“芝加哥学派”以高度的理性主义倾向建立了新的图书馆学知识体系,他们从历史、文化和社会的角度思考图书馆生存的哲学等更为本质的问题,认为图书馆是一种“社会机构”。而印度图书馆学家阮冈纳赞结合自己多年的图书馆工作实践经验提炼的“图书馆学五定律”更是高度概括了图书馆的性质和任务,至今仍颇具生命力。

1949 年的《联合国教科文组织公共图书馆宣言》是图书馆愿景文化发展中的一个里程碑,是对长期图书馆活动中形成的公共图书馆精神的一次总结提炼,也是站在图书馆长远发展的战略高度,结合形势发展变化需求而做出的一次创新之举。宣言确立了公共图书馆是“民主社会的保障”的理念,“有了这种认识,图书馆理论界就很好地阐明了公共图书馆存在于社会的必要理由,使人们理解了图书馆与社会发展内在联系”[③]。至此,全世界各地发展图书馆事业时就有了一个基本理念依据,在这一共同愿景的指引下,图书馆才得以不偏离正道,不断向前行进。

① 范并思等. 20 世纪西方与中国的图书馆学——基于德尔斐法测评的理论史纲[M]. 北京:北京图书馆出版社(今国家图书馆出版社),2004:57.

② 范并思等. 20 世纪西方与中国的图书馆学——基于德尔斐法测评的理论史纲[M]. 北京:北京图书馆出版社(今国家图书馆出版社),2004:61 -62.

③ 范并思等. 20 世纪西方与中国的图书馆学——基于德尔斐法测评的理论史纲[M]. 北京:北京图书馆出版社(今国家图书馆出版社),2004:65.

2. 现代公共图书馆基本理念

1949 年的《联合国教科文组织公共图书馆宣言》发布后，在 1972 年、1994 年曾先后进行修订，现在公众广为接受的正是 1994 年联合国教科文组织和国际图联共同制订的《公共图书馆宣言》。其中确立的公共图书馆基本理念适用于全球各个国家和地区，对我国公共图书馆同样适用。以《公共图书馆宣言》为蓝本，国际图联、相关图书馆协会，如美国图书馆协会（ALA）、澳大利亚图书馆和信息协会（ALIA）、加拿大图书馆协会（CLA）等，以及众多图书馆也都发表了自己的图书馆愿景，多以"核心价值"（core values）、"使命"（mission）或"愿景"（vision）为题。中国图书馆学会也在 2008 年发布了《图书馆服务宣言》，正式表达了我国图书馆界对图书馆愿景的理解。此外，图书馆学界也对此展开了各种讨论，众人关注度较高的主题包括：图书馆核心价值、图书馆精神、图书馆权利、图书馆职业道德观等。

在各类型图书馆中，公共图书馆最为特别。有学者指出，从社会的角度看，其他类型的图书馆只是一种社会机构，而公共图书馆不但是一种社会机构，而且是一种社会制度①。公共图书馆是图书馆事业的旗帜，自公共图书馆出现后，就一直是图书馆中最受关注的一支。公共图书馆是面向全体公众开放的，影响力之广可谓第一，其理念也最具代表性，联合国教科文组织与国际图联共同发布的《公共图书馆宣言》已成为整个图书馆界如"宪法"般的存在。尽管各图书馆协会或公共图书馆提出的图书馆愿景表述不一，但是，万变不离其宗，不管如何变化，一些最核心的、最基本的要素始终如一，那是公共图书馆理念中的关键所在。我们可以将之表述为：公益、人本、开放、平等、共享、普惠。

---

① 范并思等. 20 世纪西方与中国的图书馆学——基于德尔斐法测评的理论史纲[M]. 北京：北京图书馆出版社（今国家图书馆出版社），2004：64.

(1)公益

公益即公共利益,公益性是公共图书馆的立馆之本。公共图书馆的天然使命是实现和保障公众利益,追求的是公共利益的最大化,体现的是全体社会成员的共同利益。公共图书馆不但是面向社会公众的公共文化服务机构,更是保障公民文化权利、促进社会民主发展的制度安排,“是传播教育、文化和信息的一支有生力量,是促使人们寻找和平和精神幸福的基本资源”①。国家和地方政府负有建立公共图书馆的责任。从英国开始,现代公共图书馆自出现之始就奠定了这一基本要求:公共图书馆的建立发展应由国家和地方政府通过财政拨款支持,并提供立法保障,公共图书馆为公众提供免费服务。在引入市场经济后,我国图书馆界曾广泛采取“有偿服务”方式,片面追求经济效益,违背了公共图书馆的公益性原则,对公共图书馆事业的发展带来了很大的负面影响。由于各种因素,要求公共图书馆免费提供所有服务这点在实际中很难执行,但是,基于公益性原则,公共图书馆应坚持免费提供基础服务,如免费办证、免费借阅等,且随着图书馆事业的发展进步,应不断扩大免费服务的范围,让公共图书馆的公益性得到最大化实现。

(2)人本

人本即以人为本。人是图书馆的第一要素,图书馆是人的图书馆,这已成为图书馆界的普遍共识。图书馆是因人的需求而诞生的,在其发展过程中也是不断随着人们需求的改变而发生变化。公共图书馆的发展应以公众需求为导向,围绕“人”来展开工作,实现人性化管理。这里的“人”指的是公共图书馆的利益相关者,不仅包括读者,也包括馆员。这正是众多图书馆提出“读者第一,服务至上”“一切为了读者”等理念的根据所在。“图书馆作为一个文化生命体,其价值追求的重要目标是建立个人愿景和组织愿景相一致的共同愿景,而这种

---

① 联合国教科文组织,国际图联. 公共图书馆宣言[DB/OL]. [2013 - 10 - 30]. http://www.chinalibs.net//ArtInfo.aspx? titleid = 14386.

愿景又是通过馆员的文化自觉行为外显的。”[①]而从这点来看,目前很多图书馆对于“馆员”的认识还不够,因此,如何更好地认识到“馆员”的作用,将“馆员”与“读者”的权利相结合,更好地激发二者的活力,这也是实现图书馆以人为本理念的一个重要课题。

(3)开放

从封闭到开放,是古代图书馆与现代图书馆的最大变化。公共图书馆服务于社会公众,必然是对全社会普遍开放的,开放是智识自由的保障。另一方面,图书馆要不断发展,也必须坚持开放的理念,开拓才能进取,固步只会自封。正如中国图书馆学会《图书馆服务宣言》指出的:“公民进行文献阅读与信息获取,是他们参与社会管理、从事科技与经济活动、促进个人全面发展的需要,而使用图书馆则是他们行使其信息权利的途径,各类型图书馆应该提供开放服务以保障公民自由阅读与平等获取信息的权利。”

(4)平等

图书馆的开放理念强调无限制的服务,而平等理念则关注无差异的服务。“每一个人都有平等享受公共图书馆服务的权利,而不受年龄、种族、性别、宗教信仰、国籍、语言或社会地位的限制。对因故不能享用常规服务和资料的用户,例如少数民族用户、残疾用户、医院病人或监狱囚犯,必须向其提供特殊服务和资料。”[②]我国有学者也曾指出,“图书馆是否提供平等服务,主要取决于图书馆服务是否体现无身份歧视原则和关爱弱势群体原则。”[③]20 世纪我国的公共图书馆领域曾出现“区别服务”思想,这是与平等理念相悖的。区别服务根据读者职业、年龄、文化水平等的不同人为地将读者分成不同类别,虽然其出发点是为了提高服务质量,但在实际执行过程中却并未取得良好的效

① 张伟. 问道[M]. 上海:上海远东出版社,2013:12.

② 联合国教科文组织,国际图联. 公共图书馆宣言[DB/OL]. [2013 - 10 - 30]. http://www.chinalibs.net//ArtInfo.aspx? titleid = 14386.

③ 蒋永福. 现代图书馆的五大基本理念[J]. 图书情报工作,2009(21):11 - 16.

果,反而给图书馆事业的发展带来了一定消极影响①。

(5)共享

图书馆的“共享”理念在当前信息时代正越来越受到重视。中国高校馆长论坛《图书馆合作与信息资源共享武汉宣言》指出:“我们认同信息资源共享的最终目标:使任何人在任何时候、任何地点,均可以获得任何图书馆的任何信息资源。”在信息时代,公共图书馆在消弭数字鸿沟或信息鸿沟方面更应比其他类型图书馆自觉承担起这一重要责任。公共图书馆可通过数字图书馆、馆际合作或与其他组织机构合作等方式促进资源共享,确保用户能有效获取公共图书馆的信息资源及服务。

(6)普惠

普惠即让公共图书馆的服务普遍地惠及全体人民,普惠理念是公共图书馆社会职责的必然要求。为此,公共图书馆应以全体人民为服务对象,促进图书馆服务的均衡发展,尤其是城乡之间、地区之间的协调发展,建立覆盖全社会的公共图书馆服务体系,让所有人都能就近获得服务。而这也是保障广大人民群众公平享受社会文化资源、实现信息公平的主要途径。

3. 信息时代公共图书馆的愿景文化建设

图书馆愿景在图书馆发展中发挥着至关重要的作用,是图书馆进行决策的根本指导思想和思维方法,是组织成员的行动指针。进入信息时代后,图书馆人对于图书馆愿景的研究与实践也不断升温。目前,国内图书馆界比较关注的有“图书馆精神”“图书馆权利”“图书馆职业道德”“图书馆核心价值观”等。

中山大学图书馆馆长程焕文十分重视图书馆精神的探讨与实践,他将“图书馆精神”高度概括总结为“爱国、爱馆、爱书、爱人”,他还把

---

① 潘燕桃. 近60年来中国公共图书馆思想研究(1949—2009)[M]. 广州:中山大学出版社,2011:94.

“智慧与服务”(曾为文华图书馆学专科学校的校训)定为中山大学图书馆馆训,并做出解读“我们崇尚智慧,因为——图书馆是知识的天堂,智慧是馆员的力量,智慧是服务的光芒,智慧是事业的弘扬。我们至诚服务,因为——图书馆是信息的海洋,服务是馆员的天职,服务是智慧的土壤,服务是人生的理想”。虽然中山大学图书馆并不属于公共图书馆,但其在图书馆愿景的探索与实践堪为楷模。程焕文就曾在采访中表示,中山大学图书馆至少要比国内的大多数图书馆先进10年!这种先进不是馆舍、设备之类的先进,而是理念的先进①。

目前,国内只有少数公共图书馆制定了馆训,如广东省立中山图书馆馆训“渊深者修诸己,汲养者惠于人”;深圳南山图书馆馆训“敬业勤业,自强自信,团结协作,开拓奉献”;四川泸州市图书馆馆训“文明兴馆,求实创新,团结奉献”;浙江台州市椒江区图书馆馆训“热情、奉献、求实、创新”;新疆维吾尔自治区图书馆馆训“求真务实”②。而更多的图书馆则通过确立使命、核心价值观、服务理念、目标等来传达其愿景文化,如:首都图书馆提出,遵循“大开放、大服务”的服务理念,成为全国开放度最高、融合度最好的公共图书馆;致力于成为首都先进文化的辐射源、学习型城市的策源地、市民学习休闲的目的地和文化之都的重要标志③。上海图书馆上海科学技术情报研究所提出,秉承“精致服务、至诚合作、引领学习、激扬智慧”的核心价值观,以“积淀文化,致力于卓越的知识服务”为使命,努力建设世界级城市图书

① 程焕文.实在的图书馆精神与图书馆精神的实在[J].大学图书馆学报,2006(4):2-14.

② 陈红艳,徐丽晓.图书馆馆训评述[DB/OL].[2013-10-16].http://www.chinalibs.net/ArtInfo.aspx? titleid=227103.

③ 首都图书馆.首图概况[EB/OL].[2013-10-31].http://www.clcn.net.cn/modules/guide/index.php? page_id=7.

馆[①]。杭州图书馆提出“平等、免费、无障碍”的理念,以及“平民图书馆,市民大书房”的目标[②]。

相比之下,西方国家的图书馆界在愿景文化建设方面更为成熟。馆训方面如:美国佐治亚区公共图书馆(Georgia Regional Public Library)馆训“让你的思维驰骋”(let your mind soar);美国纽约公共图书馆(New York Public Library)馆训“最重要的是,真理滋生了成功”(but above all things,truth bearish away the victory)[③]。而作为图书馆界对于自己的责任或使命的一种系统的说明,图书馆核心价值方面的研究在国外图书馆界更是取得了令人瞩目的成果。美国图书馆协会(ALA)于1999年成立了“核心价值任务小组”(Core Values Task Force),历经多年的探讨研究,终于在2004年达成共识发布了图书馆的11点核心价值:公平取用(access);隐私权(confidentiality/privacy);民主(democracy);多元性(diversity);教育与终生学习(education and life long learning);维护知识自由(intellectual freedom);公共资产(the public good);保存资源(preservation);馆员的专业性(professionalism);服务民众(service);社会责任(social responsibility)[④]。

加拿大图书馆协会(CLA)确定的图书馆价值为:①智识自由(intellectual freedom);②多样性(diversity);③透明与开放的沟通(transparency and open communication);④责任制(accountability);⑤普遍获得图书馆服务(universal access to library service);⑥成员的声音和贡

---

① 上海图书馆上海科学技术情报研究所.上海图书馆上海科学技术情报研究所简介[EB/OL].[2013-10-31].http://www.library.sh.cn/dzyd/rdsm/aboutus.htm.

② 刘锦山.褚树青:藤蔓再长,瓜落故乡(图)[DB/OL].[2013-10-31].http://www.chinalibs.net/ArtInfo.aspx? titleid=251812.

③ 彭陶.浅谈图书馆馆训[DB/OL].[2013-10-16].http://www.chinalibs.net/ArtInfo.aspx? titleid=181651.

④ ALA. Core Values of Librarianship[EB/OL].[2013-11-01].http://www.ala.org/advocacy/intfreedom/statementspols/corevalues.

献(member voices and contributions);⑦协作(collaboration)[①]。

澳大利亚图书馆和信息协会(ALIA)发布的“核心价值”为:①保证自由开放获取知识的记录、信息、创作;②促进人们的思想交流;③致力于提高人们的信息素质和提供学习资料;④尊重读者的多样性和个性;⑤保存人类的记录;⑥为成员馆提供杰出的专业化服务;⑦推动以上这些价值观的合作伙伴[②]。

总之,可以得到的一点共识是:愿景文化建设现已成为图书馆界的一大热点。而随着社会环境的发展变化,人们对公共图书馆的认识也在不断发展。如从“公共图书馆是市民的第二起居室”到“公共图书馆作为城市第三空间”观点的变化。吴建中分析了这两种观点的不同,前者突出的是图书馆与市民之间的关系,强调图书馆应该更加开放和温馨一些;而后者更加突出图书馆在城市中的地位,以及与城市和市民之间的关系[③]。所谓第三空间,是区别于作为第一空间的家庭居住空间和作为第二空间的职场而言,相比之下,第三空间要更为自由、宽松,是一个城市中最能体现个性和活力的地方。在信息时代,社会发展步伐不断加快,公共图书馆的使命、责任、服务理念等必然也要与时俱进,在社会发展中承担起更为重要的作用。把公共图书馆作为城市的第三空间,正是图书馆人对新时代环境下公共图书馆在区域社会中的作用和价值的新探索。

---

① CLA. Mission, Values, & Operating Principles[EB/OL].[2013-11-01]. http://www.cla.ca/AM/Template.cfm?Section=Mission_Values_andamp_Operating_Principles&Template=/CM/HTMLDisplay.cfm&ContentID=13985.

② ALIA. ALIA core values statement[EB/OL].[2013-11-01]. http://www.alia.org.au/about-alia/policies-standards-and-guidelines/alia-core-values-statement.

③ 吴建中. 转型与超越:无所不在的图书馆[M]. 上海:上海大学出版社,2012:64.

二、制度文化

图书馆制度简单而言就是为图书馆制定的各种规章制度、标准守则等，它是人们在图书馆实践活动中或普遍约定的，或自觉设计的一种行为规范，需要大家共同遵守。任何一种制度都是一定文化的反映，图书馆制度文化反映和表现着人们的图书馆愿景文化，是愿景文化融入行为文化的保障，图书馆愿景文化通过制度文化对行为文化、物质文化产生作用，因此，图书馆制度文化对图书馆文化的发展起到重要的影响，是塑造和延伸图书馆文化的有力手段和坚实保证①。

图书馆制度数目众多，内容繁杂，我们可以将其从纵向角度分为国际级图书馆制度、国家级图书馆制度、地区级图书馆制度及馆级图书馆制度，从横向角度可划分为图书馆综合制度、图书馆行政管理制度、图书馆业务管理制度等，各种制度彼此之间相互联系、相互制约、相互补充，共同组成一个有机的图书馆制度体系。图书馆制度文化作为一个大系统，包含着图书馆领导体制、图书馆组织机构以及图书馆管理制度。其中，图书馆领导体制是制度文化的核心内容，影响着图书馆组织机构的运行，制约着图书馆管理的各个方面②。在信息时代，随着信息通信技术的发展，采访部、编目部、流通部等按照业务流程设置的传统业务部门被合并裁撤，新的部门则可能是围绕某一项目进行设置，如公共文化服务部、情报研究部，图书馆的组织结构逐渐由多层塔式结构向扁平化发展，管理层次减少，管理团队规模缩减，但管理跨度却得到扩大，高层领导可对基层每一位馆内员工实现直接沟通协调，信息传递更为灵活迅速，图书馆工作效率因此大大提升。此外，图

① 王惠君，荀昌荣. 图书馆文化论[M]. 长沙：湖南大学出版社，2004：264.

② 王惠君，荀昌荣. 图书馆文化论[M]. 长沙：湖南大学出版社，2004：267－268.

书馆制度文化作为图书馆文化的一个组成部分,同样会受到外部环境的影响,如社会经济基础、政治体制、思想观念等,图书馆制度文化的发展程度就是由这几个主要因素决定。如我国现有行政体制与财政体制下实行的“一级政府建设和管理一个图书馆”的做法就不同于西方国家图书馆普遍采取的总分馆制。

1. 从强制律他向自觉律己发展的图书馆制度文化

正所谓,没有规矩不能成方圆。图书馆诞生至今,图书馆制度也已绵延久远。农业时代(19 世纪末之前的中国和 17 世纪前的西方)的图书馆以藏为主,其制度内容也主要是关于图书文献的收集、整理与保存,相对比较简单。我国东汉时期朝廷官制中开始正式出现藏书管理专职官吏,官府藏书实行专人专职管理开始成为常制,这一制度在此后不断延续完善,形成了较为完善的藏书楼管理系统。在机器印刷技术出现之前,图书文献是社会上十分珍贵的资源,一方面,为保证所藏文献质量,会十分重视对藏书的校勘;另一方面,为了防止这些珍贵文献资源被毁损,图书馆大多实行封闭式管理,不仅有着十分严格的防火防潮等规定,还严格限制外借、流通,利用较少。据《南宋馆阁录》及其《续录》中记载,当时的官府藏书管理机构已制定出一套严格的典籍校勘规范和编目工作条例。此外,除了严格的出借制度、书库管理制度,还有定期曝书制度,规定“每年的七月七日为曝书之日,由秘书省官员集中举行仪式,把所藏典籍清理晾晒,如遇雨则改期”①。

进入工业时代后,随着图书馆事业的蓬勃发展,图书馆制度的范围日益扩大,国际级图书馆制度、国家级图书馆制度大量出现;内容也更为细致深入,建立起全面的图书馆制度,让图书馆的建立、管理、经营,馆员的认证、选聘以及图书的采购、呈缴、分类、编目、借阅、流通等均有章可循。图书馆之间馆际合作、国际交流活动日益

① 谢灼华. 中国图书和图书馆史[M]. 武汉:武汉大学出版社,2011:148.

频繁，并随着现代图书馆基本理念的确立，世界各地的图书馆制度的统一性也越来越高，布朗提出的开架借阅制被各图书馆普遍采用，《杜威十进分类法》盛行全球。尤为重要的是，这一时期国际组织及各国对于图书馆立法的重视。相对于一般规章制度，图书馆法更具权威性。一套完整的图书馆法律体系是图书馆事业健康有序发展的根本保障。1994 年的《公共图书馆宣言》明确指出“建立公共图书馆是国家和地方政府的责任，必须专门立法维持公共图书馆”。世界上第一部全国性图书馆法是在英国诞生的，而美国则是世界上在图书馆立法方面做得比较完善的国家，“据统计，仅 19 世纪后半叶，美国马萨诸塞州一州制定的有关图书馆法令大约有 60 条。”[①]我国近现代图书馆法制建设则相对落后，与美国比较差距较大。晚清时期我国开始向西方学习发展图书馆事业，清政府与国民政府曾先后发布《京师图书馆及各省图书馆通行章程》《图书馆规程》《通俗图书馆规程》等数十部图书馆法令规章，但实际收效甚微。至今我国在图书馆立法方面仍然进展缓慢，充满坎坷。

和农业时代的“书本位”图书馆制度相比，这些法规制度更注重“人”的因素，对图书馆的服务提出了更多要求，尤其是在促进读者阅读方面。多数图书馆开馆时间得到延长，如美国国会图书馆甚至每晚及周末都向读者开放。但是，这种“人本位”的图书馆制度文化最开始多是站在图书馆管理者和馆员的立场上，以图书馆管理者和馆员的方便和利益为出发点，对普通员工和读者的约束限制较多，有的图书馆制度中还存在一些霸王条款，给读者造成不便甚至不满。古越藏书楼是我国第一家向公众开放的、带有近代公共图书馆特征的图书馆，其创办人徐树兰综合参考了当时世界各国规制而制定成《古越藏书楼章程》，所含内容从创办宗旨到藏书管理、借阅方式、行政管理等一应俱全，其中涉及读者管理的“阅书规程”就占到了全部章程的一半，对读

① 黄宗忠. 论图书馆制度[DB/OL]. [2013 - 11 - 06]. http://www.chinalibs.net//ArtInfo.aspx? titleid = 125021.

者的言行举止都有详细规定[①],有的规定在现在看来过于琐碎,显然是将读者置于被管束的一方对待,未能平等相待,有失偏颇。

信息时代为人们带来极其丰富的信息资源和更加多样的信息获取方式,在新的挑战下图书馆也发生了巨大的变化。表现在图书馆制度方面,一方面,与计算机技术和互联网技术相关的图书馆制度不断出现,计算机、互联网等新技术在图书馆的广泛应用促使了馆内业务流程、岗位设置的改变,图书馆组织结构、管理体制也发生着相应的变化,扁平式组织结构逐渐取代传统的多层塔式结构,越来越多的图书馆采用总分馆制。另一方面,图书馆制度文化从过去的"强制律他型"向"自觉律己型"转变。这一改变是自上而下进行的,联合国教科文组织、国际图联以及各国图书馆协会等组织多以"宣言"的形式发布对图书馆发展的主张,如《公共图书馆宣言》《图书馆与知识自由宣言》《图书馆、信息服务机构与知识自由的格拉斯哥宣言》、美国图书馆协会《阅读自由宣言》等,强调"知识自由""读者权利"等内容,推动公益、人本、开放、平等、共享、普惠的公共图书馆基本理念日益深入人心。同时,越来越多国家以"公约"的形式发布图书馆员的职业观念和行为准则,在国际图联网站,可查到全球40多个国家发布的图书馆员职业道德准则[②],我国也已发布《中国图书馆员职业道德准则》《公共图书馆服务规范》等相关要求,与各种"宣言"相辅相成,共同构成新时期图书馆制度文化的主基调,使这一时期的图书馆制度文化呈现出有别于以往的鲜明特点。这些文件更加注重对价值观念的引导,强调读者的权利和图书馆的责任,规范图书馆员职业道德,倡导馆内员工、读者的自觉自律行为。落实到微观层面,各图书馆的行政、人事、读者服务等针对人的管理制度方面,则更加人性化,在涉及读者方面的制度尤

---

① 徐树兰. 古越藏书楼章程[DB/OL]. [2013-11-13]. http://www.chinalibs.net/ArtInfo.aspx?titleid=80919.

② IFLA. Professional Codes of Ethics for Librarians[EB/OL]. [2013-11-13]. http://www.ifla.org/faife/professional-codes-of-ethics-for-librarians.

其明显,越来越多地以读者为导向,主动满足不同读者的多样化需求。正如有研究者指出的,“国内图书馆管理制度中的文化现象正在从‘书本位文化’向‘人本位文化’、从‘强制型文化’向‘公约型文化’过渡”①。

2. 公共图书馆作为一种社会制度

这里所指的“公共图书馆制度”有两层含义,一方面是指公共图书馆的具体制度,如各公共图书馆及其上级机构制定的各项规则、规定、章程、制度、守则、标准、程序、决定、办法、方案细则、措施等内容;另一方面是指公共图书馆作为一种社会制度。后者是公共图书馆区别于其他类型图书馆的关键所在,任何一个图书馆都有其制度,但公共图书馆还是社会民主、公民文化权利的制度保障,更应得到我们的重视。

人们对于“公共图书馆作为一种社会制度”的认知由来已久。从最初英国、美国通过的关于公共图书馆的法案开始,公共图书馆就被赋予一个非常独特的地位,和法律制度、财政制度、行政制度等各种国家制度紧密相连。此后杜威的“人民的大学”论着重强调了公共图书馆的教育功能,公共图书馆在杜威等人眼中已上升为一种“信仰”,而不仅仅是一个为大众服务的文化机构。在杜威等人看来,有了知识,人民将不再愚昧,公共图书馆为社会公众提供了受教育的机会,可提升每个人的品行素质,从而推动整个社会进步②。这一认知随后被1949年版的《联合国教科文组织公共图书馆宣言》正式采纳,确立了“公共图书馆是平民教育及国际互谅的生力军,进而推动和平”的理念,提出“公共图书馆是现代民主政治的产物,也是终身教育过程中,民主信念的实证”。从此,人们更多地从社会制度的层面来看待公共图书馆,联合国教科文组织、国际图联等国际组织以及各国不断在其发布的相关制度文献中阐明深化这一观点,让公共图书馆制度的含义

---

① 张敏勤.图书馆文化研究[M].广州:世界图书出版广东有限公司,2012:43.

② 蒋永福.现代公共图书馆制度研究[M].北京:知识产权出版社,2010:47.

得到不断发展,人们纷纷探索公共图书馆作为一种社会制度的价值所在,成果颇丰。

和西方相比,公共图书馆在中国出现的时间较晚,不过由于当时现代公共图书馆体制已在西方发展得较为完备,因此公共图书馆制度的观念较快为当时的中国图书馆人所接受。早在1921年,美国芝加哥学派尚未登上历史舞台之时,我国著名图书馆学家刘国钧就率先提出“图书馆是一种制度”的观点。然而在此后很长的时间里,这样的声音一度遭遇寒流,公共图书馆的制度文化走入歧途,有偿服务、区别服务制度统治了所有的公共图书馆。新世纪后,随着1994年版《公共图书馆宣言》在中国的传播日益广泛,因为各种因素导致的断层又得到了延续,众多图书馆人不遗余力地对“公共图书馆制度”展开探讨,推动“公共图书馆作为一种社会制度”成为国内图书馆人的普遍共识。如范并思所言:“公共图书馆的社会意义在于,它的存在使社会中每一个公民具备了自由获取知识或信息的权利,它代表的是一种社会用以调节知识或信息分配,以实现社会知识或信息保障的制度。公共图书馆制度能够保障社会成员获取信息机会的平等,保障公民求知的自由与求知的权利,从而从知识、信息的角度维护了社会的公正。”①蒋永福也明确指出,公共图书馆的制度价值主要表现在四个方面:“公共图书馆是公民文化权利的保障制度之一;公共图书馆是社会信息公平的保障制度之一;公共图书馆是民主政治的保障制度之一;公共图书馆是社会包容的保障制度之一。”②

由政府提供经费支持、免费服务、平等对待读者,这是实现公共图书馆的制度价值的基本前提③。其中,政府的供给责任尤为重要,公共

① 范并思等.20世纪西方与中国的图书馆学——基于德尔斐法测评的理论史纲[M].北京:北京图书馆出版社(今国家图书馆出版社),2004:64-65.

② 蒋永福.现代公共图书馆制度研究[M].北京:知识产权出版社,2010:43.

③ 范并思.公共图书馆精神的时代辩护[DB/OL].[2013-11-14].http://www.chinalibs.net/ArticleInfo.aspx?id=219870.

图书馆建立和发展所需经费和法制保障必须由政府提供，这一点已在联合国教科文组织《公共图书馆宣言》中明文确立。巧妇难为无米之炊，公共图书馆要实行基本服务免费，以及为读者提供普遍均等的服务，是需要一定的前提基础的，而实现这种前提基础就离不开政府的支持。“图书馆尤其是公共图书馆作为消费性公益组织，其发展所需的各种资源必须得到政府的提供。”①当然，政府承担的这一供给责任是体现在更为宏观的治理层面，如秩序监控等，而非直接管理②。而且政府对图书馆的治理应有相关制度作为制度保障，其行为应符合相关制度所确定的方向与要求。

目前，我国还没有出台全国性的公共图书馆专门法，但相关的法规政策已发布不少，最近的就有《公共图书馆服务规范》《全国公共图书馆事业发展“十二五”规划》等，这些文件都强调了公共图书馆作为公共文化服务体系的重要组成部分，是政府丰富人民精神文化生活、保障人民基本文化权益和满足人民群众基本文化需求的重要支撑，应在公共财政的保障下，构建普遍均等、惠及全民的公共图书馆服务网络。以 2012 年《公共图书馆服务规范》为代表来看，作为公共图书馆事业发展的又一制度保障，《规范》以国际图联和联合国教科文组织制定的《公共图书馆服务发展指南》为重要参照，借鉴了英国、美国、澳大利亚、日本等国已制定的图书馆服务标准和相关法规中好的理念和做法，从服务资源、服务效能、服务宣传、服务监督与反馈等对公共图书馆服务的各个方面进行了全面而具体的规定。《规范》特别对各级政府提出了履职和统筹规划的要求，明确了公共图书馆服务体系的建立应以政府为主导，公共图书馆的服务应体现以人为本的原则以及公益性、基本性、均等性和便捷性的服务定位，指出公共图书馆的服务对象

---

① 蒋永福. 现代公共图书馆制度研究[M]. 北京：知识产权出版社，2010：102 – 103.

② “图书馆治理”与“图书馆管理”的区别参见蒋永福. 现代公共图书馆制度研究[M]. 北京：知识产权出版社，2010：153.

包括所有公众，提供的基本服务应免费，等等。同时，根据当前信息时代的发展需求，还对电子信息设备、电子文献资源、远程服务等做了相关规定，体现了新时期公共图书馆满足公众知识信息需求的发展方向。

3. 积极探索中的公共图书馆制度文化建设

从前面我们了解到，"公共图书馆作为一种制度"的价值的实现，就需要建立一个普遍均等的、覆盖全社会的公共图书馆服务体系。这样一来，我们首先面临的就是现有公共图书馆管理体制（一级政府建设和管理一个图书馆）的阻碍。图书馆领导体制是图书馆制度文化的核心内容，换言之，公共图书馆制度文化建设是我国图书馆事业发展的一个重点难点工作。1949 年之后，我国图书馆系统采用的是苏联模式的管理体制，各类型图书馆分属文化、教育、科研等多头领导。目前，我国公共图书馆体系共分六级：国家、省、市、县（区）、乡镇（街道）、村（社区），以省、市、县三级图书馆为主体。其中，全国性的公共图书馆归属文化部管辖，而省市县各级的公共图书馆直接由当地政府的文化行政部门管理。因此，我国公共图书馆事业的发展严重受到现有政府行政体制和财政体制的限制。和中国不同，西方国家的图书馆体制多采用分权分散型管理模式，国家政府对图书馆的作用只是协调、监督，提供经费补贴、预算和设施①，图书馆之间联系紧密，协作更加方便，有利于为公众提供便捷的服务。

缺乏完善健全的政策法律支持和过多的行政干预等诸多原因，导致我国图书馆领域官僚作风盛行，服务质量低下，"脸难看、事难办"的现象屡见不鲜，图书馆一度被视为"老弱病残收容所"。公共图书馆的发展严重滞后，改革势在必行。从 20 世纪 80 年代开始，我国图书馆事业在党和国家的大力支持下开始蓬勃发展，馆舍面积、馆藏册数等被视为衡量一个图书馆绩效的最主要标准，导致包括公共图书馆在内

① 王惠君，荀昌荣. 图书馆文化论［M］. 长沙：湖南大学出版社，2004：423.

的各类型图书馆大兴土木之风，甚至迷失在对各种数字的片面追求上。进入新世纪后，随着知识经济的发展，越来越多人意识到图书馆的发展必须从数量向内涵转变，而制度文化建设作为图书馆内涵建设中一个重要内容正日益受到重视。

在世界各国中，美国的图书馆制度文化建设较为成熟。美国的图书馆制度资源比较完备，已形成一套完整的图书馆制度体系。美国属于联邦制国家，不管是联邦政府还是州政府，都十分重视图书馆法规建设，从1848年第一部关于建立波士顿公共图书馆的法案在马萨诸塞州通过至今，美国已出台了100多部和图书馆相关的法律法规。美国图书馆协会制定了众多“标准”(standards)及“指导方针”(guidelines)，内容涉及信息素养、行政管理、馆藏资源、馆员继续教育、为弱势群体服务、职业伦理、用户服务等方面①，与联邦及州政府颁布的图书馆法律法规共同构成了一套完备的图书馆制度体系，为美国图书馆事业的发展提供有效的制度保障，贡献巨大。

从这点来看，美国图书馆制度文化建设方面的经验很值得我国借鉴。目前，我国的图书馆制度建设尚在万里长征第一步。首先，全国性图书馆专门法的缺位是一个最严峻的问题。1993年，我国文化部就开始着手起草《中华人民共和国图书馆法》，中间数经波折，进展缓慢，至今仍未取得实质性成果。而另一部《公共图书馆法》于2009年开始启动立法工作，截至目前还未正式出台。显然，这方面仅有图书馆人的努力是不够的，更需要国家政府的参与，担负起这一重要责任，尤其是对于公共图书馆来说，政府必须承担主要的提供主体的责任②。近十多年来，我国多个省市发布了具有法律效力的地方性图书馆管理条例，主要集中在经济水平发展较好的地区，如北京、上海、深圳、浙江等地，但总的来说相较于现实需求还远远不够。

---

① 方小苏. 中美图书馆制度资源比较[DB/OL]. [2013-11-8]. http://www.chinalibs.net//ArtInfo.aspx? titleid=229684.

② 蒋永福. 现代公共图书馆制度研究[M]. 北京：知识产权出版社，2010：146.

其次,需要建立起一套完备的图书馆制度体系,包括评估制度、文献管理制度、从业人员职业资格认证制度、馆际合作制度等。国内学者不断强调,“对图书馆事业的发展来说,立法保障绝不仅仅是制定一部两部专门性法律法规。图书馆法治建设的目标,是形成图书馆事业发展的法律保障体系,营造图书馆事业发展的法治环境”①。在国家图书馆重大科研项目《社会公共服务体系中图书馆的发展趋势、定位与服务研究》报告中,课题组成员分别从政策支持、体制创新、制度保障三大视角提出多项可行性建议:完善行业法规;制定发展规划;制定行业规范;管理体制改革;发展农村图书馆;少儿图书馆改制;从名称上突出公共图书馆的公共性质;深化人事制度改革;拓展、稳固事业经费;建立职业准入和任职资格制度;健全呈缴本制度;发挥政府信息公开职能。这些建议基本上都属于图书馆制度文化建设的内容,同时报告还呼吁政府部门“及时调整、完善相关政策法令,将政府职能与社会进步密切联系起来,政出有道、法行有据,最终达到事业建设应然与实然的真正统一”②。新中国成立至今,我国政府部门已制定过 300 多项与图书馆、档案、文献与情报工作相关的国家标准(部分现已废止),内容涉及书目著录、文献分类、主题标引、书目情报交换、磁带格式等方面。专门针对公共图书馆的全国性标准则有《公共图书馆建设标准》《公共图书馆建设用地指标》《各级公共图书馆评估标准细则》《公共图书馆服务规范》等,对公共图书馆事业的规范化发展起到了一定的推动作用。另外,根据 2013 年初文化部印发的《全国公共图书馆事业发展“十二五”规划》,我国将把加强公共图书馆的制度化、标准化和规范化建设列入“十二五”时期重点任务,积极推进《公共图书馆法》《古籍保护条例》等图书馆相关立法进程的同时,也要进一步建立健全

---

① 李国新. 立法保障是最根本的保障[DB/OL]. [2013 - 11 - 7]. http://www.chinalibs.net/ArtInfo.aspx? titleid = 168039.

② 柯平等. 社会公共服务体系中图书馆的发展趋势、定位与服务研究[M]. 北京:国家图书馆出版社,2011:345.

公共图书馆标准规范体系,我国图书馆制度文化建设已迎来一个重要发展时期。

当然,新形势下公共图书馆制度文化建设的探索,并不仅仅是国家、政府以及上级管理机关的责任,公共图书馆本身自主自觉的实践探索也很重要。事实上,在很多地区,都是先有行业内的创新探索,再有政府对模式的主导和推广行为①。2003 年,杭州图书馆在国内率先推出免证阅览制度,任何人进入杭州图书馆阅览书籍都不需要证件和费用,包括乞丐和拾荒者。而直到 2011 年,文化部和财政部才在《关于推进全国美术馆公共图书馆文化馆(站)免费开放工作的意见》中明确要求全国所有公共图书馆实现无障碍、零门槛进入。与此相关的"杭图微博事件"也让社会公众关注到了"公共图书馆制度"的变化,提升了公共图书馆的公众形象。而被视为是实现普遍均等的图书馆服务体系最有效形式之一的图书馆总分馆制,更是在我国北京、上海、深圳、苏州、佛山、东莞、嘉兴等多地公共图书馆得到成功实践,形成了各具特色的模式,并在不断得到完善。因此,我们有理由相信,现代公共图书馆制度在我国的发展前景将越来越好。

三、行为文化

图书馆行为文化是指图书馆工作人员在工作、学习、娱乐以及为读者提供服务等实践行为中所产生的活动文化,包括在图书馆运营、教育宣传、人际关系活动、文娱体育活动等过程中产生的文化现象。图书馆行为文化是图书馆文化的浅层部分,和其他组成部分关系十分密切,图书馆行为文化是愿景文化的折射,受制度文化规范,物质文化为其必要的物质基础,同时,其他三个层次的图书馆文化最终都将分

① 邱冠华,于良芝,许晓霞. 覆盖全社会的公共图书馆服务体系:模式、技术支撑与方案[M]. 北京:北京图书馆出版社(今国家图书馆出版社),2008:190.

解或转换为行为文化才能得以实现其功能。行为文化不同于精神文化、制度文化和物质文化,后三者以既成的静态形式作为文化成果存在,而前者是以动态的形式存在,可直接塑造其他三种文化。

馆员的一言一行是图书馆形象的直接表现,人们往往首先是通过对图书馆的行为文化来了解判断一个图书馆的好坏,而图书馆行为文化中,服务文化又处于首要位置。图书馆行为文化体系包括图书馆整体行为和图书馆人行为,从人员结构上划分,图书馆人行为包括图书馆领导的行为、图书馆模范人物的行为、图书馆普通员工的行为。而从内容来看,图书馆行为主要包括两大类:一类是关于图书馆生产运营方面的活动,如采编、流通、参考咨询等;另一类是图书馆内部人与人之间的行为活动,如人际关系的协调活动、宣传教育活动、文娱体育活动等。服务文化主要体现在第一类图书馆行为中。图书馆是一个服务型机构,图书馆是服务的提供者,读者是服务的消费者,两者之间的文化交流与互动才能形成独特的图书馆服务文化[①]。服务是面向读者而展开的,因此在图书馆形成了"读者第一""一切为了读者"的服务文化。馆员作为图书馆服务的行为主体,在图书馆行为文化中极为重要,一支高素质的馆员队伍是确保图书馆行为文化良好发展的关键。第二类图书馆行为就关系到如何建设一支优秀的馆员队伍。图书馆行为文化中的领导行为在其中起着不容忽视的根本影响作用,可决定图书馆的整体行为。当前,我国公共图书馆普遍采取馆长负责制,因此,在公共图书馆行为文化建设中,要特别重视馆长的作用。

1. 从单一走向多元的图书馆行为文化

在以文献保藏为主要职能的农业时代图书馆中,图书馆的利用少之又少,与社会需求基本隔绝,还未展现出作为一个服务型机构的意

① 肖希明. 构建和谐的图书馆服务文化[DB/OL]. [2013-11-25]. http://www.chinalibs.net//ArtInfo.aspx? titleid=123978.

义,因此尚谈不上图书馆服务文化。那一时期的图书馆行为相对单一,主要是馆员对文献的收集、整理、保存。

公共图书馆的建立是近代图书馆诞生的主要标志,在工业时代公共图书馆出现后,图书馆行为文化得到了重大发展。从图书馆的发展史可以发现,在文献保藏职能之后,图书馆职能中最先得到人们普遍认可的是社会教育职能。社会的不断发展促使人们越来越多地通过图书馆获取知识,提升自身能力。相应地,图书馆突破了文献保存场所功能的局限,为读者服务逐渐成为图书馆工作的要旨,大大促进了图书馆服务文化的形成。与古代图书馆相比,近代图书馆业务活动范围得到扩展,内部分工日益细化,文献分类编目在图书馆工作中占据统率地位,而直接面对读者的服务工作也快速发展了起来,以提供借阅服务为主,一些图书馆也已开始提供参考咨询服务。此外,图书馆内部的管理行为等也日渐完备,馆员走向专业化、职业化,图书馆已成为一个较为独立的组织体系。

1975 年,国际图联在法国里昂图书馆职能科学研讨会上确立了现代图书馆的 4 项基本职能:保存人类文化遗产、开展社会教育、传递科学情报、开发智力资源。随着信息时代的到来,图书馆职能也在不断发展,服务工作也在发生变化。传统图书馆在为读者提供服务时,往往是以馆员为中心开展工作,读者处于被动接受状态,但随着网络化的普及,读者的自主选择需求不断提高,这就要求图书馆的服务要向以读者为主导发展。“现代图书馆的整个运行机制是面向服务的,其业务活动的每一个环节都与读者服务有关。”[①]现代图书馆的业务重心向直接面对读者的一线工作转移,但这并不代表作为图书馆二线工作的文献采编加工等已停止发展。相反,进入信息时代后,由于互联网信息通信技术的发展和数字文献资源的兴起,图书馆馆藏工作也发生了巨大的变化,自动化、网络化让二线工作所需人力大大减少,馆员

---

① 吴建中. 转型与超越:无所不在的图书馆[M]. 上海:上海大学出版社,2012:7.

从单一重复的机械性劳动中解放出来,进行更高层次、更具深度的工作,如根据读者需求和社会发展制定馆藏发展政策、调整选书计划、改善馆藏分类编目方法,等等。不管是一线工作还是二线工作,都属于图书馆服务工作,事实上,当前图书馆中二者的界限已经越来越模糊①,以人为本,满足读者需求,才是图书馆服务全部工作的根本出发点和归宿。因此,图书馆的服务工作越来越丰富,越来越多元。数字图书馆、共享空间、虚拟参考服务……各种与信息通信技术密切相关的图书馆服务不断出现。图书馆不但要继续收集保存人类的各种文化遗产,还要不断开发挖掘馆藏资源中的价值以供利用;不但要提供传统纸质文献借阅,还要探讨和实践如何更好地进行数字化虚拟化信息资源管理;不但要提供基础的文献信息服务,还要拓展与之相关的社会文化、教育、娱乐等方面的服务;不但要在馆内营造人性化的文化环境以满足用户需求,还要走出围墙开展多样化延伸服务以承担更大的社会责任。

图书馆行为文化的多元化还表现在图书馆为不同读者群体提供的多样化服务,以及图书馆服务的品牌化发展等方面。不同的读者需求也不会完全一致,图书馆 2.0 的核心就是以用户为中心提供个性化服务。图书馆多样化服务的探索与实践应首推美国图书馆界。美国公共图书馆常通过文献阅读、学术讲座、专题讨论、诗歌朗诵、电影、音乐及舞蹈表演、美术展览、举办职业教育讲座以及为新移民开设免费英语补习班等各种方式为社区居民服务。此外,美国公共图书馆尤其重视为未成年人服务。以 2013 年全美博物馆和图书馆服务国家奖章(IMLS National Medal)的获得者美国华盛顿州塔科马港市皮尔斯县图书馆体系(Pierce County Library System)为例,其面向未成年人提供的服务项目包括:幼儿早期识字计划(early learning)、青少年儿童读书俱乐部工具包(book club kits for kids and teens)、在线家庭作业帮助(on-

① 吴建中.转型与超越:无所不在的图书馆[M].上海:上海大学出版社,2012:81.

line homework help)、监考服务(test proctoring)、盛夏读书季(summer reading)、瓢虫图书馆员莉莉(lily the ladybug librarian)等,而且连未成年人的家长、儿童看护者、教师也可获得图书馆提供的相关帮助。其中的幼儿早期识字计划已成为皮尔斯县图书馆体系的品牌项目,广受欢迎。图书馆和众多组织,如一些保健部门、儿童看护机构等,共同来发展这一计划,定期举办相关活动,为家长和儿童看护者提供早教类图书、视频资源,并开展免费培训,帮助孩子们在上学前做好识字准备。此外,皮尔斯县图书馆体系还有专为50岁以上老人提供的"adults 50+"服务,为小语种人群提供的"language communities"服务,为驻地军人及家庭提供的"military connections"服务,以及为听障、视障等残障人士和说非英语的社区居民提供的"outreach"服务,等等①。

而现代管理学的引入对现代图书馆来说,更是促进了其行为文化的一次深层次的改革,主要体现对馆内人与人之间行为活动的影响上,和过去比较,也呈现出从单一向多元发展的趋势。现代管理学的核心是"以人为本",强调创造一个良好的环境,以最大化地发挥每个员工的能力,让员工的自我实现需求与组织的整体发展统一起来。"以人为本"也是现代图书馆的核心理念,但大多数时候人们仅仅将其与"读者"关系起来,而忽略了馆员的存在。馆员作为图书馆服务的行为主体,要更好地为读者提供服务,最终必须落实在馆员的发展上。真正的图书馆人文关怀是在尊重读者权利的同时也要保障图书馆员的权益。但在过去,馆员要么作为"高贵的教导者"被敬仰,要么在"读者就是上帝"的观念中被弱化。一直以来,人们强调馆员的责任更甚于利益。而这一点近年来终于有所改善。《公共图书馆宣言》指出,"图书馆员是图书馆用户和馆藏资源之间的能动的中间人。图书馆员的专业培训和继续教育对保证服务质量非常重要"。《芝加哥公共图

① 刘淑华,刘锦山.沉思与对话:城市图书馆运营创新[M].北京:国家图书馆出版社,2014:316-318.

书馆2010》则将图书馆用户和员工同时列入利益相关者范围内,馆员的利益越来越广泛地得到关注。越来越多的图书馆在注重馆员专业培训、继续教育的同时,在学术交流、业余文化活动等方面也为馆员提供了更多的自我价值实现的机会。同时,为强化图书馆的凝聚力,在馆内树立员工典型模范,提倡良性竞争,并导入企业识别系统(CIS),建立起图书馆自己的理念识别系统(MI)、行为识别系统(BI)、视觉识别系统(VI),制定统一的馆服,规范服务用语和行为方式,广泛开展图书馆宣传营销,提高图书馆在人们心中的形象地位。

领导行为方面,目前我国公共图书馆普遍实行馆长负责制,馆长不仅是总管图书馆的各项业务工作,还负责馆内人事、财务等方面的管理,另外,还要积极参与相关社会活动,对外宣传推广图书馆的价值,以促进图书馆的发展。这方面的内容将在下一节中详细阐述。即使把图书馆视为一个行为主体,其行为模式也表现出更加丰富多样的发展特征。如图书馆的合作,最初不过是馆与馆之间在编目、借阅等某一业务上开展合作,然后合作对象逐渐发展到各国图书馆协会之间、国际图书馆联盟之间的合作,再到图书馆界与其他行业的组织机构以及个人的合作,合作内容也扩大到各个方面,如资源共建共享、人员培训、业务外包等,图书馆在社会生活中正发挥着越来越重要的作用。

2. 馆长的多重身份:管理者、学者、社会活动家

在企业文化中,作为领导的企业家的行为无疑是占据主导地位的,对企业行为和员工行为具有强烈的示范效应,企业家的行为文化决定着整体的企业行为文化,对企业文化的形成和发展也是一个十分关键的因素。因此,同样的,在我国图书馆普遍实行馆长负责制的环境下,馆长的行为文化也对整体图书馆行为文化、图书馆文化产生着重要影响。

所谓馆长负责制,就是馆长是图书馆管理系统的中心,馆长统领全馆各项工作。1987年我国政府在公文中明确规定了馆长的职责,即认真执行党的方针、政策及国家和主管部门的有关法规;领导制定全馆规划、工作计划;执行经费预算;督促、检查、总结工作;对工作人员实行奖惩;根据需要在定额编制范围进行招聘①。馆长负责制赋予图书馆馆长的不仅有权力,更有责任,这是一个集权力与责任于一身的管理体制。在这体制下,馆长的一举一动都会影响到图书馆的工作,因此,要做一名合格的图书馆馆长,尤其是在当前快速发展的信息时代,并不是一件简单的事。

作为一名决策者和指导者,馆长虽然不需要事必躬亲,但要对图书馆的工作有一个全面的宏观的把控。从行政角度看,作为图书馆最高层领导,馆长需要担当好管理者的职责;而图书馆作为一个文化服务机构,馆长还必须具备较好的文化素养,图书馆学知识是其中的重要一部分;另外,随着图书馆的发展,不管是为了获得资金支持,还是为了宣传图书馆价值,馆长都需要积极参与相关社会活动,因此馆长还需具有一重社会活动家的身份。美国图书馆协会把人际关系能力列为图书馆馆长的重要能力之一,国际图联与联合国教科文组织发布的《公共图书馆服务发展指南》中也重点强调了图书馆馆长的社会活动,指出:"非常重要的是图书馆的主管人员必须和其主管机构保持密切的、主动积极的联系,以便为管理好图书馆的服务工作提供资金。""图书馆的主管人员必须注意图书馆事业内外的发展情况,这些发展会对服务工作的发展产生影响。他们还应当挤出时间阅读、研究。""图书馆最有效的宣传策略之一,就是让见多识广、知识渊博的馆员和社区委员会的委员或董事会的成员一起参加社区活动。"②

因此,一个优秀的图书馆馆长,尤其是公共图书馆的馆长,他应该

① 张树华,张久珍. 20 世纪以来中国的图书馆事业[M]. 北京:北京大学出版社,2008:352.

② 费利普·吉尔代表公共图书馆专业组主持工作组编写. 国际图联/联合国教科文组织公共图书馆服务发展指南[DB/OL]. [2013-11-28]. http://www.chinalibs.net/ArticleInfo.aspx? id=5548.

是一个复合型人才,既有着较强的领导管理能力,又具备图书馆学的相关专业知识,同时还应擅长开展社会活动,进行图书馆营销与宣传。也就是说,未来公共图书馆馆长应具有多重身份:管理者、学者以及社会活动家。

(1)作为管理者的馆长

馆长应讲究领导艺术,这是实现图书馆管理现代化的需要。在当前网络化、信息化的大环境中,图书馆领导者面临着新的更大的挑战。柯平在谈及"我们需要什么样的图书馆馆长"时提出:责任与精神、管理与决策、领导艺术、战略思维、全球视野,这几点对于任何图书馆馆长来说都是值得重视的①。这是一个变化才是永恒不变的时代,作为21世纪图书馆的负责人,馆长要能预见未来的发展,其担当的是一个团队领导者的角色,要和团队成员一起敢于创新,敢于尝试,而不能继续按照过去传统的统治管理方式开展工作。曾任深圳南山图书馆馆长的程亚男也指出,"图书馆馆长关系到图书馆事业的成败。21世纪将对馆长提出更为严峻的挑战,为此,馆长必须不断完善人格,加强修养,不断创新。馆长的主要职责一是规划,二是管理。具体是抓好四件大事,即制定目标、树立品牌、完善服务和培养人才。"②馆长的领导力直接关系着一个图书馆的发展前景。"领导力是决定领导者领导行为的内在力量,是实现群体或组织目标、确保领导过程顺畅运行的动力。"③馆长的前瞻力、感召力、影响力、决断力和控制力是其领导力的主要表现。这和馆长个人的品德修养、工作作风及学识水平有着直接的关系,馆长应在不断的学习和实践中提升自己的领导力。美国图书馆协会就经常举办图书馆员领导力培训,为图书馆馆长或即将担任图

① 柯平.我们需要什么样的图书馆馆长[J].国家图书馆学刊,2011(1):6-11.

② 程亚男.完善自我 追求一流——关于馆长的修养与职责[J].图书馆论坛,2000(3):9-27.

③ 中国科学院"科技领导力研究"课题组.领导力五力模型研究[J].领导科学,2006(9):20-23.

书馆馆长的馆员开设相关课程，主要包括危机领导、人际关系能力、权力和影响力、团队管理艺术，以及如何创建一个包容的、创新的转型期文化。

(2)作为学者的馆长

当前，馆长所需的知识结构和过去相比发生了重要变化，在历史上，图书馆馆长多由学识渊博之士担任，而现在，馆长更需要有合理的知识结构。馆长的知识结构应由基础知识、专业知识、管理知识三部分组成，三者之间的层次比例也要适当。如美国的图书馆员多具有多学科专业背景，而且从 1974 年起美国就规定馆长需获得图书馆学的硕士或博士学位，并具有至少一门其他学科背景，还要在图书馆工作多年，有相关组织管理能力。我国对图书馆馆长的知识素养没有类似严格规定，但近年来，我国的图书馆馆长群体也在呈现出年轻化、高学历化的变化。中国图书馆学会 2003 年对近千位公共图书馆馆长的调查发现，具有图书馆情报信息类专业背景的占到了 34.42%①。当然，在信息时代，馆长的知识结构也要不断更新，因为信息通信技术在图书馆的广泛应用，计算机素养、新媒体素养已成为图书馆员的基础知识，馆长则更加需要了解相关的知识，否则无法顺利地指导工作，做出决策。

(3)作为社会活动家的馆长

馆长的社会活动家身份主要是针对图书馆的宣传营销来说的。在信息时代，图书馆过去所具有的知识信息资源垄断优势已日益被削弱，为实现图书馆在新时期的可持续发展，图书馆界开始引入市场营销理念来宣传推广图书馆的服务与价值。国际图联在 1997 年设立了管理与营销组(Management and Marketing Section)，次年该组就吸收到超过 70 个会员加入。2001 年，国际图联又设立了国际图联国际营销奖(IFLA International Marketing Award)，鼓励支持全球图书馆开展营销活动，并分享图书馆营销的经验。而作为馆长，在这一方面其所负

① 柯平. 我们需要什么样的图书馆馆长[J]. 国家图书馆学刊，2011(1):6-11.

责任尤为重要。馆长不仅是图书馆的管理者、经营者,还应是图书馆的推销员①。在宣传营销工作上,对内馆长要指导全馆人员确立营销理念,制定宣传政策,做好整体营销活动规划,对外馆长要与上级主管部门及有关机构加强联系,进行合作与协调,并代表图书馆参与相关社会活动,处理各种对外事务,综合运用各种媒体手段向社会各界和图书馆的利益相关者宣传图书馆的服务和价值。

3. 打造新时期公共图书馆形象

图书馆是人的图书馆,图书馆以人为本。这不仅表现在读者服务是图书馆一切工作的出发点和归宿,也表现在图书馆行为文化的独特重要性上。图书馆文化要落地生根,行为文化建设是最关键的一个环节。不管是愿景文化、制度文化,还是物质文化,都最终是通过行为文化来表现的,没有人的行为文化,理念和制度都是空谈,物质的存在也将失去意义。行为文化还可创造其他层面的文化,如果图书馆人的实际行为和图书馆想要倡导的理念、制度等不一致,结果同样将导致整个图书馆文化的异变。

现代公共图书馆从知识信息的角度维护着社会公正,已成为全世界各国各地区基础设施中不可分割的重要部分。和其他类型图书馆相比,公共图书馆的"读者"已发展为广大利益相关者,包括全体社会公众,主要来说有政府相关部门和上级主管部门、业务合作伙伴、服务对象和本馆馆员。因此,相对而言,公共图书馆的行为文化对社会、公众有着更为巨大的影响力,是树立公共图书馆形象的关键。

首先,应建立起图书馆自己的行为文化体系。这方面可参考企业识别系统(CIS)建立图书馆识别系统(LIS)。"图书馆识别系统,是把图书馆的服务理念与精神文化运用于行为活动、服务工作、感官视觉等方面,以获得读者(用户)的认同和赞誉,从而树立起良好的图书馆

① 张军营.卓越绩效模式下的图书馆馆长领导力研究[J].图书馆建设,2011(2):79-83.

形象。”[①]在图书馆识别系统中，理念识别系统是最核心的部分，视觉识别系统是最外在、最直观的一层，而行为识别系统则处于深层，覆盖了整个图书馆的工作流程，重在统一人的行为规范，展现图书馆的形象优势[②]。图书馆识别系统是基于文化层面上的一整套图书馆识别系统。建立图书馆行为识别系统，首先要根据所提倡的愿景文化确立各项活动的行为准则，并在图书馆中大力推行，让不同岗位的员工都能明确该做什么，不该做什么，然后依照行为准则来规范自己的行为，从而建立起图书馆自己的行为文化体系。当然，员工对于行为文化会有一个从认知到认同再到自觉实践，从不自觉到自觉、不习惯到习惯的过程。在此过程中，严格的监督要有，模范的引导也不可少。因此，图书馆领导者要率先垂范做好带头工作，同时树立优秀模范典型，以榜样的力量带动全体员工共同行为的发展。

其次，要做好图书馆营销。前面一步主要是针对图书馆内部个人的行为规范，而图书馆营销则更关注对外，向社会公众宣传图书馆的服务与价值，提升社会公众对图书馆的形象认知。重视图书馆的整体行为，是图书馆从被动走向主动的重大转变。公共图书馆最初在工业时代是应社会公众的需求而出现，并为民众素质的提升、社会的进步发展做出了巨大贡献。进入信息时代，社会发展的速度不断加快，公共图书馆也需要与时俱进。目前，全球公共图书馆事业呈现出良莠不齐的状态，主动改变才是最有效的良药。向企业学习管理和经营之道，正是图书馆面对自身生存发展环境不断变化而采取的积极对策之一。

图书馆营销是一种公共关系方式，可视为图书馆和外界的一种信息沟通手段。虽然图书馆属于非营利性组织，但营销也是图书馆工作中不可缺少的一个重要内容。图书馆营销并非创收，提升图书馆公共

---

① 许文. 图书馆文化发展的新趋势：图书馆识别系统[DB/OL]. [2013-12-04]. http://www.chinalibs.net/ArticleInfo.aspx? id=188878.

② 张敏勤. 图书馆文化研究[M]. 广州：世界图书出版广东有限公司，2012：215.

产品的社会效益,确保政府和社会对于图书馆的投入持续增长才是图书馆营销工作的首要目标,应谨记这一点。为此,在图书馆营销工作中,要抓住两个要点:了解读者需求,降低读者成本。那么,首先要解决“读者是谁”这个问题,也就是确定图书馆的营销对象。公共图书馆的广大利益相关者就是其营销宣传工作的主要对象。此外,营销方式也很重要,恰当的图书馆营销策略能带来效果的最大化。为取得最佳营销效果,针对不同的利益相关者,图书馆要建立不同的沟通渠道,采用不同的营销手段。如对于作为潜在读者的广大社会民众,可开展社会调查、组织社会活动,如进行品牌策略营销、媒体宣传,参与承办各类社会活动,或者开展全民读书活动等,以扩大公众对图书馆的社会认知度,提高图书馆利用率。

美国《图书馆期刊》提出了当前图书馆营销的7个有效方式:利用Twitter微博进行宣传互动、提供内容增值服务、做好在线品牌管理、视频营销、手机营销、真人故事分享、手机短信服务①。内容增值服务如西雅图公共图书馆在其图书目录中增加了“同类出版物”专题,让在线目录的作用得到最大化发挥;在线品牌管理如通过“Google 快讯”订阅和自己的图书馆相关的新闻、博客、视频、讨论帖等网络信息,可以及时了解公众对图书馆的意见建议并做出相应处理;视频营销如台湾大学图书馆针对新生的图书馆教育制作的《早安,图书馆》短剧在Youtube网站上点击率迅速冲破7万多次,反响热烈,被推崇为图书馆成功营销的一个重要范例②。另外,图书馆自己的馆刊、网站以及博客、微博、论坛等各种自媒体也是很好的营销渠道,图书馆除了可以在自己的网站上发布丰富实用的各种服务信息,还能利用这一渠道寻求更

① 屠苏编译. 图书馆营销七步为赢[DB/OL]. [2013-12-04]. http://www.chinalibs.net/ArticleInfo.aspx? id=209573.

② 陈若韵. 图书馆营销2.0——善加利用Web2.0技术构建图书馆营销新通路[DB/OL]. [2013-12-04]. http://www.chinalibs.net/ArticleInfo.aspx? id=171949.

多的资金和其他支持,如纽约公共图书馆利用年底这一特殊时间段在其网站首页醒目位置提供了非常方便的“你的年终礼物”(Make Your Year-End Gift)捐赠通道,呼吁广大公众为纽约公共图书馆来年的虚拟服务项目提供资助。图书馆营销的重点在于加强和读者的互动,让彼此增进了解。对此,图书馆志愿服务可以说是一个非常好的方式。图书馆招募义工和志愿者帮助开展各种活动,一方面可以降低图书馆的开支成本,另一方面这也是与社会各界组织和个人建立联系的有效方式,可谓一举两得。图书馆志愿服务在美国、英国、日本等国家已十分普遍,我国很多图书馆也已开展了图书馆志愿服务,但相比之下还很不成熟,不管是规模、人数还是服务内容和质量来说,都还有更多的工作要做。

四、物质文化

图书馆物质文化是图书馆文化的表层文化,看得见摸得着,是图书馆文化中最外在、最直观的一部分。作为一种以物质形态为载体的客观存在,图书馆物质文化是由图书馆人创造出来的产品成果以及各种物质设施等构成的文化现象,是“独立于图书馆员、读者等相关人意识之外的,而且是发生在图书馆及其相关领域内的物质文化现象,是图书馆职业长期发展积累的物质财富和成果,也是图书馆员等相关人将与图书馆相关的‘非遗传信息’传递给同代人或下一代人的物质手段。”①主要包括图书馆建筑、馆藏和技术设备所包含的文化现象。其中图书馆建筑不仅指图书馆馆舍本身,还有其周边环境,如地理环境、绿化环境、城市环境,以及图书馆的内部布局装饰等。

① 柯平,闫慧. 关于图书馆文化的理论研究[J]. 图书馆论坛,2005(6):77-93.

1. 从吨位向品位发展的图书馆物质文化

所谓吨位,即重视数量增长、规模扩大、空间拓展,讲究以“量”取胜,而品位则不同,讲究的是以“质”取胜,更重视内涵发展,强调结构优化、质量提高、实力增强。图书馆物质文化即经历了从吨位向品位发展的过程。

历史最初的文献载体中西各异,中国主要有甲骨、青铜器、石头、竹木片、缣帛等,西方则主要为纸莎草纸、泥版和羊皮纸。随后,造纸术和印刷术的发明与传播促使人类文化事业进一步繁荣发展,纸本书逐渐成为图书馆馆藏的主角。但在生产力总体较为低下的农业时代,图书文献始终属于珍惜资源,因此,不管是中国的藏书楼还是西方的图书馆,馆藏量成为衡定其地位的绝对标准,如古代埃及亚历山大图书馆就是以其丰富的馆藏而驰名于世。

农业时代的图书馆注重文献保藏功能。为了防止珍贵的文献资源遗失受损,图书馆多实行严格的封闭式管理,而图书馆建筑也更注重藏书库这一功能,结构相对简单,偏于封闭与保守,这方面中西相仿。当然,随着建筑工艺技术的发展以及馆藏量的增加,图书馆的外观也日益精美,规模日益宏伟。如官府藏书系统在西汉最初建立时,主要有石渠阁、天禄阁、麒麟阁和兰台几个藏书处,而到了清朝,官府藏书场所除宫廷四阁、江南三阁外,还有翰林院、国子监等多个藏书处。但整体建筑风格则因国家民族地域不同而各具特色,中国的藏书楼与古代西方的图书馆建筑风格就明显不同。和中国古代的其他建筑一样,藏书楼也有着浓厚的传统文化韵味,天人合一的思想让建筑与环境融为一体,独具魅力,其中的一些馆舍至今仍是人们流连忘返的旅游观光胜地。

世界市场在工业时代最终形成,不同国家和地区的图书馆物质文化在这一时期也逐渐朝着世界大同的方向发展,不管是图书馆馆藏、馆舍还是相关技术都逐渐有了全球适用的统一的标准或模式。馆藏方面,造纸术的全球化普及和机械印刷技术的发展让图书越来越大众化，成为人人可得的物品，而不再是少数人的特权象征。为了实现社会教育的重要职能，图书馆馆藏的内容和数量都有了巨大发展。载体也更加丰富，除占据主体地位的纸质文献外，还出现了缩微胶卷、录音录像带、光盘等其他类型的文献。

图书馆职能的变化不但促使了图书馆馆藏文化发生改变，也让近代图书馆建筑文化呈现出和古代图书馆明显的区别，图书馆的规模逐步增大，阅览空间占整座图书馆建筑空间的比例也随之上升，先前体现权威和豪华的肥梁、密柱逐步被拱券结构和高大的空间所替代①。工业时代早期的馆舍通常以书库为中心，将馆员的办公场所与读者活动区分开，对应着图书馆藏、借、阅的功能，图书馆也分成了书库、馆员办公处和阅览室三大区域。在闭架借阅时期，这几大分区界限明确，通常是书库在后，阅览室在前，借书处居中。工业时代后期，随着开架借阅制的兴起普及，图书馆建筑文化又有了新的变化，出现"统一柱网、统一荷载、统一层高"的模数式图书馆建筑。这种建筑设计发源于美国，并从20世纪50年代起，在欧洲、亚洲和世界其他地区得到广泛采用。它打破了书库和其他部门之间的明显界限，呈现为一个大开间格局，布局安排更为灵活，可利用家具、书架组成不同的功能空间，实现了"藏、借、阅、管"四大功能的统一，可适应图书馆多种功能的需求和发展。

与实体资源相对应的网络虚拟资源出现后，图书馆馆藏资源更加多样化。在工业时代及农业时代，图书馆馆藏的载体和内容同为一体，每一本图书、每一盘录像带、每一张缩微胶卷，其所载的信息和知识都是固定不变的，只能一对一地传播，而且每使用一次都会给文献载体带来一定的损耗。因此，借阅率高的某种文献图书馆需要收藏多册，作为保存本的那册通常不外借，以更好地长期保存。而信息时代数字资源的传播不受这一限制，馆藏载体与其内容可以分离，如借出

① 李东来，刘锦山．城市图书馆新馆建设[M]．北京：北京图书馆出版社（今国家图书馆出版社），2006：9．

一部电子书阅读器,其所载电子书内容却可以不断更新。

虚拟资源在图书馆馆藏中占比日益扩大,这种变化自然对图书馆馆藏发展建设提出了新的课题,同时也对图书馆建筑产生影响。最直观的一点,实体馆藏资源越多,图书馆所需存储空间就越大,知识信息爆炸的结果一度导致图书馆不堪重负。如英国国家图书馆,拥有超过1.5亿件馆藏,而新馆藏还在以不断提升的速度增加中,每年书架空间的增长速度已达到12.5公里长。大英图书馆位于伦敦圣潘克拉斯的主馆于1998年落成使用,占地5.1公顷,总面积20万平方米,建筑物分为地上9层,地下4层,其中75%的书库都是密集书库,就是为了在有限的空间里提供最大的藏书量,但很快其馆藏空间和设备又再次面临严峻挑战,为此于2009年又在西约克郡投入2600万英镑建成了当时世界上最先进的图书馆存储库,用以存放利用率较低的资料文献。

相比之下,虚拟资源所占空间很小,可大量节省图书馆的物理存储空间,但对设备的依赖性很强,对使用环境的要求更高。因而,在馆藏资源多样化的信息时代,图书馆的建筑设计不仅要考虑到日益增长的馆藏资源存储问题,还要关注不断更新的现代高新科技的应用。我国图书馆建筑的发展从20世纪80年代开始逐渐与国际同步,无论是数量、规模、造型、布局,还是功能配置,都比过去有了很大的飞跃,被认为是中国图书馆建筑史上最辉煌的时期①。一直到21世纪初,这20多年中,中国新建的图书馆建筑数量在成倍增加,规模也越来越大,并涌现出一批特大型的世界级图书馆,新馆建筑面积和设施不断刷新我国图书馆建设规模的记录。我国图书馆界曾一度陷入片面追求馆舍规模的浮夸攀比之风中,认为图书馆建筑规模越大,采用的技术设备越先进就越能显示出图书馆的实力和水平。但随着人本主义思想的进一步倡导和发扬,以及信息技术等的影响,现在人们更加关注强调图书馆建筑的环保、节能、健康和舒适。

① 张树华,张久珍.20世纪以来中国的图书馆事业[M].北京:北京大学出版社,2008:355.

现在,越来越多的图书馆认识到了品质发展的重要性,不再片面强调"小而全,大而全",而是日益注重图书馆资源的共建共享,以及特色文献资源的建设,其馆藏已不仅仅是作为可借阅的文献资源存在,图书馆对馆藏资源的二次甚至三次开发与利用已经越来越重要,图书馆建筑也不仅仅是作为物理场所而存在,很多图书馆都是当地重要的标志性建筑,将地域特色、时代精神、民族风格及各馆对图书馆文化特征的理解融为一体,展现着独特的文化风貌。图书馆作为城市第三空间理念的盛行也进一步挖掘了图书馆空间的更多价值,图书馆不仅仅是一个文献借阅场所,更是社会的文献信息中心和文化活动中心,它正在向多功能和多元化的大趋势发展。而生态图书馆、智慧图书馆等新概念图书馆的兴起让我们看到了图书馆文化发展的更多迷人前景。

2. 信息时代图书馆的数字化生存

1982 年,美国情报学家兰开斯特曾预言,在未来的 20 年后,随着无纸化社会的来临,图书馆将走向消亡。事实证明,这一预言显然是错误的。不过,图书馆虽然在信息时代没有消亡,其生存形态却也与传统模式大相径庭。图书馆物质文化是图书馆文化中最为客观且直接可见的一部分,我们可以从这方面来观察图书馆在信息时代的诸多改变。

信息时代是一个数字化的世界。图书馆作为一个信息知识资源中心,其数字化趋向也十分明显。图书馆是率先应用计算机互联网技术的部门之一,从 20 世纪 50 年代开始,以美国为首,各国图书馆积极引进各种现代信息技术,广泛应用于文献信息资源的搜集、存储、加工以及传播等各个环节。从机读编目到联机检索再到数字图书馆,从图书馆 2.0 到图书馆云时代,图书馆的数字化、网络化程度越来越高。而且,这些信息技术也越来越紧密地和图书馆建筑设计结合到一起。

美国《图书馆杂志》(Library Journal)2011 年的标志性图书馆评选活动提出,现代图书馆的示范性建筑不是规模宏大的,而是能适应低碳社会发展的。吴建中介绍了这个活动中选出的10个图书馆所具备的九大共同特征:绿色建筑;开放和延伸性;一站式服务;自助服务;合作模式;互动式服务;通透性;极简主义;社会功能①。这些特征也概括了未来图书馆建筑的发展趋势。我们认为,当代城市图书馆建设应遵守以下原则:人本原则、生态原则、辩证原则、集群原则、前瞻原则②。图书馆为用而建,适用的才是最好的,要确保图书馆舒适、方便、环保,并能可持续发展。过去,图书馆馆舍建设也许只是指建一座房子,而不用考虑太多其他方面。但现在,人们逐渐认识到,图书馆本身就应该是"活"的,图书馆建筑不仅仅是一个物理形态的场所,也是社会大众的知识共享空间,可作为人们开展信息交流的平台。因此,图书馆的规模大小不再重要,其功能和空间才是更关键的元素。这给图书馆建筑设计带来明显的影响,如传统阅览室的书架加阅览桌布局模式,将变为多元化、全媒体的共享空间;会议厅、展览厅、多功能厅之类可用于举办讲座、培训、展览、演出等公共文化活动的区域成为图书馆不可或缺的一部分,其大小和数量需根据服务人口而定。

数字化元素已成为图书馆建筑的有机组成部分,在做图书馆建筑设计时,必须要将这点纳入其中。现代图书馆新馆建设提倡先确定图书馆定位,然后再据此去解决图书馆规模、布局等问题。一个图书馆的布局、设备、装饰装修以及业务规划都要在进行建筑设计时就做到胸有成竹,尤其是和数字化相关的方面,因其发展速度前所未有,所以在选择规划时不能盲目以最新最先进为标准,而应选最适用的,同时也要为未来的更新发展留出余地。美国华盛顿州塔科马港市的皮尔斯县图书馆体系在2010年制订了"2030年总体发展计划",围绕该体系内18所图书馆的馆舍扩建展开,根据服务人口的不同,对每一所新

① 吴建中.转型与超越:无所不在的图书馆[M].上海:上海大学出版社,2012:61.

② 李东来,刘锦山.城市图书馆新馆建设[M].北京:北京图书馆出版社(今国家图书馆出版社),2006:15-20.

图书馆的选址、占地面积、座位数、计算机工作站数量、会议室以及小组活动区大小都有详细的规划，提出每座图书馆至少设有30台工作站，每台均要安装文字处理等常用应用软件，并专设笔记本电脑用户区域，在技术设备这一块，则特别强调了图书馆在移动互联网设备和自助服务设备方面的规划。

在信息时代，图书馆馆藏数字化的趋势最为明显，具体表现为数字资源在图书馆馆藏中所占比例越来越大，用户对于数字资源的需求越来越大。这些类型极其丰富的数字资源不仅包括各种原生数字资源，如电子书、电子报纸、电子期刊、数据库、光盘、电子文件、电子文档、参考工具、地图、音乐、照片，也包括从其他形式经数字化转换而来的数字资源，其中图书馆自制数字资源十分重要。图书馆馆藏的数字化不仅有利于馆藏的保存与保护，还有利于提高图书馆馆藏的利用率。但其中需要注意的是，如何合理地处理好版权保护这一问题。

数字图书馆是信息时代图书馆数字化生存状态的最重要表现。数字图书馆是虚拟的、没有围墙的图书馆，具有与传统图书馆迥然不同的功能和特征，在文献存储、检索、信息传递、资源共享等方面具有独特优势。从20世纪90年代初期问世至今，其发展速度前所未有，越来越多机构和组织加入到数字图书馆建设中来，成果斐然。而目前，移动互联网正在强势崛起，移动图书馆服务也随之得到越来越多的关注和实践，如电子书借阅器出借服务、手机短信服务、图书馆导航和馆内定位服务，以及移动终端网页浏览和应用软件服务等。广东中山图书馆就为用户提供了 iPhone 及 iPad 的图书馆 App 程序①，安装了此程序的用户除了可以查看浏览图书馆的最新活动信息外，还可以对中山图书馆的馆藏进行检索、收藏，建立自己的个人图书馆，查阅个人

---

① 广东省立中山图书馆. 广东省立中山图书馆 iphone（或 ipad）App 程序安装及使用帮助[EB/OL]. [2013-12-16]. http://www.zslib.com.cn/duzhezhinan/index.html?url=ioschengxuzhinan.html.

借阅情况，进行续借等。这可以认为是数字图书馆的一种新形式。

WAP网站、云计算、物联网，等等，这些新科技的出现与应用在不断推动着图书馆的进一步数字化。不过，虽然让人们越来越感觉不到其物质存在的图书馆数字化生存状态日益广泛，但图书馆将依然永存，毕竟物质仅仅是外在载体，图书馆的本质是服务于人，这才是永恒的。信息时代的图书馆存在已超越传统观念，不拘一格，正逐渐摆脱对物质载体的依赖，突破了围墙的限制，使任何人任何时候任何地点都能通过网络获取任何信息，无所不在的图书馆正为人们提供着越来越便捷、越来越广泛的信息知识服务。

3. 创新公共图书馆文化载体

创新，是这个时代的高频词。发展需要创新，尤其在这个日新月异的时代，创新才是最好的生存之道。图书馆文化载体是图书馆文化的表象，从图书馆文化的结构来看，制度文化、行为文化和物质文化的内容都可成为载体。而在实际工作中的创新通常将这几种文化融为一体，在前面的章节，我们已经依次阐述过图书馆制度文化、图书馆行为文化方面的内容，因此，这里我们将从图书馆物质文化载体角度出发，结合其他内容来阐述公共图书馆文化的创新。

在图书馆物质文化的发展方面，馆藏、馆舍建筑、技术设备是图书馆关注的重点，近年来发展迅速，但社会效益却未得到同等提升。究其原因有很多，闭门造车，忽视图书馆公关，盲目跟风，造成有效投入不足，这是其中重要的一点。由于“公共文化服务的提供者只能根据自己的理解去完善服务，对服务本身的认识不足，与公众沟通交互不够，从而阻碍了公共文化服务的深层次发展”①。在公共文化服务体系中，公共图书馆担负着为社会公众提供普遍均等的知识信息服务的重要职责。公共图书馆要走向更深层次的发展，就需要打破固化僵

① 柯平等.社会公共服务体系中图书馆的发展趋势、定位与服务研究[M].北京：国家图书馆出版社，2011：18.

局，从多种物质文化载体着手，创新宣传沟通渠道和方式，和用户建立起真正有效的交互关系。

其实，我们细心观察就可以发现，除了最受关注的馆藏、馆舍建筑、技术设备外，图书馆的宣传栏、馆刊、网站、微博、工作人员的制服等，也都属于图书馆物质文化载体，种类非常繁多。根据有关调查发现，我国图书馆采用的宣传渠道和方式主要有：图书馆网站，宣传栏和宣传牌，电子邮件，宣传手册，电话，广播、电视、报纸，举办推介活动，手机短信群发等。其中，公共图书馆更善于利用一些与公众联系较密切的传播媒介，其利用频数较高的宣传方式有宣传栏和宣传牌、图书馆网站、宣传手册、举办推介活动以及广播、电视、报纸①。而在前文列举的美国《图书馆期刊》所提出的当前图书馆营销 7 个有效方式中，几乎都与信息通信技术的利用有关。因此，对于图书馆文化载体的创新，也可以从这方面着手，充分利用现代高新科技的优势，以读者为导向，结合图书馆各自特色，做到在形式与内容上都让人喜闻乐见。

(1)图书馆网站

图书馆网站现在已成为图书馆实力的一个重要表现，从 1994 年起，图书馆网站建设已成为每四年一次的全国公共图书馆评估定级工作中的重要组成部分。和传统媒体相比，网站属于典型的多媒体渠道，可以综合利用文字、图片、音频、视频等各种媒介进行信息的交流传播，而且随着 Web2.0、Web3.0 等的发展进步，网站与用户之间的互动性越来越强，服务更加多样化。在此基础上衍生的博客、微博、论坛、微信等自媒体更是受到时下众人的追捧。

目前，我国很多公共图书馆都建立了自己的网站，省级公共图书馆中上海图书馆网站建设堪为范例。但整体水平和国外如美国图书馆网站相比偏低，国内公共图书馆的网站结构较为单一，功能性不够强。美国的社区图书馆多会针对不同年龄层的读者设置不同的版块，

① 柯平等. 社会公共服务体系中图书馆的发展趋势、定位与服务研究[M]. 北京：国家图书馆出版社，2011：118－119.

如儿童、青少年、成年人等，尤其突出未成年人服务的功能，便于用户的使用。而国内公共图书馆网站的栏目规划几乎千篇一律，大致为：本馆概况、读者服务、资源检索、数字资源、参考咨询、讲座展览、新书推介等①，还处于图书馆本位的做法。甚至有的公共图书馆网站只是堆砌一些简介、使用指南之类的基本内容，没有充分发挥网站媒体的功能。总的来说，我国公共图书馆网站在和用户的互动交流方面仍有欠缺，数字资源建设上同质性较高，外文数字化资源十分匮乏，网站布局不够合理，在页面设计及后续维护方面也存在较多问题，如页面不够美观、缺乏特色、网页打开较慢或无法打开、内容不能及时更新、链接无效等。

因此，在网站建设方面，我国公共图书馆还有很多工作要做。首先，需要明确的是以读者为导向的建设理念，应在网站突出读者常用的功能和需要的信息；其次，应注重自身特色信息资源和外文资源的建设，促进资源结构合理化，并及时更新内容；最重要的一点是，充分发挥网络多媒体的优势，加强与用户的交互性，为用户提供个性化服务。另外，除了网站建设，网站宣传推广也应得到重视，例如可以通过各种搜索引擎建立免费链接，和其他知名网站建立友情链接，在图书馆的其他宣传媒介上介绍推广图书馆网站，尽可能地吸引用户访问。

(2)微博

微博作为时下最受欢迎的社交网络平台之一，具有非常大的影响力，互动性强是其重要特点和优势。在新浪微博网站搜索昵称中含“图书馆”的用户可找到6500多条结果，其中490个为已认证用户，在这些已认证用户中公共图书馆官微约为150多个，但粉丝数量过万的不到10个，依次为深圳图书馆(41848)、北京市东城区图书馆(27986)、杭州图书馆(23512)、重庆图书馆(22521)、新疆图书馆(21143)、首都图书馆(15833)、国家图书馆(157136)、陕西省图书馆

① 徐大勇，于春莉.我国省级公共图书馆网站建设调查分析[J].现代情报，2013(5):32-37.

(15549)、上海闵行区图书馆(11416)[①]。

在这些微博中,杭州图书馆无疑是知名度最高的图书馆官微之一,微博发布量也是遥遥领先,表现出较高的活跃度,其经验值得其他公共图书馆借鉴。杭州图书馆发布的微博内容多为原创,图文并茂,覆盖面较广,内容紧扣主题,从不同角度体现了杭州图书馆的办馆理念和目标,尤其是在2011年的“微博事件”中反应灵敏,强化了杭州图书馆的品牌形象。

国内部分公共图书馆微博也有需要改进的地方,最主要的问题就是互动性不够,这也是图书馆微博的普遍问题。在这一点上,公共图书馆需要进一步丰富微博互动形式,增加互动类微博的比例,如发起“我和图书馆的微故事”之类的真人故事分享微话题,提升网友的参与兴趣,促进互动。同时还可以向外借力,在当前微博平台中,粉丝量数以十万百万计的用户不少,公共图书馆可以主动寻求与其合作,如本地的报纸、电视、广播等媒体,以及本地文化名人、文化领域机构等,开展“转发有礼”等微活动,通过关注图书馆微博,@若干好友并转发、评论,即可获得作家签名图书或热销图书之类的奖品,从而有效扩大宣传效果。

(3)微信

微信的迅速崛起是移动互联网时代的一个重要现象。第一个微信版本发布于2011年年初,而在这短短几年时间内,微信已成为最热门的社交软件之一。据媒体报道,微信用户2014年将突破10亿[②]。微信是完全基于移动端和智能机的一个社交软件,和其他社交软件如微博相比,微信更偏于私密化、圈子化,属于点对点的传播方式(微博属于点对面的传播方式),支持文字、图片、语音、视频等多种交流方式,其用户的有效性、活跃度也相对更强。微信运营因此也成为移动

---

① 数据来自新浪微博网站,检索时间为2013-12-19。

② 友贷资本. 微信2014年将突破10亿用户,令谁紧张?[EB/OL]. [2013-12-19]. https://www.yodbank.com/news/view/id-444.shtml.

互联网时期的一种重要宣传方式。

微信现分为个人账号和公众账号。在微信平台上，图书馆可以建立自己的公众订阅号，并可通过电脑端进行管理。随着信息时代的发展，图书馆对于新科技的接受度和利用率越来越高。目前，已有众多图书馆开通了微信账号，但其中部分图书馆为空壳账号，并未真正开展相关服务，在已开展微信服务的图书馆中，也存在服务内容不够全面的情况，总的来说，我国图书馆的微信服务还有待拓展深入。

这里提供一些建议：微信公众账户具备群发功能和高级功能，群发功能方面，可分组、分性别、分地区来群发消息，图书馆可将用户按照不同标准进行分类管理，然后有针对性地向不同群体推送相关服务，从而有助于开展个性化服务。高级功能中可自定义设置自动回复内容，图书馆可预先设定一些常见问题的答案，如开放时间、个人借阅期限、馆藏分布、最新活动、书目推介等，既方便用户，有助于用户更好地了解图书馆，又减少了图书馆员的重复性工作，有效提高工作效率。

而图书馆员也可以利用自己的个人微信账号来为用户服务，如学科馆员可通过微信向用户推荐相关馆藏和活动信息，提供参考咨询服务，与用户建立长期稳定的联系。

在这个全媒体时代，报刊、电视、广播等传统媒体的作用依然很重要，如馆刊之于图书馆。和网站、微博等比较，馆刊属于图书馆文化载体中发展较早的一种，也有称之为馆办“小杂志”。过去图书馆馆刊都以纸质印刷本形式传播，进入信息时代后，越来越多的图书馆也开始提供电子版馆刊。当前图书馆的馆刊多为非正式出版物，自主性比较强，能够更好地体现各个图书馆自身的文化特色。但现状是，公共图书馆对馆刊的重视程度不够，内容单一，和读者的互动也远远不足①。馆刊是图书馆与读者交流的重要媒介，图书馆应对此予以重视，有条件的馆可以实行专人专组负责馆刊建设，除了馆内员工外，还可以向

① 聂凌睿．公共图书馆馆办“小杂志”调查与分析［J］．国家图书馆学刊，2012（6）：62－76.

外广纳稿源，提高稿件质量。图书馆可以在馆刊上推送本馆各种活动信息，如图书馆新开展的服务、书目导读、新书推介、讲座培训等讯息，并和读者积极互动，设置“读者之声”之类的栏目，在刊物上发布手机短信、网站、微博、微信等各种读者意见反馈方式，让读者能够更快捷、更畅通地与图书馆进行沟通互动，这也有利于图书馆了解读者需求，创新馆刊形式和内容，为读者提供他们更感兴趣的信息，提高馆刊的可读性和实用性。

网站、微博、微信、馆刊，只是当前图书馆文化载体中的一部分。随着时代的发展和科技的进步，新的载体还将不断出现，现有的载体也将有新的表现，创新无时不在，变则通，通则久，这也让我们更有理由期待图书馆的未来。

第四章　实践之维:转型与内涵发展视域下的浦东图书馆

导语:当前,图书馆正在由"封闭"走向"开放",由"重藏"走向"重用",由"单一借阅"走向"复合功能",从"单向"走向"互动",从"纸质"走向"数字和纸质并重"。浦东图书馆新馆从筹建起便着力强调这一转型发展,高度重视并从服务理念、管理制度、功能拓展、队伍建设、文化发展这五个方面建构起其内涵发展之路。

2007年9月,浦东图书馆新馆建设工程开工建设,新馆建筑由株式会社日本设计进行方案设计,合作设计单位为华东建筑设计研究院有限公司,2010年,新馆正式投入使用。浦东图书馆新馆位于上海市浦东新区前程路88号。新馆坐落于浦东新区文化公园北侧,毗邻中国浦东干部学院以及地铁7号线锦绣路站,地处以世博会主会场和世纪公园为中心形成的上海新文化圈内。浦东图书馆新馆作为上海市浦东新区政府举办的公共图书馆,是面向社会公众开放的、公益性的文化与社会教育设施,是一座综合性的公共图书馆。新馆着力体现大型城市图书馆的服务职能,成为新区公共图书馆服务网络的枢纽,面向社会的文化教育与阅读推广中心,新区文献收藏中心,以及浦东新区对外文化交流的重要窗口。而更为重要的是,新馆的建成,开启了浦东图书馆新一轮的、内涵的发展历程。

一、契机:浦东图书馆新馆建设

公共图书馆是各级政府举办的面向社会公众开放的文化和社会

教育机构。在浦东图书馆新馆开馆之前，为浦东新区人民服务的是位于上海市迎春路的浦东新区图书馆老馆。该馆于2001年开放，建筑面积不足10 000平方米，藏书50万册，阅览座位仅500个，其中一半的座位挤放在过厅和通道上，与此相对的是，老馆日接待读者超过3000人次。由于规模和设施条件的限制，每到周末和节假日，图书馆就一座难求，无法满足更多读者到馆学习和阅读的需求。为此，2006年，在政府文化部门的积极推动和有关部门的支持下，经过浦东图书馆人的努力，浦东图书馆新馆的建设在浦东新区新一轮改革开放的浪潮中迅速启动，并在上海世博会开幕前顺利建成。新馆馆舍规模达到60 000平方米以上，成为当时国内最大的区级公共图书馆，同时也是国内单体面积最大的图书馆之一。同时，浦东图书馆新馆的藏书规模、员工数量、服务能力和服务水平也呈现出飞跃性的提升，让更多市民群众能充分享受到文化建设的成果。

以新馆建设为契机，浦东图书馆对图书馆未来的发展重新思考，开始了新的规划与实践。事实上，几乎在浦东新区政府决定建造这座图书馆之日起，浦东图书馆领导就已意识到该馆建设给未来图书馆管理带来的挑战。为更好地应对这场挑战，新区图书馆在新馆建设的同时着手现代大型图书馆运行管理模式的研究，探索大型公共图书馆迎接管理挑战的思路与对策，制订了《浦东图书馆（新馆）运行管理方案》，内容涉及新馆的定位、功能设计、机构和人员设置、藏书规划、服务模式、标准和程序、专题信息服务、人力资源管理、预算和财务管理等。

1. 新馆的重新定位与职能规划

在这些内容中，首当其冲的就是浦东图书馆的定位与职能。经过多番调研，新馆建成后的浦东图书馆，确定以“国际化大都市示范性公共图书馆”为基本定位。这一定位明显有别于当前国内图书馆一般采用的“世界一流”“国内领先”等说法。这是考虑到，图书馆是否“一流”“领先”的指标内涵较为复杂，建筑指标只是其中之一，此外还有藏书、管理和服务等方面的指标。事实上，国内图书馆界的“一流”

“领先”说法,通常并不为国际业界同行所认同,即使是国内,也多有异议。为此,浦东图书馆回避了这类说法,而采用“示范性公共图书馆”的说法为自身定位,并通过对于“示范性”的指标分解予以落实①。

浦东图书馆新馆应是以国际图书馆界先进的管理和服务理念为指导,具有公益性、多元化、高效率运作的公共信息空间,延伸到本地区各行业、社区和农村,向全社会辐射的公共图书馆服务体系中心与枢纽,是上海社会、科技、经济类公共信息中心和信息研究中心、市民精神家园和美好城市生活的一部分。将浦东图书馆新馆建设成国际化大都市的示范性公共图书馆,具体指标如下:

①适度超前——馆舍建筑规格、设施豪华程度与馆舍面积均适度超前,为未来的发展留有较大的余地。

②舒适便利——图书馆设施使用舒适,图书馆服务便利、图书馆管理人性化,与国际优质公共图书馆完全接轨。

③多功能——适应现代公共图书馆发展方向,图书馆能成为市民阅读、休闲、科普教育、参观的最佳场所之一,成为培育与提升市民信息素养的没有围墙的学校。

④现代化——图书馆采用先进的现代化设施、与网络时代相适应的现代化服务、与特大型公共图书馆相适应的现代化管理。

⑤国际化——藏书内容国际化、管理语言国际化、服务标识国际化。

据此定位,浦东图书馆新馆将承担起以下7项基本功能:

①市民继续教育、终身学习场所。图书馆收集大量文献信息资源,创造宁静和谐的学习环境,开设各类学习中心,让市民可便利地获取有关学科及其最新发展的资料,便于市民利用图书馆各类资源进行学习进修,使人人都有受教育的机会和享受文化成果的权利,成为培养与提升市民科学文化素养的没有围墙的学校。

②公共信息服务与信息增值服务基地。选择若干个重点领域,系

① 陈克杰. 浦东图书馆(新馆)建设[M]. 上海:上海人民出版社,2010:221.

统地收集文献信息资源,并通过信息资源共享,形成相对独立的高水平、全方位的信息服务的能力,为浦东新区经济发展提供强有力的支持。同时对各类政务信息进行深度加工,为党政机关、党校提供各类定制的和非定制的情报信息加工、推送服务;配合政府信息公开,向公众提供各级政府的政策法规信息,以及非政府类公共信息,成为政务信息门户。

③校外学习、亲子阅读空间。图书馆专门设置相对独立的少儿图书馆,提供亲子阅读场所,设置儿童阅读专题辅导活动,从小培养青少年良好的阅读习惯,使其学会利用图书馆资源自由获取信息,保持图书馆的持久吸引力。

④城市发展的历史记忆中心。图书馆具有保持历史文化的使命,大力收藏与浦东相关的地方文献、古籍、特种文献及其他有价值的文献信息资源,形成地方性特色文献,并尽可能为公众提供服务。

⑤市民文化交流与多元文化交融中心。图书馆为所有民族、语言和文化背景的人群提供同样水平、同样标准的服务。上海是公认的移民城市,浦东新区更是吸引了来自各国、各地区的外籍人士和我国外来省市人口进入,具有多元文化的需求。

⑥文化休闲娱乐中心。图书馆提供讲座朗读、文化展览、专题陈列、音乐欣赏、影视观摩、多媒体互动、健身餐饮、游玩参观等文化休闲服务,满足不同年龄层次人群的需要,构成城市美好生活的一部分。

⑦区域公共图书馆服务体系的中心枢纽。作为中心图书馆,承担本地区公共图书馆服务网络组织协调、业务辅导,完成图书馆资源集中采购、整序及配送体系建设、资源共享及服务援助实施、业务指导、人员培训等功能。通过延伸,把公共图书馆服务的触角伸向各个行业、社区和农村。

2. 新馆的建筑设计和布局

浦东图书馆新馆的建筑方案是经国际征集产生的。2006 年 8 月 18 日,浦东图书馆新馆发布建设方案国际征集公告。来自美国、英国、法国、德国和日本的八家设计公司参加了这个项目的角逐,最终,株式会社日本设计的方案以其集约、简捷的造型特征胜出。

浦东图书馆新馆采用国际先进的"模数式""大联通""通透性""开放化"等建筑新理念,并充分考虑"以用户为中心"来进行建筑设计和布局,很好地体现了图书馆的人本思考。新馆用地面积约3公顷,总投资8.5亿元,总建筑面积67 013平方米,藏书容量约200万册,阅览座位3315个,预计日接待读者6000人次。

新馆建筑造型为纯净、简约、大气的六面体形,外形用条形码般的挂石材装饰,远看仿佛是一个凭空悬起的发光"大书柜"。竖向石材百叶按0.8m和1.6m的模数排列,有规律地组合、变化、重复,构成了建筑外立面的遮阳系统,不均匀却富有韵律的排列方式隐喻传统书架中摆放的书本。由此可以联想到指尖轻轻划过的书脊,传达着图书馆的鲜明特质,并赋予建筑音乐般的韵律和美感。

新馆地处以花木行政文化公园为中心形成的上海新文化圈内,为了将建筑与景观更紧密地联系,并且使图书馆真正融入文化公园的环境,浦东图书馆新馆整个基地起坡,形成3m高的草坡台地作为建筑的基座,绵延的草坡与文化公园的绿色景观融为一体,而极具震撼力的六面体建筑远观如"生长"于绿色基座上,大面积的草坡衬托着主体建筑,实现了图书馆和文化公园在视觉和空间上的连贯性,并为图书馆及其外部空间带来了生机。读者步上宽阔的缓坡,被自然地引向图书馆的主入口,也可穿过底层南北贯通的大厅进入文化公园的空间。

馆内功能体系分为"知识与学习""交流与休闲""支持与服务"三大模块。"知识与学习"模块强调功能发挥的有序与方便,在建筑上采用"模数式"设计,以统一柱网、统一荷载、统一层高的藏、借、阅一体化空间形式提供开放式大开间布局,主要功能包括大众基础借阅和专题专业服务。所有服务区域均面向读者开放,除特殊要求外,各个分区之间无硬性隔断,书架与阅览桌椅就近安排,方便读者自由取阅书籍;导向标识、读者自助复印机、公共目录检索机、自助借还书机、读者智能终端等均予充足配置。"交流与休闲"模块强调实用性与舒适性,主要用于学术交流和读者休闲,集各类学术报告、讲座、展览、读者活动以及文化娱乐休闲于一身,配有不同规格的多功能演讲厅、学术报告厅、读者活动(会议)室、培训教室,以及新书展示厅、快餐厅、咖啡吧等。“支持与服务”模块强调管理的便捷和功能实施的安全与可靠,作为支撑图书馆正常运行的核心区域,是全馆乃至全区的文献加工中心、计算机网络文献信息中心、读者指导和馆际协作中心,担负着图书加工、计算机资源及运行保障、人力资源统筹管理和设施的维护等工作,其内又细分为业务、馆务、物业三个区。由此,浦东图书馆新馆功能区域划分为:读者休闲活动区域;读者服务中心区域;学术交流、培训、会展区域;普通文献借阅区;特殊阅读服务区域;少儿阅读区域;专题信息服务区域;多媒体阅览空间;文献储存区域;研究服务区域;业务工作区域;办公区域以及辅助用房区域。

新馆分为地下两层和地上六层,建筑总高 36 米。地下部分分为地下一层和地下夹层。地下一层为停车场和设备机房。地下夹层有坡道出入口直通室外,夹层顶高于室外地平,获得明亮通透的地上层效果,夹层西侧为餐厅、厨房等餐饮功能区,东侧为 600 人多功能演讲厅的舞台和辅助用房,并设有出入口以便疏散人流;夹层中间设有视障者服务中心、文献储存库和珍善本书库;南侧为图书消毒装裱车间、采编工作部以及物业用房,可避免读者动线与馆员流线交叉。地上六层则由下至上每两层形成一个功能区,分别为动区(主出入口和学术交流)、静区(文献借阅)、静区(专题阅览),共三段,每段约 10 米高。通过在垂直方向分离布置,动区和静区得以有效区分并充分发挥作用。

一层和二层以公共服务与学术交流空间为主,设有公共服务大厅、展览厅,大型演讲厅,中型和小型学术报告厅以及不同规格的读者活动(会议)室、培训教室,还有相对独立的少儿图书馆。

三层和四层以普通文献借阅区为主,也是图书馆借阅区域的入口区。借阅区以大台阶、坡道、书架壁组成跨越三、四层的独特的“书山”空间,连贯的高敞空间便于读者识别方位和寻找书籍,书、刊、报分布书山内外,传统文献与电子网络无缝交融,宏伟的书的世界让读者享受不同一般的阅读体验。

五层和六层为专题阅览部以及办公空间,五层设有金融、航运、政策法规(内设公报开放点)、城市治理、教育信息服务、生活·时尚、艺术、浦东文献、国际博览、参考文献等专题阅览部。六层整体悬吊犹如"浮云",北侧为需要相对安静的音像阅览部和数字化阅览部,南侧为内部办公区域。

新馆的中庭贯通6层,具有强烈的空间感,体现了全馆在视线上的联系性,悬挂在中庭顶端的两个空中花园布局对称、玲珑剔透且绿意盎然,为读者提供了阅读之余的休息交流空间。

作为浦东新区又一处新的文化地标,浦东图书馆新馆努力在建设中融入绿色环保的元素,要求在建筑的全寿命周期中,要最大限度地节约资源——节地、节能、节材、节水、保护环境和减少污染。新馆所采用的整体集中的布局形式在最大限度上节约了建筑占地,使得大部分基地得以还原为绿色植被。简洁而严谨的六面体造型既是对图书馆意义的有力诠释,更是减小体型系数,实现围护结构良好节能效果的有效形式。浦东图书馆新馆在设计和施工中,更是主动采用了多项有利于节能和节材的技术措施,如其空调系统的冰蓄冷、东西立面的呼吸式幕墙、竖向石材百叶遮阳系统、建筑设备系统节能技术、大空间气流组织模拟分析技术、自然采光、人工光源智能节能技术、楼宇自动控制技术、雨水的收集利用、清水混凝土柱面,等等,无不体现出绿色环保和可持续发展的理念。馆内公共场所和通道内、每个办公室及主要活动场所皆有绿色盆景植物,并且有绿化工经常更换。每个楼层墙壁、电梯通道和办公室悬挂着名家书法和绘画作品。办公室还摆放了书刊架,供馆员随时参阅。禁烟标志随处可见。绿色、艺术和文化相融一体。

二、建构浦东图书馆发展的理念体系

2010 年 10 月 18 日，时值浦东图书馆开馆之际，第一届“图书馆内涵发展”论坛在浦东图书馆举行。众多国内业界专家学者、图书馆代表共聚一堂，探讨图书馆内涵发展中的重要问题，为新环境下图书馆内涵建设和发展提供了最新的理论支持和操作建议。浦东图书馆在开馆之际举办这样一场论坛，充分展现了浦东图书馆对于内涵发展的坚定信念和高度重视。从此，浦东图书馆坚持以内涵发展为主线，建构起浦东图书馆发展的理念体系和实践体系。

1. 图书馆内涵发展——图书馆战略理念的创新

当前，图书馆的生存背景正发生着深刻的变化。信息化浪潮席卷全球，信息形式与提供方式、用户使用信息习惯的变化，以及其他信息行业的迅速崛起，极大地动摇了公共图书馆作为社会信息资源中心的地位。而另一方面，社会公众文化诉求和社交需求的广度和深度都在不断增加，国家高度重视文化事业的建设与发展，为公共图书馆的发展提供了十分有利的环境。在这样的背景下，公共图书馆迎来了又一次转型期。从历史上看，我国的公共图书馆至今已经历过两次大的转型：第一次是 20 世纪初至 70 年代末，随着农业社会向工业社会发展，封闭式、以藏为主的藏书楼转变为开放式服务社会公众的图书馆；第二次是改革开放后，受到信息社会发展的影响，公共图书馆从单一的借阅服务格局向自动化、信息化、网络化过渡[①]。公共图书馆的第二次转型尚未完成，目前还处于进行时状态。

对任一事物来说，外延与内涵应为对立统一的关系。然而，近 20

---

① 黄俊贵，林汉城. 公共图书馆转型与定位的探索[DB/OL]. [2014-03-14]. http://www.chinalibs.net/ArticleInfo.aspx? id=260673.

年来,我国公共图书馆的发展成就更多地体现在外延拓展上,即物理建筑与设备技术方面,尤其在过去十年,建筑设施状况得到极大改善,2010 年,我国公共图书馆房屋建筑面积达到 900 万平方米,比 2000 年增长了 50.5%。而这一图书馆发展数量、规模、速度的惊人数字,对图书馆事业发展的促进作用却显得后力不足,效果十分有限,并未解决公共图书馆转型期的根本问题,反而给图书馆人带来了更多困惑。图书馆业界普遍认为,时代发展太快了,图书馆发展太快了,快得让我们很难找到图书馆未来发展的重要坐标和参照系统;快得让我们对图书馆演变无法建立全面、系统的理性思考和总结;快得甚至让我们对图书馆未来发展存在一定认识上的盲区①。

对此,对此,浦东图书馆提出的“图书馆内涵发展”战略思考和实践,可谓有一定的原创性。至今为止,国内外图书馆界并没有“公共图书馆内涵发展”理论和实践体系的完整表述,虽然世界各个国家的图书馆界都在不断探讨如何在不同国家、不同背景下为公众提供服务,实现图书馆更大的社会价值。我国图书馆界对“内涵发展”的探讨始于 20 世纪 80 年代中期,在当时的图书馆事业发展战略研究热潮中,宓浩提出,在图书馆事业发展的战略选择上,应从主要走外延扩展的道路,逐步转变为既注重外延发展,更重视内涵建设与充实的道路,这是一项具有战略意义的大事②。此后,不断有图书馆人对图书馆内涵建设和内涵发展展开不同角度的理论研究与实践探索,对于公共图书馆内涵发展进行专门论述的文献也有,但数量甚少。而像浦东图书馆这样系统化地对公共图书馆内涵发展做出理论与实践全方位的探索,实有内生原创之价值。

与外延不同,内涵是概念所揭示的事物的本质特征,即事物本质

---

① 张伟.公共图书馆内涵发展的理论与实践研究——以浦东图书馆为例[M].上海:华东师范大学出版社,2013:11.

② 宓浩.关于我国图书馆事业发展的战略选择[DB/OL].[2014-03-19].http://www.chinalibs.net/ArticleInfo.aspx?id=349353.

的规定性。而“内涵发展”,就是要抓住事物的本质属性,强调事物质的发展。它有别于强调数量增长、规模扩大、空间拓展等量变式的外延发展,强调的是结构优化、质量提高、实力增强等质变的发展模式,更多是以内部因素作为动力和资源,通过内部变革,激发活力、增强实力、提高竞争力。浦东图书馆指出,内涵发展是图书馆发展方式的一种选择。图书馆内涵发展就是要对图书馆发展前沿的问题甚至是前提性问题做根本性的追问,从整体意义链上对图书馆发展作本体性界定;就是要关注全球视野下的图书馆发展的变化,选择如何突破,如何扬弃,如何创造;就是要在回归传统和借鉴西方之外另觅新途,积极地关注、研究和解决中国图书馆的实际问题,探索基于中国立场、反映中国问题、凸现中国风格、汇聚中国经验的图书馆内涵发展方式,建设适应 21 世纪的中国公共图书馆①。

在当前社会转型发展的背景下,浦东图书馆提出的“图书馆内涵发展”,从理念、制度、功能、队伍、文化五个方面在微观领域探索中国公共图书馆转型实践的发展方式,以理念为先导,以制度、功能、队伍为手段,达到其最终目的构建内涵发展的文化,实现图书馆的文化引领。

图书馆内涵发展的建构,首先需要建立一套明确自身定位、使命与社会价值,引导馆员统一认识、共同关注,提升内在的涵养与素质,努力实现共同愿景的理念体系。基于此,浦东图书馆将构建浦东图书馆发展理念体系列为首要任务。以人为本是现代图书馆的重要标志之一,1994 年国际图联和联合国教科文组织《公共图书馆宣言》中指出:公共图书馆是传播教育、文化和信息的一支有生力量,是促使人们寻找和平和精神幸福的基本资源。浦东图书馆新馆的诞生顺应了当下中国重视文化建设、重建精神家园的发展趋势,顺应了当前图书馆发展的趋势,在新馆开放之初,上海浦东图书馆就提出其核心办馆理

① 张伟. 公共图书馆内涵发展的理论与实践研究——以浦东图书馆为例[M]. 上海:华东师范大学出版社,2013:11.

念,即“以人为本,文化立馆,把浦东图书馆办成读者和馆员的精神家园”。以此为基础,浦东图书馆还确立了以下几方面的理念:在定位上,注重以特为本,打造与浦东未来城市发展相适应的示范性公共图书馆;在服务功能上,注重以品为本,高嫁接,横联谊,低辐射,创新公共图书馆服务方式;在学术上,注重以专为本,营造崇文尚哲、价值引领之学术研究风气,以“浦东图书馆内涵发展的实践研究”为龙头课题,引导干部馆员在思考和研究的状态中工作;在用人上,注重以德为本,做人第一,强调品格比才华更重要;在内部管理上,注重以心为本,建立“制度 + 人文”的管理方式,关注改变人心比制度更重要;在公共关系上,注重以谦为本,谦恭好客,广交朋友,创读者满意、业界认同、社会好评、政府放心的公共图书馆。

2. 浦东图书馆理念探索的实践

秉持前面所述发展理念体系,浦东图书馆展开一系列实践探索,坚持公益性、大众化、无门槛,让公众尽享读书的权利、平等自由地使用图书馆。

在细节设计上,浦东图书馆就充分体现出了“以人为本”的服务理念。残疾人读者活动室位置紧邻北门入口,方便他们进出;少儿借阅在设置上针对少年儿童的特点,在环境布置上色彩明快鲜亮,布局舒适安全,根据年龄的不同,分为低幼的亲子阅览区和少儿学习区,造型可爱的围坐式沙发、桌椅为孩子们提供了一个轻松借阅环境;地下一层为读者提供上千个寄存柜,并开设读者餐厅、咖啡厅;1—6 层都有免费热水供应,等等。同时,馆内实行所有基本服务项目免费,包括图书外借和馆内阅览、报刊阅览、电子阅览、少儿外借和阅览、盲人阅览和电脑培训、影视光碟馆内外阅览、影视欣赏、借阅证注册、检索与咨询、信息咨询、图书点书、报告厅(自修室)使用、寄存物品、基层辅导和培训、公益性讲座和展览、流动(延伸)服务等 23 个基本服务项目;免费为读者提供接入无线网络(WLAN)服务,实现了主要服务区域全覆盖;免费为读者提供各类服务,包括访问数字资源、网上冲浪以及开展各类学习研究;远程高端读者可以通过 VPN 方式,连接到图书馆,访问图书馆的各类数字资源。这些设施和举措拉近了浦东图书馆与读者的距离。

浦东图书馆新馆实施全方位的开放性服务,人性化服务,注重技术先进性,文献管理和服务系统采用先进的无线射频识别(RFID)技术,为每一册图书安装智能芯片,实现图书的精准定位。馆内网络千兆主干、百兆到桌面,全馆配备各类计算机 586 台,其中 330 台可供读者上网查询馆内外数据文献;分布在馆内的 74 台读者专用检索查询计算机可供读者查询市中心图书馆和浦东图书馆馆藏文献。至 2014 年,浦东图书馆累计文献总藏量已达 2 957 601 册(件),电子图书 761 638册,电子资源数据库 47 种,各类数字化资源存储量 65TB。阅览座位 3315 个,其中少儿阅览座位 254 个,盲人阅览 34 个;有设施齐全先进的报告厅及展厅可举办各种公益性的文化活动。实行全年 365 天开放,每天开放时间为 11 小时,M 层自修区每天开放时间为 13 小时。

浦图图书馆新馆现已成为新区公共图书馆服务网络的枢纽,面向社会的文化教育与阅读推广中心,新区文献收藏中心,以及浦东新区对外文化交流的重要窗口。新馆建成后,日均接待读者 10 000 多人次,周末及节假日日均接待读者 18 000 人次左右。开馆以来,浦东图书馆借阅流通量基本保持两位数增长。2010 年的统计数据显示,浦东图书馆共接待读者 96 万余人次,外借图书 65 万余册。而在 2014 年,浦东图书馆的相关数据已有显著增长,共接待读者 401 万余人次,图书借还 794 万余册次。截至 2014 年,浦东图书馆累计有效读者证达 23. 8 万多张,新馆开放后四年累计外借图书达到 1260 多万册次,年均读者人次与外借册次均居全国公共图书馆前列。

3. 浦东图书馆探索内涵发展的意义

图书馆内涵发展是当前公共图书馆面临的共同课题,浦东图书馆在内涵发展方面的理论与实践探索,具有极为重要的意义。浦东图书馆内涵发展对自身来说,是一种文化、一种传承;对图书馆行业来说,是一种启迪、一种担当;而对图书馆学来说,更是一种延伸、一种拓展①。

浦东图书馆新馆的建成,是浦东文化发展战略的一个大手笔,展现了浦东文化发展的勃勃生机。但这并不是全部,面对先进大气的新馆,浦东图书馆并不就地踏步,而是以此为起点,展开了更长远的发展追求。发展的脚步永不停驻,公共图书馆要满足未来社会的需求,就要坚持与时俱进。随着新馆的建设落成,浦东图书馆人开始了更多的思考:浦东图书馆的办馆理念是什么?浦东图书馆的价值追求是什么?浦东图书馆如何创新服务、功能如何拓展、专业化队伍如何形成?等等。这些努力不断将浦东图书馆的建设从“外围”向“核心”逼近,建立起浦东图书馆内涵发展的模式。

在新馆开放后,浦东图书馆内涵发展的实践不断深入,相关理论也在不断丰富完善,然后又付诸实践。事实证明,浦东图书馆的内涵发展之路是值得的,数年来,浦东图书馆取得成就令人瞩目,不管是读者,还是同行、专家,都对浦东图书馆好评如潮,媒体相关报道更是赞誉连连。

2010 年以来,浦东图书馆共获得国际、国家、市区级等层面的集体和个人荣誉 300 多项。其中,2010 年,浦东图书馆视障服务获得了国际图联 UIVERSCROFT 基金会颁发的“最佳实践奖”;2011、2012 年连续两年被中国图书馆学会评为“全民阅读先进单位”,在此基础上,2013 年,被中国图书馆学会授予“全民阅读示范基地”,这是中国图书馆界阅读推广最高奖;2011 至 2014 年,被上海市图书馆学会连续授予“优秀学术组织奖”;2011 年被“新浪读书”“新浪微博”和《出版人》杂志等评为“2011 中国年度图书馆”。在 2013 年 4 月第五次全国公共图书馆评估定级工作中,浦东图书馆得到了专家组的高度肯定,专家评审会反馈意见中给浦东图书馆打出了 1000 分满分的考评成绩,指出,

① 张伟. 公共图书馆内涵发展的理论与实践研究——以浦东图书馆为例[M]. 上海:华东师范大学出版社,2013:17 - 18.

浦东图书馆无论从哪个方面都做得很到位，没有存在扣分的地方。2013年11月，浦东图书馆参与承办文化部主办的"2013中国图书馆年会"，参与起草并成功推动发布"图书馆发展浦东宣言"；2013年，被上海市人民政府授予"上海市文明单位"称号；2014年，浦东图书馆获"全国人文社会科学普及基地""全国盲人阅读推广优秀单位"称号；2014年12月，被国家人力资源与社会保障部、文化部授予"全国文化系统先进集体"（全国仅54家单位获此殊荣）。

公共图书馆要承担时代赋予的使命和责任，就必须重视内涵发展，不能依赖于图书馆数量的增加、馆舍的添建、人员的补充，或藏书的扩大，相比于外延拓展，内涵的建设与充实更重要得多。这一点，已经成为当前图书馆界的共识。然而，如何进行图书馆内涵发展，大多数图书馆还在摸着石头过河，浦东图书馆的经验无疑弥足珍贵。浦东图书馆的内涵发展模式已是一个较为完善的图书馆发展模式，既有理论高度又有实践验证，不仅大大促进了浦东图书馆自身的发展，还有利于对浦东图书馆的经验进行复制或放大，为图书馆行业提供了一种新的范式。

而对于图书馆学来说，浦东图书馆在探索和实践中所形成的独特的理论体系和内涵发展观，同样具有较大的创新意义。这可以从国内外对于公共图书馆内涵发展的研究现状中发现。正如前文所言，国外图书馆界对公共图书馆的研究成果众多，但却始终没有"图书馆内涵发展"的明确表述，图书馆内涵发展的研究多见于国内。但是，对于公共图书馆内涵发展的研究却很少，相比之下，浦东图书馆在公共图书馆内涵发展研究方面的深度和广度，都有一定借鉴价值，对于当前图书馆学理论的意义显而易见。

三、建构现代图书馆制度

理念能否贯彻需要来自制度的保障，在确定图书馆办馆理念后，浦东图书馆开始关注理念的制度化实践。人们对于公共图书馆制度的理解通常有两种,即狭义和广义之分,或者说公共图书馆的内部制度和与公共图书馆事业相关的一切法规制度。内部制度可确保图书馆的日常运行、管理和职能实现,而外部制度是整个公共图书馆事业健康稳定、科学发展的必要条件,也是制定内部制度的依据和准则。因此,浦东图书馆对于公共图书馆制度建设的研究和探讨并未局限于馆内一方天地,而是从更大的、广义的、综合的角度进行的。

1. 关于公共图书馆制度建设的探索

在我国公共图书馆事业各项工作的发展中,公共图书馆制度的建设一直是块短板。就目前国内的大环境而言,公共图书馆制度建设任重而道远。由于《公共图书馆法》还未正式颁布,严格地说,中国图书馆目前还处于无法可依的状态,仍属于政策治理阶段。虽然有图书馆行业的若干规定,但中国目前还没有关于公共图书馆的法律意义上的规定。法无禁止均可行。从这点来看,公共图书馆法律制度的暂时缺失并不全是坏事。法律制度是一种规范,而规范是在对规律认识的基础上制定出的符合价值选择的规则,这种规则既合乎目的性,又合乎规律性。法律制度的暂时缺失给了图书馆更多的思考与创造的空间。但没有法律规定,图书馆免不了百家争鸣,百花齐放。长久来看,弊远远大于利。即使拥有自主发展的便利,但在缺少顶层架构,缺失统一的规范和标准的情况下,容易导致各地各馆自成体系,上下不衔接,左右不畅通,这种状况的持续必将制约中国图书馆系统的整体发展。

在行业法律法规缺失的情况下,浦东图书馆对公共图书馆制度建设展开了深入而广泛的探索,对国内外公共图书馆制度体系进行研究比较,总结归纳了美国公共图书馆制度建设的成功之处,对我国公共图书馆制度建设历程和现状进行了探讨,并分析了当前亟待解决的几大问题,主要表现为:法律体制不健全,法制化程度低;法制体系缺乏灵活性、适应性;政府管理僵化、管理职能错位;行业管理体系缺失。

针对这些问题的解决,浦东图书馆提出,当前我国公共图书馆制度的建设需要内部、外部两方面的变革。外部变革是从制度层面明确政府主管部门、行业组织和公共图书馆自身的权责之分，建立一个分工合理、各司其职的管理格局；内部变革就是公共图书馆个体开展内部管理制度体系的再造，建立现代图书馆管理制度。

当前，浦东图书馆正在努力构建“现代图书馆制度”。“现代图书馆制度”是一个完整的概念，在实践中必须解决好四个方面的关系，即政府与公共图书馆的关系；公共图书馆之间的关系；公共图书馆与读者和社会的关系；公共图书馆内部的关系，包括浦东区域的图书馆总分馆的设置、内部机构设置与定编定岗、运行机制的设计、馆长负责制的实施，等等。目前，浦东图书馆正试点法人结构治理，由传统的由政府主管部门决策的决策机制转变为由专门成立的理事会或委员会决策。让图书馆能够摆脱以往依附于政府的角色地位，按照自己的专业属性，依法建立起目标明确、内部激励机制完善、外部监管制度健全的治理结构和运行机制，真正走向行业自治与自律管理。

基于对图书馆未来发展的探索，2011 年 8 月，浦东图书馆正式编制完成了《浦东图书馆发展规划(2011—2015 年)》。这一“十二五”规划的制定促使全馆从学术研究的角度考察审视外部环境及图书馆事业的发展规律和趋势，从功能定位、服务理念与方式创新上进行思考和探索，明确了图书馆发展目标和重点任务，规划了浦东图书馆未来发展的前景。作为浦东图书馆的未来发展战略，“十二五”规划将构建科学的管理体系列为主要任务和重点工作之一，明确了“以人为本”的管理理念，提出建立推动创新的体制与机制，坚持品牌战略，探索科学的营销策略，以科学的管理体系与人员队伍，保障图书馆的长远发展①。其中，尤其强调了总分馆制、人力资源管理基本制度、营销策略等的重要性。

浦东图书馆“十二五”规划指出，要适时调整业务布局，不断完善

---

① 张伟. 公共图书馆内涵发展的理论与实践研究——以浦东图书馆为例[M]. 上海：华东师范大学出版社，2013：260.

制度体系。依据不同阶段的发展要求确立新的管理模式，及时调整组织框架和业务布局。依据读者需求调整馆藏资源布局、设计服务方式、调整岗位设置，建立更加完善的工作制度；动态跟踪外部环境的发展与趋向，设置具有前瞻性的业务岗位；积极探索科学合理的业务外包模式，结合业务外包制度，重组业务流程，调整岗位设置；建设馆内业务综合管理平台，完善办公自动化系统，以灵活的工作流程处理和协同办公系统，实现远程办公和信息共享，提高办公效率。在发展中不断寻求创新，探索构建与图书馆事业发展相适应的制度保障体系。不断完善各项人事管理制度，制定科学的员工培训制度，注重系统性和层次性，关注对新进员工的培训；以优化系统分工、保证功能实施为目的，不断完善岗位细则、工作流程；完善文献资源建设中的评估机制；完善统计制度与业务档案管理制度，注重统一规范；完善信息报送制度，注重统一口径，加强对外信息的审核环节；完善各项后勤保障制度，注重加强监管，提高效率；完善突发事件的应急预案；注重与合作单位间的制度规范；研究国内外先进的图书馆评价指标与体系，制定科学的图书馆质量评价体系；研究制定区域性图书馆行业标准和服务规范。

2. 浦东图书馆制度体系建设实践

图书馆的内涵发展需要法治，需要文治，需要以人为本的治理。以人为本的治理包括图书馆以人为本的办馆理念；专家领衔的结构治理；馆员素质的学术支撑；读者参与的民主架构。文治是指图书馆的文化治理，主要包括精神文化、制度文化、环境文化等。而法治就是图书馆的制度治理。浦东图书馆十分重视图书馆制度建设。从新馆开馆以来，浦东图书馆一直以“内涵发展”为主线，在实践中关注并深入研究我国公共图书馆发展的共性问题，围绕公共图书馆内部管理制度积极展开探索。目前已初见成效，初步建立了浦东图书馆的内部制度体系①。

首先,制定和完善了一批管理制度,包括业务管理制度、人力资源制度和其他的综合管理制度。

(1)业务管理制度

浦东图书馆将图书馆的业务模块分为读者服务、文献采访、延伸服务、情报服务、计算机网络管理等,根据各项业务要求分别制定了相关制度,每项制度内又扩充了若干管理办法、业务流程、操作说明、暂行办法、应急预案以及各类文档模版,全面而细致地描述了馆内的各项业务工作。有了这一整套业务制度,不仅管理上有法可依,各项业务的内容和范围也一目了然,起到了业务说明书的作用。

(2)人力资源制度

浦东图书馆组织人事部先后六次梳理、制定和修订多项人力资源开发与管理制度,至 2012 年年底,共有 13 项制度获准试行。其中,《浦东图书馆人力资源管理制度》《浦东图书馆考勤管理制度》《浦东图书馆加班管理制度》《浦东图书馆关于专业技术资格考试(评审)的规定》《浦东图书馆专业技术职务聘任实施细则(试行)》等,分别明确了馆内有关劳动纪律、人才引进聘用、专业资格评审等各项制度,细化了人事工作的各个流程。而《浦东图书馆职工继续教育规定》《浦东图书馆科研成果奖励与资助办法》《浦东图书馆职工奖惩办法》等规定,从制度层面分别明确了针对管理人员、技术人员、新进员工及实习生群体的培训制度,形成了馆员学术研究及业务成就的奖励机制,使浦东图书馆逐步建立起积极有序的馆员培养框架。

(3)综合管理制度

日常工作管理方面的制度有《浦东图书馆会议制度》《文秘宣传报道制度》《印章管理制度》《经费报销规定》等,为图书馆各项工作的开展确立了规范和依据。

---

① 张伟. 公共图书馆内涵发展的理论与实践研究——以浦东图书馆为例[M]. 上海:华东师范大学出版社,2013:198-200.

其次，重视民主管理，在依法治馆的同时，积极探索建立“制度 + 人文”的柔性管理模式。

民主管理是坚持“以人为本”的管理思想，浦东图书馆在工作管理中充分吸纳民主意见，发挥民主管理的作用。例如制定《浦东图书馆绩效工资分配办法》《浦东图书馆绩效工资考核办法》《浦东图书馆绩效工资实施方案》等制度的过程中，组织人事部多次举行方案说明会议向馆员解读方案细则，工会则组织小组讨论活动广泛征求民主意见，经过评议汇总和修改后，各项方案最终经职代会表决通过。这一过程，就充分体现了浦东图书馆对馆员利益和馆员思考的尊重，激发了馆员参与制度建设的积极性，增强了馆员对馆内制度的自觉执行力，提升了浦东图书馆制度建设的活力。

3. 以法人治理结构完善制度体系

公共图书馆法人治理结构是指在图书馆运行管理过程中，设置决策机构、执行机构、监督机构，三方相互分离、相互制衡，组成完成的组织管理架构。决策机构由公共图书馆成立的理事会承担，由政府相关部门、行业专家、社会人士、行政执行人等按比例组成理事会，理事会负责制定公共图书馆的战略规划；执行机构即公共图书馆内负责日常运行与业务管理的管理团队，接受理事会的监督。

2012 年 11 月，浦东图书馆作为上海市第二批法人治理结构试点单位，启动了图书馆法人治理结构的建设实践。首先，成立法人治理结构工作组，先后赴广州图书馆等多家单位调研考察，然后结合浦东图书馆实际情况，草拟《浦东图书馆法人治理结构试点工作实施方案》和《上海浦东图书馆章程》，并经过多次讨论修改最终定稿，获得上级部门批准。《上海浦东图书馆章程》中详细规定了浦东图书馆办馆宗旨和业务范围、权利与义务、理事会、管理层、财产的管理和使用以及章程终止、信息披露、章程修改等各项内容，为浦东图书馆法人治理结构的实施奠定坚实的基础。

2015 年 3 月 20 日，浦东图书馆举行第一届理事会成立大会，由著名文化学者、央视《百家讲坛》主讲人鲍鹏山领衔的 13 名理事会成员首次集体亮相,受到广泛关注。在理事会成员中,有 11 位是社会代表。其中,既有港澳台代表,也有外籍代表。既有图书馆界的专家,如中国浦东干部学院图书馆馆长张益平、华东师范大学商学院信息学系教授金武刚,也有市民所熟知的浦东各领域知名人士,如"happy 张江"微博博主朱蕾、前国家女排队长李国君、上海市建平中学校长杨振峰、中国商飞公司企业文化部部长魏应彪等。浦东图书馆理事会的定位是决策机构,这一成员构成,正体现了社会化、专业化、国际化的浦东特色,为实现科学决策和民主监督奠定了基础。同时,为了保障理事会决策的专业性,浦东图书馆理事会下设文献资源建设专业委员会、财经专业委员会等,负责浦东图书馆专题工作调研,向理事会提交调研报告,并提出合理化建议和专业论证。

管理层作为理事会的执行机构,对理事会负责。浦东图书馆管理层由馆长和副馆长组成,实行馆长负责制。管理层按照理事会决议自主履行日常业务管理、财务资产管理和一般工作人员管理等职责,定期向理事会报告工作。馆长全面负责浦东图书馆业务、人事、财务、资产、安全等管理工作。

另外,浦东图书馆的法人治理还建构了一种内外结合、多元化、制度化的多维监督体系。这主要体现在监管主体的多元化和监管制度的规范化。监管主体方面,政府部门、外部理事、职代会、利益相关者都是监管主体。政府可以通过委派理事、委托审计等进行监督管理;理事会下设的专业委员会,通过引入社会人士和专业人士,可以在重大事项决策时对图书馆管理层实施监督;管理层提出的涉及职工利益的重大分配方案需经图书馆职代会通过;读者及媒体主要通过图书馆的公开信息、文献保障、读者服务与读者活动开展情况实施社会监督。监管制度方面,浦东图书馆建立了决策失误追究制度、审计制度和信息公开制度等。理事会决议违反法律、法规和《上海浦东图书馆章程》的,在表决中投赞成票的理事应承担相应的责任;审计包括年度财务审计、专项审计和馆长任职期满审计等,审计由举办单位进行或由举办单位授权聘请专业机构进行;同时,管理层需通过多种渠道,真实、完整、及时地发布发展规划、年度报告等,保障公众知情权。

浦东图书馆的法人治理结构打破了事业单位长期以来行政化、附庸化、专业化治理受限等现象,建构了一种决策、执行、监督三权制衡的治理机制。法人结构治理的实现将进一步促进浦东图书馆管理制度的成熟和完善。但浦东图书馆也清醒地认识到,法人治理结构只是手段,从根本价值诉求上讲,浦东图书馆法人治理结构是为了帮助浦东图书馆更好地服务读者。只有谨记这一终极目的,浦东图书馆才能更好地了解读者需求,获取更多的社会资源,为读者提供更好的服务。因此,浦东图书馆提出,法人治理后的浦东图书馆应吸纳更多的社会资源参与图书馆事业发展,不断思考与实践"基于读者、为了读者、在读者中、让读者充分参与"的图书馆服务创新问题,进一步发挥公共图书馆在社会中的人文化成、文化引领作用。

四、建构图书馆服务新的功能

图书馆功能拓展是图书馆内涵发展的重要内容。在功能拓展上,浦东图书馆提出以项目求突破,注重高起点、多功能、品牌化。对传统图书馆服务内容保留其真,努力做好常规的图书借还和基本参考咨询服务的同时,浦东图书馆加强了与其他社会有关机构的合作,对服务内容进行多方位的创新,利用图书馆的专业优势,提升信息咨询的深度和精度,搭建学术研究交流平台;发扬图书馆社会教育职能,思考将各类资源进行课程化设计,变被动为主动,使公共图书馆成为学校教育和家庭教育的有力补充;着力整合各类大众文化休闲资源,推行文化服务发展的品牌战略,以丰富多样的形式呈现在大众面前,满足读者的多元文化需求;同时,将服务范围不断延伸,在馆内阵地服务之外,将图书馆的功能扩展到所服务区域的各个层级,如社区、企业、部队等,建立延伸服务点,让读者能够最便捷地获取信息资源,享受图书馆的服务。

1. 探索公共图书馆功能拓展的新方向

为公众提供文化服务历来是公共图书馆的一大重要职能,而在当前时代,公共图书馆的这一职能也面临着新的挑战。为让图书馆服务的功能和方式更加契合当前人们的需求,浦东图书馆对公共图书馆服务功能拓展展开探索。浦东图书馆新馆在建筑设计和布局阶段就将馆内功能体系分为"知识与学习""交流与休闲""支持与服务"三大模块,将图书馆的空间进行合理规划,使之适合现代公共图书馆发展的需求。在图书馆功能的拓展上,浦东图书馆坚持以"立足公共服务的本职工作,采取多元化经营发展的方式"为基本原则。一方面,不背离公共图书馆公共服务的基本属性,另一方面,最大化地利用好、发展好图书馆的资源,包括人力、物力、财力,尤其是图书馆中特有的信息资源,为公众提供所需要的服务。

当前,新的文化体制正在形成并不断健全,数字信息技术等高新技术对图书馆的发展日益重要,服务对象呈现更多样化的个性和需求,这既是公共图书馆发展的挑战也是机遇。公共图书馆是公共文化服务体系的重要组成部分,其职能的拓展也是基于社会和公众需求而进行。现代图书馆的四项基本社会职能——保存人类文化遗产、开展社会教育、传递科学情报、开发智力资源——之间的比重关系随着经济的发展和社会的进步也在不断调整,贴近服务对象需求的职能在不断健全和完善。在这一方面,浦东图书馆也在多个方面进行了有益的尝试。

(1)传播信息

"图书馆学五定律"的第一条就是,书是为了用的。图书馆的馆藏资源只有被开发、被利用才能真正发挥价值。在当前信息时代,信息资源的增长速度越来越快,类型形式越来越多样,获取信息的途径越来越多,但要真正得到自己想要的信息却又越来越不容易。知识爆炸、信息泛滥的结果则是凸显了图书馆作为知识信息导航的功能。因此,当前公共图书馆的一个重要职能是,对文献信息资源进行加工整理、科学分析综合、指引,形成有秩序、有规律、源源不断的信息流,进行更加广泛的交流与传递,使读者更好地利用它们。其中,特别要重视虚拟资源、数字化资源的开发利用。

(2)传播教育

公共图书馆是公民接受终身教育的重要场所,图书馆进行社会教育,主要表现在可以为社会、为读者提供最完备的学习条件:资源、场地、设备。人们可以长期地、自由地利用图书馆进行自学。图书馆作为一种社会文化教育机构,是学校教育和家庭教育的有效补充。公共图书馆是向社会所有成员敞开大门,具有全民性的教育对象,其文化教育职能的价值是无法替代的。而随着信息时代知识的增长与更新速度的加快,公共图书馆在文化素质教育方面的作用将越来越重要。

(3)传播文化

健康的文化生活是人类社会生活中不可缺少的组成部分。社会经济的发展让人们的生活水平越来越高,公众对于精神文化生活的需求也在不断提升,公共图书馆作为社会文化生活中心之一,在传播文化、活跃群众文化生活方面的地位和作用也愈加重要。

2. 推动文化服务的品牌化发展

同质化发展是我国图书馆事业的一个顽症,在很长时间内都没有得到有效解决。因此,建立图书馆的自有品牌,提高图书馆的社会效益,就成为当前图书馆发展的一个重要战略。在公共文化活动和文化服务大发展、大繁荣的今天,图书馆必须树立自身的公共文化服务品牌,才能提升社会服务竞争力。浦东图书馆坚持以人为本打造公共文化服务品牌,充分利用“6 +2 +1”这一时间空间构架,对这些重要时间节点进行了整体布局和项目设计,把不同的项目内容设计好并分配到不同的时间段,在工作中准确把握市民知识需求的脉搏,主动倾听不同市民群体的心声,不断采纳市民群众的意见和建议,积极启动浦东文化讲坛、人文艺术展、真实影院、浦东读书节等活动项目,打造属于浦东图书馆的公共文化服务品牌。经过这些年的努力,浦东图书馆的这几项活动现在已经成功发展成为百姓们积极关注的文化服务品牌。

以"浦东图书馆学术论坛"项目为例。"浦东图书馆学术论坛"是浦东图书馆打造的文化品牌项目之一,计划每年举行一次。2010 年 10 月 18 日,浦东图书馆以"图书馆内涵发展"为主题举办了第一届论坛活动。浦东图书馆邀请了国家图书馆副馆长陈力、上海图书馆馆长吴建中、上海市文广局党委书记兼上海博物馆馆长陈燮君为此次论坛做主旨报告。同时还邀请了北京大学图书馆系主任王余光、武汉大学图书馆系主任肖希明以及华东师大信息学系主任范并思做论坛发言并与观众对话讨论。论坛的参会人员也是经多方商讨后确定的,此次论坛邀请了上海各大学图书馆馆长、各区县图书馆馆长和上海图书馆的很多专家学者参加,此外还有浦东新区街镇图书馆和中小学图书馆的馆长们。最后,参加此次论坛活动的图书馆业界人士达到 500 余人。论坛结束后,浦东图书馆收到众多反馈,大家对此次论坛的学术性均给予了高度评价。

以"浦东文化讲坛"为例。"浦东文化讲坛"是浦东图书馆新馆开馆以来致力打造的文化品牌之一,以公益讲座的模式向公众提供多元化的公共文化服务。"浦东文化讲坛"以传承人类文明、推动改革创新、营造文化氛围、提升文化实力为宗旨,基本定位是立足浦东,服务社会;交流研讨,推动创新;搭建桥梁,推广学术;终身课堂,育人为先。其内容涵盖时政热点、文化艺术、法律社会、科技教育、经济金融和健康生活等领域,是浦东图书馆打造的由政府支持、图书馆实施、社会参与、市民享用的全区性公益文化品牌,以树立富有鲜明新浦东特有的文化形象,不断提升新浦东的城市品位。浦东图书馆以开馆为契机,邀请著名学者余秋雨先生主讲《读书与人生》,在 600 人报告厅开创了浦东文化讲坛的良好开端。此后,中国国际关系理事、研究员周建平教授,上海市作协副主席赵丽宏,复旦大学教授葛剑雄,著名作家叶永烈等纷纷受邀在浦东文化讲坛开讲。这些高端讲座吸引了众多读者,使浦东图书馆讲座迈上了新台阶。同时,开设各类主题系列讲座,为读者传播科学知识,每月的第二个星期六,与张江生命科学院联合举办养生保健系列讲座,邀请各大医院资深医学教授向读者传播健康保健常识,深受听众的欢迎。浦东文化讲坛还与浦东文史协会合作,每年结合宣传点推出浦东系列专题讲座。这一讲坛每月定期举办,成为市民群众获取信息、优化知识结构、实现文化权利的重要途径,也是提升城市文化软实力、构建完善城市公共服务体系的重要平台。

通过加强和政府部门、社会各界的合作,浦东图书馆的公共文化活动已成为各界共同参与的学习课堂,达到了公众满意、多方共赢的局面。至2014年,新馆已举办公共文化讲座224场,青少年讲座和活动857场,人文艺术展199场。而仅在2014年,浦东图书馆就举办了各类讲座及活动571场,读者培训175场,人文艺术展览38场。浦东图书馆的"人文艺术展览"项目是与浦东书画家协会合作,举办各种艺术展;"真实影院"项目与媒体合作,推出放映优秀获奖纪实影片,并由主创人员座谈创作感想,均反响甚佳。而每年4—10月开展的浦东图书馆读书节,作为浦东图书馆创立并举办的一项大型综合性群众读书文化活动,社会影响力更是越来越大。从2011开始,浦东图书馆每年坚持举办浦东读书节活动,已成为浦东图书馆进行阅读推广的常规活动。

3. 浦东图书馆功能拓展的实践

服务性是公共图书馆的本质属性,图书馆功能拓展集中体现在图书馆服务上。浦东图书馆坚持在服务方式上进行提升,不再把服务方式仅仅视为工具性的东西,而是强调服务的自觉自主。对此,浦东图书馆馆长张伟指出,图书馆服务方式中的方式,顾名思义是方法和形式。但更确切地说,"方式"的定义应为"理念支配下的方法和形式"。也就是说,服务的方法和形式的选择会受到理念统领的。因此,图书馆服务方式既有"形而上"的理念层面的东西,也有"形而下"的操作层面的东西①。浦东图书馆的办馆理念就是服务理念,即"以人为本、文化立馆,把浦东图书馆办成读者和馆员的精神家园"。在这一服务理念的指导下,浦东图书馆的服务功能拓展工作效果显著。

(1)图书馆基础服务方面

图书借还和基本参考咨询是图书馆的常规工作,为了让读者便利地享受这部分服务,在馆内,浦东图书馆全面实行藏(馆藏)、阅(阅览)、借(外借)、参(参考咨询)四合一的"一站式"服务;基本藏书实行纸本文献、电子文献(计算机阅读)、声像文献(视听设备)的三合一服务,使各类藏书尽可能接近读者,方便使用,基本满足了各类读者对图书馆基础服务的需求。当前阅读多样化的环境对图书馆的读者到馆人次和书刊利用册次影响较大,而这些数据又是评估一个图书馆办馆效益的重要标准。浦东图书馆一直把提高这两方面的数据作为馆内工作重点来抓。图书馆基本服务免费目前已得到了国家政策的支持,到目前,浦东图书馆已完全实现了无障碍、零门槛进入,所有基本服务项目都免费。这些举措大大提高了浦东图书馆的窗口服务品质,到馆人次和借阅流通量增长明显。

(2)公共文化服务方面

在做好常规工作的基础上,浦东图书馆不断开发潜在的读者群,坚持以读者需求为导向,密切关注读者的情感和需求,推行基于读者、为了读者、在读者中、让读者充分参与的图书馆服务方式,受到了广大读者的好评。通过与中国浦东干部学院、上海电视台、上海图书馆、上海人民广播电台、上海市作家协会等社会有关机构的合作,浦东图书馆在公共文化服务方面大力拓展,推出了浦东文化讲坛、浦东图书馆学术论坛、浦东人文艺术展、浦东读书节、数字图书馆、情报推送、真实影院、农家书屋、盲人服务、周末市民文化系列活动、军营图书室等一系列项目。如邀请余秋雨、葛剑雄、钱文忠、周国平、鲍鹏山等一批著

① 张伟. 浦东图书馆内涵发展的实践探索[G]//张伟. 问道. 上海:上海远东出版社,2013:13.

名学者走进了浦东图书馆,为广大读者提供高品质的文化讲座,颇受欢迎,座无虚席。

(3)信息舆情开发服务方面

浦东图书馆着力为政府机关和企事业单位提供各种信息咨询服务,并长期为浦东新区政府提供内部参考信息及定题服务。从最初开展面向公众的日常信息咨询,到为政府机关、各类企事业单位提供专题信息服务、商业科技信息检索、定题跟踪服务以及浦东地方文献信息开发,逐步发展到为政府提供舆情信息监测、专项信息咨询及为中小企业提供竞争情报服务,浦东图书馆在这方面已是硕果累累。如:为新区区委、区府领导提供的《信息编译》《批评与建议》《网络舆情专报》《今日舆情》《浦东文化创意产业要讯》《卫生改革信息汇编》;受上海国际旅游度假区管委会委托编发的《上海国际旅游度假区(迪士尼项目)快报》和《现代服务业舆情资讯》;为中小企业专门提供的《城市中小额贷款市场调查》《中小企业贷款调查报告》《农村小企业贷款及担保调查》等。

(4)延伸服务方面

新馆开放后,浦东图书馆进一步积极开展延伸服务,不断完善以浦东图书馆为中心,分馆、县级图书馆和街镇图书馆为骨干,联结村(居)图书室的三级公共图书馆基础网络,并为有上网条件的流通点免费提供远程接入和馆内数字资源访问服务,开展各种读书活动,使浦东图书馆各服务点在建设学习型社会、和谐社会中发挥出良好的作用。

2013 年 11 月,浦东取得第二批“国家公共文化服务体系示范区”创建资格。以浦东新区创建全国公共文化服务体系示范区为契机,浦东图书馆积极推进总分馆建设,协调辅导街镇图书馆业务工作,在开发区白领集聚地设立“阳光阅读吧”,在重大项目如大飞机、迪士尼建设工地以及军营、民工子弟学校、监狱等处建立分馆或流通点,截至 2014 年,已建成 263 个分馆(流通点)。此外,浦东图书馆还坚持为本区 325 个行政村“农家书屋”配送书;与浦东新区图书馆学会合作在大别山革命老区建立了26个“候鸟书屋”，使6000多名留守儿童受益；在江苏省大丰市海丰农场建立浦东图书馆海丰分馆；与新疆喀什莎车县图书馆、甘肃天水麦积区图书馆开展文化交流活动，等等。

(5)特殊读者服务方面

为特殊人群提供公平的、均等的享受文化的权利，是公共图书馆的义务和职责所在。在为弱势群体创新服务方面，浦东图书馆也取得了较好的效果。针对弱势群体读者，浦东图书馆以读者需求为出发点，每年下拨专项经费100多万元确保项目实施，为残障人士、外来务工人员及其子女、老年人、下岗工人、监狱囚犯等各类特殊群体读者开展了广泛而深入的服务，并在服务中体现人文关怀，逐步解决特殊群体读者利用图书馆的困难，使他们提高了个人素养和能力，增强了自信心和对政府社会的满意度，增强了幸福感，找到了人生价值和目标定位，产生了显著的社会效益。

其中，视障服务是最具代表性的。2001年起，浦东图书馆就已面向视力残疾人提供公益性服务，发展至今，已形成以盲人电脑培训为首，盲人读书会为腹，主题活动和上门送书为侧翼的一整套盲人读者服务。多年来，浦东图书馆视障者服务中心被众多视障人士称为“盲人之家”，并曾荣获上海市人民政府残工委颁发的“扶残助残先进集体”。2010年，为表彰浦东图书馆在为视障人士服务方面的优异表现，国际图联向浦东图书馆颁发了国际图联UIVERSCROFT基金会最佳实践奖，该奖为国际图联年度唯一团体大奖，也是中国图书馆首次获此殊荣。2013年12月，浦东图书馆视障者服务中心正式成为中国盲文图书馆支馆，依托中国盲文图书馆丰富的馆藏资源，更好地为盲人读者提供优质的服务。

除了上述内容，面对当前的数字化、全媒体时代发展趋势，浦东图书馆也在全面借助现代技术，以实现服务方式的创新和完善。现代技术的迅速发展，为图书馆事业的拓展提供了强大的支持。RFID技术是现代图书馆应用较为广泛的技术，浦东图书馆在利用RFID技术实现文献立体导视、自动分拣等功能的同时，还在不断扩大RFID的应用范围,不但要实现读者在馆内的一体化自助服务,对具备条件的分馆及馆外流通服务点,也在逐步实现 RFID 自助借还、自助办卡业务,以打造一个新型的智慧图书馆发展模式。移动数字阅读服务也是浦东图书馆近几年探索的一大重点,推出了“龙源手机图书馆”等服务,读者只需手机登录,即可任意检索并选择阅读期刊和电子图书。另外,为方便读者、馆员及时有效地了解图书馆的动态,浦东图书馆着力进行了新馆的图书馆网站建设。根据浦东图书馆各个部门的工作内容,网站设置了本馆概况、服务指南、读者服务、文化品牌、信息咨询、延伸服务等多个栏目,读者可以通过该网站查询浦东图书馆的资源和相关信息,实现了图书馆与访问者的双向信息交互。

图 4　浦东数字图书馆门户

2013 年 9 月,浦东数字图书馆项目正式立项。该项目是在浦东新区推进国际化大都市建设的配套示范性公共图书馆,承担了市民终身教育教室、家庭学习公共信息空间、城市发展的历史记忆中心、精神文明建设基地、公共信息服务与提供中心、专题情报服务与信息增值服务基地、弱势人群信息保障与知识援助中心等职能,也是浦东新区的知识传播中心、文献收藏中心、文献加工生产增值中心。2014 年 2 月,浦东数字图书馆系统开始启动建设。浦东数字图书馆主要包括门户网站、移动阅读App、数字化直播服务平台以及盲人数字图书馆四大功能模块。2015年2月初，浦东数字图书馆平台正式投入与公众见面，门户网站地址为http://elib.pdlib.com。据该系统后台统计，上线之后，前3天的访问量就已达到19 531人次。这一数字虚拟平台让浦东图书馆突破服务时间、空间的限制，成为一个24小时向读者开放的数字阅读资源窗口，读者可以在自己家里借阅数字图书查阅论文，浦东图书馆不打烊正在成为现实。

五、建构专业化的馆员队伍

浦东图书馆将馆员视为图书馆的第一资源。当前社会公众普遍认可的是，图书馆应坚持以读者为本的理念，但浦东图书馆认为，以读者为本必须通过以馆员为本来实现。浦东图书馆的内涵发展对专业馆员队伍的知识结构、学术水平、创新精神和实践能力提出了新的挑战。浦东图书馆的内涵发展最终需要一支结构合理、素质过硬的专业馆员队伍来支撑。否则，浦东图书馆的专业品质无法提高。

1. 国内外馆员队伍建设比较

人是图书馆最关键的因素。20世纪70年代以来，美国图书馆界在人力资源的研究方面一直表现活跃，至今为止已积累了一些很值得我国图书馆界借鉴的先进经验。浦东图书馆对国内外图书馆馆员队伍建设情况展开广泛调研，为建构专业化的馆员队伍做好了充分准备。

(1)管理理念

美国图书馆以“能本管理”为人力资源管理理念，这是一种以人的能力为核心的人本管理，是人本管理发展的新阶段。“能本管理”的管理方法简而言之就是，通过采取各种行之有效的方法，最大限度地发挥每个人的能力，从而实现能力价值的最大化，并把能力这种最重要的资源通过优化配置,形成推动社会全面进步的巨大力量。

在我国,过去很长一段时间里,图书馆都被视为安排子女就业和引进人才配偶就业的工作地,管理较为随意。随着图书馆进入转型期,以人为本的管理理念逐渐得到普及,但影响较为有限,尚在初始阶段。

(2)制度保障

图书馆员是一项在专业知识和技能方面具有较高要求的职业。根据美国相关图书馆法,馆员必须具备图书馆学会承认的图书馆学或信息学硕士以上学位,如要终身从事图书馆工作,还必须有第二硕士学位。工作人员按照岗位要求进行招聘,岗位要求包括岗位职能和应聘人员的学历、能力、技能及实践经验等方面,并表明岗位薪酬。美国的图书馆员职业准入制度和馆员选拔机制十分严格,这些制度的健全有利于从基础层面建构一支高水准的图书馆员队伍,提升图书馆从业人员的整体素质。

我国图书馆法规制度建设较为滞后,《公共图书馆法》还未正式出台,图书馆职业准入资格方面还是一片空白,人力资源建设缺乏法律保障。

(3)人员结构

在图书馆人员结构规划方面,美国图书馆也有严格规定。美国公共图书馆工作人员主要有两类,即专业馆员(Professional Librarian)和支持馆员或辅助馆员(Supporting Librarian)。美国图书馆协会规定,图书馆的专业工作,如采访、编目、参考咨询等专业性、技术性较强的工作必须由专业馆员担任,专业岗位一般占岗位总数的1/3。辅助馆员承担图书验收、期刊加工、流通借阅及上架、整架等工作。

近年来,我国图书馆员中拥有图情专业或计算机专业背景的馆员日渐增加,平均学历也有所提升,但规范化的人才培养和考核制度的缺乏和人力资源管理长期规划的缺乏,导致图书馆馆员结构不合理,使图书馆的发展受到很大限制。

(4)继续教育

在美国图书馆界,继续教育占据着十分重要的战略位置,而且有着各种法律、法规来保障继续教育的开展，继续教育已成为馆员的基本权利和责任。如纽约皇后区图书馆规定，所有新馆员必须接受6个月业务培训，并把达到继续教育的目标与奖金、晋升和其他专门奖励结合起来给予馆员鼓励。

我国很多图书馆仍处于重使用轻教育的状态，很少给馆员提供机会或创造条件参加继续教育，在有限的培训活动中，培训的内容也较为局限，多集中于图书馆学、情报学和编目等基本知识，缺乏前瞻性。另一方面，图书馆高端人才缺乏良好的成长环境，图书馆的岗位配置没有跟上时代发展需求，高层次人才的能力往往得不到较好的发挥，所谓杀鸡用宰牛刀，不但造成人才浪费，还拖后了图书馆员整体素质的发展，弊端较大。

(5)绩效考核

美国图书馆对馆员的考核比较全面，内容包括工作业绩、业务水平和社会效益等3个方面。被考核者除了撰写述职报告外，还要呈交学术研究成果以及对图书馆发展的建议和本人下一年度的工作计划。

目前，我国没有规范的图书馆考核指标，馆员薪酬更主要的是以职称、资历为标准，绩效考核多流于形式，以至于干与不干一个样，干多干少一个样，直接影响了人才积极性和主观能动性的发挥。

(6)薪酬待遇

美国图书馆员通常社会地位较高，受人尊重，同时也能获得优厚的薪资待遇。美国图书馆员薪酬制度完全根据岗位、能力、绩效来确定，专业馆员的工资一般是辅助馆员工资的4—5倍，一般资深馆员年薪达到8万—15万美元，比美国参、众两院议员还要高。

国内图书馆在薪资待遇方面增长较慢，虽然录用标准在不断提高，但相应的待遇却上不去，容易给馆员带来较大的心理落差，很多馆员尤其是年轻馆员并没有把图书馆的工作作为其终身职业，人才流失严重，队伍稳定性不强，给图书馆的发展乃至整个图书馆事业的发展造成很大的负面影响。

综上，和国外图书馆界尤其是美国相比，在馆员队伍建设方面，我国长期表现滞后，存在较多问题，这对于图书馆内涵发展来说，是一个相当严峻的问题，还需要在多个层面进行积极的探索。

2. 浦东图书馆专业队伍建设实践

浦东图书馆强调，在图书馆事业发展诸要素中，人是最积极、最活跃、最具有能动性的因素。人才是搞好事业的基础，只有具备了现代化的专业队伍，才能引领图书馆未来发展之路，创造出现代化的图书馆。为此，在新馆成立以来，浦东图书馆进行了一系列的实践探索，取得了一定的成效。

首先，在内部管理方面，推进实施人性化管理模式，积极听取馆员意见，不断完善管理制度。新馆建成以来，浦东图书馆制定和完善了一系列人力资源开发与管理方面的制度，如《浦东图书馆人力资源管理制度》《浦东图书馆考勤管理制度》《浦东图书馆职工奖惩办法》《浦东图书馆职工继续教育规定》《浦东图书馆专业技术职务聘任实施细则（试行）》等，约达 20 多项规章制度，对馆员的招聘、考核、继续教育、培训、奖励等方面细化规范。同时，强调尊重、协商式的柔性管理，管理层定期与馆员之间进行对话，展开互动交流，强化了馆员的归属感和工作积极性。

其次，多渠道引进人才，合理规划馆员队伍结构。浦东图书馆实行开放的人才政策，通过社会公开招聘、事业单位内部引进以及高校直通车等方式引进优秀人才，并本着“公开、公平、双向、择优”的原则，竞聘岗位，激励职工不断提高自身素质，认真履行岗位职责，逐渐组成了一支思想素质好、专业能力强、人员结构合理的队伍。对于专业性要求较高的岗位，如信息咨询与情报研究中心、读者服务中心专题阅览部及计算机网络部，对引进人才的标准更为严格，以确保馆员队伍结构的合理化。截至 2014 年年底，浦东图书馆共有在编馆员 153 人，其中研究生学历 34 人、本科学历 99 人；高级职称 12 人、中级职称 43 人；中共党员 75 人。

再次，加强对馆员的培训与继续教育，有针对性地构建不同培养机制。浦东图书馆十分重视馆员的继续教育与培训,在浦东图书馆新馆开放初期,也是浦东图书馆发展的关键期和最佳发展期,浦东图书馆对馆员培训予以了特别关注。如2010年、2011年进馆的馆员,浦东图书馆为他们统一进行了图书馆内涵发展、基本业务操作、服务礼仪等方面的岗位培训,旨在将人才"软件"快速、合理、高效地嵌入图书馆"硬件",进一步提升图书馆服务软实力。对于2011年的新进人员,更是利用2个多月的时间,进行一系列的专业培训,提前为专业化队伍扎实基础。同时,邀请了不同领域的专家学者举办学术沙龙活动,丰富馆员专业基础知识;组织参观行业内图书馆的概况,进一步了解图书馆是什么,图书馆的价值何在。

结合岗位要求,浦东图书馆因人而异地构建了不同的培养框架。对于管理人员,强调制度化,如每月召开一次中层以上干部例会和不定期的专题研讨会等;对于专技人员,强调专业化,要求所有初、中级专业技术人员多参加业务专题会议和学术研讨会等,鼓励学术研究;对于新进员工,强调培训系统化,采取课堂直教、岗位培训、岗位轮换、外出参观、研讨学习、自我开发等多渠道进行培训;对于窗口服务人员,强调岗位培训持续化,如读者服务中心和少儿馆每周一上午组织工作人员进行业务知识培训和工作交流等。浦东图书馆党工团组织在这其中也发挥了重要的作用,有效把馆员思想工作与业务工作紧密结合。如馆党总支通过"微型党课"和"道德讲堂"等方式提高党员、职工思想觉悟;馆工会采取"岗位技能比武"和"礼仪培训"等方式提高职工服务能力和文明素养;馆团总支配合馆党总支和工会积极组织志愿服务活动等,在实践中陶冶青年职工的情操和服务水平①。

此外,注重弘扬学术文化内涵,为专业馆员提供更好的成长平台。浦东图书馆坚持唯有学术方能提高办馆品质。为此,浦东图书馆在新馆开放后就这方面做了大量工作。为分享学术成果,浦东图书馆坚持

① 张伟.公共图书馆内涵发展的理论与实践研究——以浦东图书馆为例[M].上海:华东师范大学出版社,2013:215.

每年举办一次学术论坛，每月组织开展一次学术沙龙活动，先后邀请国内多位知名图情学界专家到馆演讲，为馆员提供更加全面、丰富、前沿的图情学界动态。相继创办了《浦东图书馆通讯》《图情快报》《图书馆发展研究》《图书馆工作专报》等一系列专刊；与华东师范大学共建图情专业硕士实践基地；成立了浦东图书馆学术委员会、浦东图书馆青年馆员研究会，在全馆上下营造了良好的学术研究氛围，为弘扬学术精神、倡导文化立馆发挥了积极作用。

在浦东图书馆的牵头筹备下，2012 年 6 月，上海市浦东新区图书馆学会正式成立。学会将把浦东新区范围内的大学图书馆、中小学图书馆、公共图书馆和其他企事业单位图书馆联合起来，着力打造浦东新区图书馆共同体。截至 2014 年年底，浦东新区图书馆学会已有个人会员 358 人和集体会员 67 家。学会现已成为会员交流著作成果、分享科研心得、寻求学术灵感的一个学术交流平台，推动了浦东图书馆及区内图书馆的整体成长。

浦东图书馆还积极支持馆员进行对外学术交流，如遴选优秀人才参加国际图联年会，鼓励专业人才参加中国图书馆年会和全国中小型公共图书馆联合会，选派优秀人才担任上海市图书馆学会学术委员会委员等。这些努力也带来了丰硕的成果，截至 2014 年，浦东图书馆已先后申报立项各类课题 31 项，其中 18 项已顺利结项；累计公开发表 72 篇学术论文，其中 11 篇发表于核心期刊；有 49 篇论文在图书馆行业征文比赛中获奖，包含 7 个一等奖；113 篇馆员学术文章发表于馆内刊《图书馆发展研究》。2012 年，浦东图书馆被上海市学位办批准为“图情专业硕士实践基地”，实习生在兼职导师和业务导师的指导下，在浦东图书馆通过具体岗位实践、课程教学、参加学术文化活动等全面开展实践活动。目前，浦东图书馆已接待了数届图情专业硕士实习生，并编写全国示范性图书情报专业学位研究生联合培养基地使用教程《公共图书馆管理与服务》。此外，2013—2014 年，浦东图书馆还陆续出版了“浦东图书馆内涵发展”系列丛书《问道》《衔华佩实——浦东图书馆内涵发展论文集》等，展现了浦东图书馆内涵发展的理论与实践成果。

3. 人才建设的长远发展规划

浦东图书馆馆长张伟在谈论浦东图书馆内涵发展时表示，“我们的近期发展目标是，三年打基础，五年见风貌，十年出成效”。确实，内涵发展是一项长期的工作，馆员队伍建设也需要不断的努力。目前，浦东图书馆在人力资源发展方面还存在一些有待完善的问题，如人才愿景规划尚待制定，人才整体结构有待改善，人才引进机制不够灵活，人才考核体系也还需要进一步完善，面对目标长远的未来发展之路，浦东图书馆表现得十分清醒而充满信心。

(1)制定长期人才发展规划

为了把浦东图书馆建设成为“与浦东未来城市发展相适应的示范性公共图书馆”，《浦东图书馆 2011—2015 年发展规划》提出，“‘十二五’期间，浦东图书馆将通过强化馆员培训、指导馆员系统学习、多方引进高素质人才等系列措施，建立一支知识结构完备、学术水平一流、恪守职业道德、极具实践能力的专业化馆员队伍，支撑浦东图书馆内涵发展和创新实践”。

(2)争取灵活的用人自主权

长期以来，图书馆在用人上没有自主权，难以调动职工的积极性，使人才发挥受到了限制。浦东图书馆正努力通过法人治理结构试点取得用人自主权，建立灵活的人才使用机制，以期打破人才身份、所有制类别、户籍等限制，根据本馆岗位设置和个人工作能力进行择人、用人，从而做到人尽其才，才尽其用。同时浦东图书馆也在规划自己的收入分配权，打破传统的分配方式，做到业绩与收入匹配，奖励与贡献挂钩，从而鼓励职工勇于创新，勤于工作，开拓进取，最终到达图书馆发展的良性循环。

(3)建构合理的人才结构体系

浦东图书馆正积极研究建构与浦东图书馆内涵发展和创新实践相适应的人才结构体系，采取长期与短期聘用方式相结合的途径，探索多元人才引进和聘任机制,通过外来高级人才提升馆员的专业水准,带动馆员的工作积极性;制定合理的图书馆人才比例发展目标,做到人力资源管理机制与人事代理、人才派遣等方式共存,逐渐形成行政管理、专业技术、工勤服务等各类岗位之间的人员合理配置,建立起结构合理、层次比例适当的员工队伍。

(4)拓宽多层次人才培养渠道

彼得原理如是说,“在一个等级制度中,每个职工趋向于上升到他所不能胜任的地位”。美国图书馆资源理事会20年来一直在执行类似的培训计划。该培训计划的目标是把受培训的管理者放到全真的管理环境中,做一些政策安排并解决一些实际问题。

在过去的几年里,浦东图书馆依据《浦东图书馆职工继续教育规定》《浦东图书馆科研成果奖励与资助办法(试行)》《浦东图书馆职工奖惩办法》等规定,对管理人员、专业技术人员、新进员工、窗口服务人员、实习生及志愿者等均依据相应制度和相关规定分别进行岗前培训和在岗培训等,取得良好效果。但是彼得原理和美国图书馆资源理事会的做法告诉我们,浦东图书馆人才培训制度需进一步完善;在强调引进和聘任人才的同时,浦东图书馆必须进一步加强人才内部的培养。根据岗位要求、馆员的个性差异,以及实际需要,浦东图书馆可以制定复合型人才与专科人才的结构比例,完善培训计划,拓宽培训渠道,并进行有目的的培训等。

(5)建立科学的人才评价机制

评价考核机制必须与职工收入相结合,彰显工作业绩的权重。浦东图书馆考虑在事业单位评价的基础上,根据不同岗位和工作任务,采用目标管理和全面质量管理等相结合的手段、定性和定量相结合的方式,注重静态与动态相配合,关注文化理念和文化氛围对职工的影响,创建出具有浦东图书馆特色、符合现代人才特点的人才评价机制。如对于咨询人员可以加入社会效益进行评定,而对于情报人员则可以采取经济效益进行考评;在考核过程中坚持以知识水平、创造性劳动能力和在文化传播事业中做出的贡献来衡量人才，提高创新成果的分值。也可以与中介合作，开发应用人才测评技术，完善人才评价手段，建立科学的人才评价体系，促使每一个人才都能发挥最大的效益①。

六、建构浦东图书馆内涵发展的文化

图书馆是公共文化服务机构，与文化密不可分。而从内涵发展角度来说，内涵就是一种文化，基于此，浦东图书馆将“文化立馆”列入了图书馆建设的重点工作之中。在新馆开放后的图书馆发展初期，浦东图书馆就注重从图书馆文化建设，对社会的文化引领等方面来强化图书馆的内涵发展，为提升区域文化软实力不断努力。

1. 公共图书馆的文化软实力

文化，即以文“化”之，内化于心，外化于行，大化于社会。文化是一种软实力，文化软实力的提高需要文化产业和公共文化服务的两轮驱动。公共图书馆在促进文化软实力发展中有着极为重要的地位和作用。

1994 年的《公共图书馆宣言》指出，公共图书馆是传播教育、文化和信息的一支有生力量，是促使人们寻找和平和精神幸福的基本资源。对此我们可以理解为：公共图书馆是社会的重要文化载体，在社会整个公共服务体系中，公共图书馆不仅是信息的积聚和发散地，也是提供人们寻求知识的渠道，为个人和社会群体的终身教育、自由决策和文化发展提供基本条件，在帮助公众和社会提升文化自觉、增强文化自信、实现文化自强方面发挥着无可替代的重要作用。

(1)公共图书馆作为资源中心，在保存和传承优秀文化方面作用

---

① 张伟. 公共图书馆内涵发展的理论与实践研究——以浦东图书馆为例[M]. 上海：华东师范大学出版社，2013：219 – 222.

巨大

图书馆所收集保存的宝贵文化成果,是展现、提高国家或地区文化软实力的重要基础性资源。这些馆藏资源对于社会核心价值体系的形成、科技的进步、创新精神的培育、公民文化素养的提升以及民族文化的认同和传承有着不可替代的作用。

(2)公共图书馆作为社会教育中心,对于公民素质的提升作用巨大

文化软实力的提升要依靠高素质的公民去实现。一个国家的实力和可持续发展动力,越来越多地取决于国民的素质,而一个区域的发展进步也依赖着区域内市民整体素质的提升。在当今社会,学历教育属于阶段性的,而非学历教育才是终身的。与社会教育相比,学校教育、家庭教育各有局限,社会教育在一个人的一生中占有非常重要的地位。公共图书馆面向全体社会民众开放,是公民进行社会教育、终身教育的重要场所,在培养、提升公民文化素质方面担负着十分重要的职责。

(3)公共图书馆作为城市第三空间,在满足公众文化需求、保障人民文化权利上作用重大

联合国《世界人权宣言》明确申明人人都有自由参与文化生活的权利。只有满足了民众的文化需求,才有民众对所属文化的认同,才谈得上文化软实力的加强。公共图书馆属于公共文化设施,是城市的第三空间,是市民的精神家园,为公众提供多样的文化资源和文化服务,满足群众文化需求,保证公民文化权利的实现,是公共图书馆的一个重要职能。

(4)公共图书馆作为公共文化机构,对于优秀文化的推广作用巨大

公共图书馆的服务对象覆盖面最广,其中使用图书馆的多属于文化层次相对较高的人群,这一读者群体是图书馆的主要用户,在文化需求方面更为积极、更加丰富,他们往往也是促进社会发展的重要力量。公共图书馆通过展览、讲座、读书活动等面向这部分读者开展文

化推广,可获得事半功倍的效果,有利于优秀文化的推广。

(5)公共图书馆事业发展本身也是文化软实力的具体表现

图书馆作为传承文化、传播知识的文化载体,自身也展示着一个区域的文化软实力。公共图书馆事业发展较好的地区其文化发展水平也通常较高,在很多国家和地区,公共图书馆就是当地的文化地标。文化是事物发展的灵魂,公共图书馆也有自己的图书馆文化,基于此,我们可以将公共图书馆文化视为当地文化软实力的一大表现。

2. 浦东图书馆的"文化立馆"实践

公共图书馆事业的发展在促进一个区域文化软实力提升方面具有重要作用,而且其本身就是文化软实力的具体表现,因此,把公共图书馆发展好才是一切的首要任务。浦东图书馆提出"文化立馆"以推进图书馆内涵发展,着力开展图书馆文化建设工作,主要包括愿景文化建设、制度文化建设、行为文化建设以及物质文化建设四大方面。

在新馆诞生之初,馆领导就从哲学层面对浦东图书馆进行了本体论、价值论和方法论的再思考,由此回答浦东图书馆新馆"是什么""为什么""怎么做"的问题。在这其中,馆长张伟特别强调了公共图书馆在对社会的文化引领的核心价值。21 世纪是文化的世纪,公共图书馆在文化强国的过程中,有着不可替代的社会作用和地位。在文化文明的进程中,公共图书馆不仅承担了保障公民基本文化权利、保障社会信息公平等社会职责,更要用人文精神来提高大众文化的品质,引领大众文化的走向,帮助大众实现"文化自觉"①。

浦东图书馆作为一个文化生命体,其价值追求的重要目标是建立个人愿景和组织愿景相一致的共同愿景。这种愿景最终将通过馆员的文化自觉行为外显。因此,浦东图书馆对图书馆行为文化建设特别重视。图书馆服务文化作为最突出的表现,更是成了浦东图书馆的一

① 张伟. 浦东图书馆新馆的文化使命[G]//张伟. 问道. 上海:上海远东出版社,2013:7.

大工作重点。一方面通过对岗位职责、工作流程、服务承诺、服务制度等进行规范和量化,建立对服务工作的科学管理和评估;另一方面通过建立完善持续的培训机制,开展服务理念、服务意识、举止言行、工作技能等多方面的系统培训,培养窗口人员处事能力和应变能力,进一步提升服务素质和业务技能。

浦东图书馆还从党建工作、组织文化等方面着手,践行"文化立馆",增强图书馆的凝聚力、向心力。浦东图书馆在党总支领导下,加强工会、团总支、退管会等工作,开展大家喜闻乐见的文化活动,调动大家的参与热情,发挥党和群团组织在图书馆精神文化建设中的重要作用。同时,推动建立与个人职业生涯相结合的激励机制,充分发挥员工的积极性;培育团队精神,强化组织观念,增强凝聚力,在员工中形成相互信赖、协作配合和共同进步的良好局面;在员工培训计划中,将培养馆员的高尚品德和职业道德作为重要培训项目;加强和员工的沟通和交流,将"谈心""座谈会"等沟通形式发展为常规交流制度,着力构建从个人愿景、团队愿景再到组织共同愿景的愿景体系。

党的十六大报告指出:"要形成全民学习,终身学习的学习型社会,促进人的全面发展。"浦东图书馆也将创建学习型组织列入"十二五"期间的主要任务和重点工作。学习型组织是从文化角度定义组织的。学习型组织是以信息和知识为基础的组织,这种组织实行目标管理,成员能够自我学习、自我发展、自我控制。因此,创建学习型组织是图书馆内涵发展的必然趋势。以创建学习型组织为目标,浦东图书馆全馆上下,不管是领导干部,还是馆员员工,树立了重视学习、主动学习的良好氛围,切实提高思想理论水平和业务水平,提高推动创新发展的能力。

浦东图书馆将组织文化融入馆内环境布置及视觉识别系统,打造了一个和谐、人文、独具浦东图书馆特色的公共图书馆形象。2009 年,在浦东图书馆新馆建设期间,浦东图书馆面向全社会公开征集馆标设计,由此建立起浦东图书馆的视觉识别系统。浦东图书馆馆标设计方案源自于对"浦东图书馆"英文名称"Pudong Library"的缩写——

“PdL”三个字母，经解构、重组，字母从右至左（由上至下）排列，不仅完整表达了浦东图书馆的名称，也同时将地域特点与国际性充分结合。图形运用中国书法一挥而就，笔墨印迹显示出整体造型的收放自如、沉稳大气，映衬了当代图书馆的浓厚文化底蕴和丰富内涵。这一图形兼具多重寓意。首先，它抽象出一个蕴含着“广袤、无限”意念的符号“∞”，展现了图书馆作为人类文明与智慧的聚集交汇之地，蕴藏无尽的文化宝藏；同时，它也形似级级阶梯，暗喻人们从这里不断进取、不断攀登，到达知识殿堂；它还可以被看作窗口，承担着文明与智慧的传承、发扬、交流、传播，人们透过这里瞭望世界和未来，世界也透过这里了解浦东，了解中国。

浦東圖書館
PUDONG LIBRARY

图5　浦东图书馆馆标

3. 以内涵发展提升区域文化软实力

图书馆的内涵发展一方面是顺应文化软实力的发展趋势，另一方面也将助力提升区域文化软实力。浦东图书馆作为浦东新区的公共图书馆，秉持“以人为本、文化立馆，把浦东图书馆办成读者和馆员的精神家园”的办馆理念，坚持“内涵发展”，将助力提升区域文化软实力作为自身发展的重要方向①。主要表现在以下几个方面：

（1）助力国家战略，为上海“四个中心”建设提供多方位支持

上海正处于一个前所未有的发展期。为进一步深化落实建设党中央、国务院关于上海“四个中心”的国家战略，上海市“十二五”规划纲要明确指出：到2020年，上海要基本建成与中国经济实力和国际地位相适应、具有全球资源配置能力的国际经济、金融、贸易、航运中心，

① 张伟. 公共图书馆内涵发展的理论与实践研究——以浦东图书馆为例[M]. 上海：华东师范大学出版社，2013：234.

基本建成经济繁荣、社会和谐、环境优美的社会主义现代化国际大都市。2013 年 7 月 3 日,国务院常务会议原则通过了《中国(上海)自由贸易试验区总体方案》:将顺应全球经贸发展新趋势,在上海浦东外高桥保税区等 4 个海关特殊监管区域内,建设中国(上海)自由贸易试验区,更加积极主动地对外开放,形成可复制、可推广的经验,发挥示范带动、服务全国的积极作用。这更大地推动了上海的发展进程,并再一次确定了浦东在这股发展浪潮中的先头兵地位。

浦东图书馆是浦东新区的公共图书馆,在区域发展的大趋势下,浦东图书馆当仁不让地肩负起应有的责任,加强内涵发展,提升区域文化软实力,助力国家战略,为上海的"四个中心"建设提供多方位支持。

第一,凝聚人心、形成共识。浦东图书馆在文化品牌建设方面已经积累了丰富的经验,形成"浦东文化讲坛""人文艺术展"等品牌。在助力国家发展战略的过程中,可以通过文化平台的合作,开展经济社会发展与上海定位等系列讲座、举办区域发展成果展览等丰富多彩的公共文化活动,进一步发挥图书馆作为公共文化空间的作用,向市民大众宣传和普及"四个中心"的新形势、新情况、新举措,加强公众对"自由贸易试验区"等工作的认识,使大家关注浦东和上海的经济社会发展,心往一处想、劲往一处使。

第二,采编图书、汇集资料。从上海的自身历史看,1843 年上海开埠后,这个昔日的小渔村,在特定的历史环境和独特的区位优势中,一跃成为江浙等地货物进出口中心和远东第一金融中心,股票、黄金、外汇等金融市场规模雄踞亚洲第一。从国际比较看,纽约、伦敦、巴黎、东京发达国家的中心城市,已经在区域中心等方面积累了大量的经验。这些历史、国际经验的相关资料,许多已经出版成书,是大家了解国家战略和上海"四个中心"建设的宝贵资料。浦东图书馆作为浦东新区公共图书馆可以系统地采编其中的经典图书,分类汇集,供广大读者借阅、学习。

第三,提供情报、辅助研究。浦东图书馆应顺应时代,加强浦东图书馆文献情报功能的建设，使其成为浦东新区文献情报中心。充分发挥情报信息中心的优势，为专业研究人员提供最新的研究材料，如关于“四个中心”的国内外研究动态。特别是“中国（上海）自由贸易试验区”还处于摸索阶段，许多情况还不明朗，而专业研究者又急需相关资料。浦东图书馆可以进一步发挥情报数据库和检索新技术等优势，分类收集相关情报，为专业研究人员提供辅助服务，从而提升区域发展的软实力。

（2）引领文化发展，构建良好的区域文化生态

图书馆是区域文化的重要组成部分，具有彰显和提升城市文化的重要功能。作为浦东新区公共文化服务体系的重要组成部分，浦东图书馆不仅要发挥文化作为一种生产力对经济发展的推动作用，更要发扬文化作为一种创造力在带动人们不断解放思想，引领区域文化新发展方面的重要作用，构建一个丰富多样的、特色鲜明的、充满活力的、可持续发展的良好区域文化生态。

第一，打造第三文化空间，构建市民精神家园。公共图书馆是传承人类知识文明的文化载体，他提供了让人成为特定社会人的文化土壤。公共图书馆追求的终极目标是“促使人们寻找和平和精神幸福”。因此从本体论角度来说，浦东图书馆是大众享受学习乐趣、感受文化感召、体验心灵和谐、接近生命智慧的“精神家园”，是促使人们寻找和平和精神幸福之所，是极富影响力的城市公共文化空间。公共图书馆应在区域文化发展的大背景下，营造良好文化氛围，主动参与区域文化良好生态的建设，构建市民文化休闲的第三空间，为人们提供交流和休息的场所，并在人们休闲时提供较高质量的信息和良好的人文关怀。图书馆有条件营造一个充满人文关怀，充分尊重读者人格的、温馨的、平等的、自由的第三空间，同时，图书馆的丰富馆藏资源、优良讲座资源、各类展览、优秀影片播放等对于其发挥市民教育功能将起着不可低估的作用。基于此，浦东图书馆对第三空间展开了积极的探索与实践，以达到实现提高人们思想道德素质、科学文化素质和健康素质的目标。

第二,传承、推广优秀文化,形成区域文化鲜明特色。区域文化要繁荣长兴就必须走特色发展之路,文化的高度趋同将严重削弱区域文化的生命力,没有特性也就无所谓区域文化。浦东在近现代的发展历程有着特殊的作用,作为开发开放的窗口、金融航运中心的前沿以及外来高端人才的聚集地,必然会逐步形成与此相关的文化产品与文化特色,这些优秀的文化资源对区域核心价值体系的形成、科技进步、创新精神、市民文化素质的提高具有不可替代的作用。而如何将"四个中心"和"自由贸易试验区"建设进程中所产生的精神文化财产保留和推广将成为公共图书馆肩负的重任。浦东图书馆作为浦东新区的公共图书馆有责任在这个历史过程中收集、保存、整理并推广这些优秀文化资源。为此,浦东图书馆对这几个方面给予了高度重视:其一,做好地方文献采编等基础工作,逐步建立具有自身特点的文献资源收藏体系、保障体系。其二,通过自身文化品牌开展公共文化活动,推广和展示浦东地区名人名家文化艺术作品或具有浦东地方特色的作品,通过合作举办艺术展,接受捐赠参展作品丰富图书馆馆藏,逐步丰富具有浦东文化特色的馆藏。其三,敢于先试先行,引领区域文化新发展。浦东图书馆作为浦东新区的公共图书馆,作为浦东文化的窗口,秉持着先试先行的精神,矢志在文献收藏和文化活动方面要成为海纳百川的展示平台,要成为向市民展示世界文化的窗口,同时也要成为向世界展示浦东精神的窗口。

(3)着力社会教育功能,提高市民人文素养

任何发展归根结底都是为了人的发展,只有个人得到更好的发展和自我实现,社会才能良好运行,才能更安定和谐。图书馆承担着大众社会教育的重任,提升市民人文素养,从而加强区域文化软实力,这也是公共图书馆内涵发展的重要工作。浦东图书馆在新馆开放后十分重视发挥社会教育功能,着力社会教育,努力建成区域社会文化教育中心。

第一,向公众提供平等免费的终身教育。公共图书馆开展社会教育是学校教育的补充。对于个人的财力、教育资源等因素造成的未完

成学校教育的公民来说，图书馆是一个公共、平等、免费的再教育场机构。对于已完成学校教育的公众来说，想要获得继续教育的机会就必须要依托社会文化机构。公共图书馆作为"社会的大学"承担着公民继续教育的职责。公共图书馆开展社会教育作为学校教育的一个重要补充，不可或缺，是帮助个体发展，提高公民素质的重要途径。只有公民素质提升了，区域文化软实力提升才能落到实处，一个区域的文化和经济才能更具有根本的吸引力。

第二，打造区域文化教育中心。浦东图书馆秉承"以人为本，文化立馆，把浦东图书馆办成读者和馆员的精神家园"的理念在做好传统图书馆服务的基础上，积极进行功能拓展，创立浦东图书馆文化品牌，开展多元文化活动。使公共图书馆真正成为没有围墙的大学，为市民的终身学习提供文献支持和资源保障，并把图书馆从单一的信息中心，扩展为读者的知识中心、休闲交流中心和市民接受公共文化教育的机构。与此同时，还将文化服务的触角延伸到街镇、楼宇、民工子弟学校、监狱等机构，使公共图书馆文化教育辐射面最大限度覆盖不同阶层的人群。通过文化教育中心的建立，图书馆社会教育功能充分发挥，使不同阶层的人群能接受文化的熏陶和滋养，从而提升区域内人群整体素质，最终使区域文化生态良好，增强区域文化的凝聚力和吸引力。

进入新世纪以来，文化软实力在国家和地区的综合实力竞争中的地位和作用越来越突出，已成为新一轮竞争中新的关键词，提升区域文化软实力对于该区域发展有着迫切而深远的重大意义，浦东图书馆以内涵发展促进区域文化软实力的提升，还需要继续努力。

第五章　对话:关于公共图书馆转型与内涵发展

导语:如果我们还像过去那样只做简单的借借还还,还像过去那样仅仅关注技术层面的东西,还像过去那样把读者当作物来控制,还像过去那样认识不到图书馆对社会的文化引领作用,这样的图书馆是承担不起历史使命的。

一、问题的提出

刘锦山:张馆长,您好!我国公共图书馆事业最近几年发展很快,可谓如火如荼,一派繁荣景象。浦东图书馆可以说是这种发展状况的一个见证和缩影,贵馆建立短短几年,就取得了相当好的成效,为浦东地区的公共文化服务体系建设工作做出了很大的成就,引起了社会各界和媒体的关注。在这个时候,您提出了转型发展的问题,请您谈谈提出这样一个问题所做的思考。

张伟:浦东图书馆诞生以来,得天时、地利与人和之便,确实做了一些公共图书馆内涵发展的探索。但成绩只能代表过去,不能说明未来。现在提出转型发展的问题,主要是出于两个方面的考虑。

第一个方面是从浦东图书馆的长远发展战略考虑的。

首先,浦东图书馆经过几年的发展,无论从读者到馆率、图书借阅册次、阅读推广活动这些图书馆基本业务数据来看,还是从媒体报道、高层关注、社会影响这些图书馆影响力数据来看,都是在同类图书馆中名列前茅的。在这样一个背景下,如何保障浦东图书馆的可持续发展已经成为摆在我们面前的一个非常重要的课题。这也可以说是浦东图书馆自身发展逻辑的必然。

其次,浦东图书馆的外部发展环境发生了比较大的变化,迫使我们直面转型的问题。举个例子,现在上海市所有的公共图书馆都要纳入上海市中心图书馆"一卡通"系统,这是全市的政策。这就意味着,将来图书馆的采访、编目、数据加工以及业务流转,都要通过"一卡通"来完成,实际上是由上海市中心图书馆主导来完成的。在这种背景下,浦东图书馆能做什么?全市文献资源都进入到上海市中心图书馆的"一卡通",浦东图书馆还有没有自己独特的文献资源呢?浦东文献能不能成为我们的一个切入点呢?我们知道,黄炎培、傅雷、张闻天是浦东人,宋氏三姐妹、杜月笙曾在浦东生活过,蒋经国、蒋纬国是浦东中学毕业的,还有范文澜、杨斯盛、王一亭,等等,这些浦东历史、浦东名人能不能成为我们"浦东文献"资源建设新的空间呢?

再次,上海自由贸易区的建立为浦东图书馆提供了新的发展机遇,不转型我们就抓不住这个机遇。浦东图书馆有个信息咨询与情报研究中心,以前我们这个中心开展过面向"两会"代表的信息服务、面向区领导的舆情监控服务、面向政府部委办局的信息加工和情报推送服务。但是仅有这些还不够,因为这些服务都是被动在做,主要还是工具服务。我们还需要价值服务,需要关注有浦东区域特色的资源建设,最终形成属于浦东图书馆的信息服务资源体系。如国务院批准上海建设国际经济、金融、贸易、航运四个中心,这是国家战略,浦东是四个中心的主战场,我们需要围绕这一战略,寻找生长点,实现浦东图书馆信息咨询服务战略发展新的突破。

我们希望通过转型发展这个问题的提出,以浦东图书馆新馆为平台,制造一种拉力,一种图书馆发展需要的向上提升的拉力,推进图书馆不断向前发展。事物的发展总是存在着向上与向下两种力,一般来讲向下的力量是很强大的,因为向下舒服,穿新鞋走老路嘛,当然不费力;而向上走的就是攀登,有时还要找路,这是很吃力的。浦东图书馆一直希望自己往上走、往前看。当然,我们也回顾,也总结,但回顾只是手段,不是目的,目的是要向前走。可以说,转型问题的提出,首先是为解决浦东图书馆可持续发展问题而提出的。

第二个方面,我们希望通过浦东图书馆的探索与实践,为中国公共图书馆的发展提供一种路径选择。经过十余年的快速发展,公共图书馆下一步到底如何发展,是我们面临的一个非常重要的问题。我们原来对公共图书馆的认识,是否就是一种定论性的认识?或者说一种真理性的认识?我认为,这很难说。我们不应该用一种决定式的、一种盖棺式的论断对过去的思考和实践做出结论。从更大的视野来看,社会发展也是如此。新中国成立以后直到1978年,我国搞了30年的社会主义,但是1978年邓小平还在问,什么是社会主义?我们能说这个问题问得很幼稚吗?我们在思想层面对什么是社会主义确实没有搞清楚。改革开放后,发展了30多年,我们又问什么是发展?提出要科学发展。为什么?因为我们对真理的认识总是随着事物发展而不断深化。公共图书馆探索也是如此。所以,我经常说,我们应该有勇气和能力去建构公共图书馆发展新的理论体系和实践体系。

刘锦山:张馆长,您谈到的路径选择是一个十分重要的问题,关乎图书馆的发展方向,路径问题实质上与基本价值观和方法论密切相关。而价值观与方法论均涉及"道"与"器"、现在与过去之间的辩证关系。请您结合这个问题谈谈公共图书馆现在所处的文化环境。

张伟:刘总所言甚是。在"道"与"器"的关系上,我们固然要坚决反对整天空言大"道",置"器"于不顾的片面思考;但我们同样也要坚决反对整天局限于器用之间,置"道"于不顾的片面实践。尤其是在高新技术日新月异的今天,作为图书馆人不能过度沉迷于技术而不能自拔,忘记了图书馆的办馆宗旨。技术一定要有人文作为引领和支撑,如果只有技术而没有人文,图书馆就会失去目标,失去方向。孔子曾经跟子夏讲过,"汝为君子儒,勿为小人儒"。所谓"小人儒"就是境界格局比较小、执着于具体的器用之间、缺乏对道义关注和追求的人。"君子儒"与"小人儒"不同,他既关注器用,心中又充满着道义,更关注把道义行出来。"君子儒"一定是像宋代张载讲的那样,他最终追求的是"为天地立心,为生民立命,为往圣继绝学,为万世开太平"。

从鸦片战争以来一直到现在，中国的文化发展在近代发生了断裂，传统文化被解构，西方文化以一种异质形态进入中国，保守主义、自由主义与马克思主义等思潮在100多年来相互激荡，具有中国特色的新文化到现在尚未形成。100多年来的文化激荡、变迁和革命，造成民族精神失范、失序与失向。我们的精神到底往哪里走？西方文化和我们不一样。西方发生金融动荡也好、女权主义运动也好、黑人运动也好，所有的思潮与运动，都是“术”层面的，它收在哪里？就是马克斯·韦伯讲的基督教伦理与资本主义精神，就收在这里，这就是他们的信仰，也是西方文化根之所在。西方文化的根扎得很深。根深则本立，再多元，再多的思想碰撞与运动，都控制在为“道”所御的“器”和“术”的领域；而“道”是不变的，可谓万变不离其宗。

但我们中国现在的情况与西方社会相比还存在着不少差异，其主要原因是缺少信仰。近100年以来，我们对自己优秀的传统文化不认同、抵触、排斥，甚至将传统文化作为批判的对象，造成了不少人脑子里面没有仁义礼智信，没有温良恭俭让，个体的世界观、人生观、价值观中缺乏儒、释、道为主体的中国文化最核心的东西。尤其是青少年这个群体，对中国优秀传统文化认同还不够。为什么郭敬明的《小时代》争论这么大？我们不从政治角度解读，我们就从文化角度来看，《小时代》里这一批人追求的实际上与我们传统文化所秉持的一些东西大为不同，我们从中看到了文化上的一种割裂。我不反对《小时代》这样的作品问世，百花齐放，百家争鸣嘛，但我关注的是作品背后所揭示的社会问题。这就是我们图书馆当下所处的多元的文化环境。

二、关于发展理念

刘锦山：张馆长，公共图书馆的转型问题，既是一个老问题也是一个新问题。公共图书馆从其诞生之日起，就一直随着社会环境的发展变化而变化，也正是如此，公共图书馆才发展到今天的这个样子。从这个意义上讲,公共图书馆转型问题是一个老问题。从另一个方面讲,在新的时代背景下,老问题如何出新意,却也是个颇费思量的问题。正所谓“老树吐新绿”——这是我上大学时做的一句诗,老树如何才能吐新绿呢?

张伟:“老树吐新绿”,非常贴切。虽然浦东图书馆建馆不久,还属一个年轻的新馆,但转型的问题放在整个公共图书馆的视域下,确属一个老问题了。那么,老问题有没有新答案呢?我的回答是,目前公共图书馆应该从外延发展模式转型为内涵发展模式,应该从片面追求规模转型为全面追求质量的发展模式,应该从以工具为追求转型为以价值为追求的发展模式。我概括曰“内涵发展”。浦东图书馆内涵发展正从理念、制度、功能、队伍和文化五个方面展开思考和实践。

我们先看理念层面。理念属于思想层面的东西,这是虚的,但是虚的就是化实的,所以一定不能缺少。屁股指挥脑袋这句话是不对的,一定是脑袋指挥屁股。我们每个人每天做的每一件事情,背后都有理念在规划、引导、制约和调整。理念有工具理念和价值理念。工具理念存有功利,价值理念则是一种目标理念,选择的是终极追求。我这里讲的理念主要指价值理念。理念首先关注战略层面的东西,理念选择的正确直接决定着战术层面的选择,所谓方向比努力更重要。

选择图书馆的发展理念,要将图书馆置于时代发展的背景之下,才能考虑清楚。如前所述,图书馆应该承担起文化引领的历史使命,这个机会已经来临,关键在于我们能否把握。如果我们还像过去那样只做简单的借借还还,还像过去那样仅仅关注技术层面的东西,还像过去那样把读者当作物来控制,还像过去那样认识不到图书馆对社会的文化引领作用,这样的图书馆是承担不起历史使命的。说实话,我过去从来不去公共图书馆,为什么?我觉得以借还为主的传统形态图书馆,并没有太多吸引我的资源,而且进入图书馆太烦琐,这也不能带,那也不能带,缺乏温馨感。

我理解的读书就是寻找一个自由的空间,一个安放心灵的地方。

上一次您采访我，我说“中国缺少教堂，更需要图书馆”。教堂就是安放心灵的地方。人的心灵是一定需要安顿的、需要关照的，因为人是有灵魂的。随着年龄的增长，有相当一部分人开始相信命。生而有命，我们能改变吗？我们生在某个国家，出生在某个家庭，生在这样一个环境当中，这样一个时代当中，这不是命是什么呢？古人说“命自天降”。命是先天的，不是我们的意志所能改变的。孔子也相信命，他讲五十而知天命。孔子还说“君子畏天命”；小人“不知天命而不畏”。我们对命要有敬畏感。中国汉字把命和运是联系在一起的，命诞生后如何来“运命”就有主观的东西存在了；人的一生就是在这样一个“命”中，去追求框架中的自由，这种自由就是人主观能去追求的空间。这不是唯心观，恰恰是唯物观。

孔子肯定“古之学者为己”。古代学习者追求的是建构自己的价值观，变化自己的气质，以修身为本。图书馆在帮助社会建构充满人文、人性、人道的价值观中如何发挥文化引领作用，如何提供教育、文化、信息资源满足人们通过学习来变化自己的气质，这是当下所有图书馆须直面的，也是当下图书馆应该承担的历史使命。从一个民族的思想发展史来看，真正给我们感悟的、精神上提高的都是充满思想和对我们价值观建构有影响的东西。从对个体生命成长的回顾来看，也是如此。刘总学哲学的，我经常讲，哲学就是追求“假、大、空”；当然，这个“假、大、空”是打引号的。“假”，哲学关注的是假设的理。但没有见到的，没有想到的，不一定就不存在于世。有的东西无法证实，如上帝，你能证明给我看吗？但我们也无法证伪啊？“大”，哲学关注“大而化之”的理。过去把“大而化之”当成贬义的词，实际上这个词有它的哲学内涵。“大”才有大视野、大境界、大格局，“大”才能化小。今天很多问题都是小视野、小境界、小格局造成的。“空”，哲学关注的是跨越时空的理，这些理与时空无关，与问题有关，直面这些问题和对问题的思考就是哲学的使命。古今中外大思想家们思考的问题和对问题的思考到现在还是相通的。哲学崇尚价值理性，追求超越人的自身有限。所以，柏拉图认为哲学应该为王。我看现在有很多学者在研究中已经把哲学凌驾于宗教之上了,他们认为宗教应在哲学统领下。当然,这只是一部分学者的观点。但不可否认,哲学既是世界观,又是方法论。哲学是对一种对人生的“系统的反思的思想”(冯友兰),不仅是对世界,更是有着对世的一种思考。世与世界是两个不同的概念。界是一种限制,如一人一世界,每个人都有自己的世界。但是世不一样,我们生在这个世上,死也在这个世上;过去在这个世上,现在在这个世上,未来还在这个世上,我们永远都在这个世上。世跟世界是不一样的。

人在这个世上,应该谦卑,应该敢于承认自己的无知和有限,去寻找精神的方向、坐标,由外向内、由物向心去发展。在今天的中国,图书馆的机遇和挑战就在这里。图书馆如何满足当下中国人精神上的渴求?人的内心世界需要一个东西来支撑,需要有正确的价值观来指导,否则,就会误入歧途。我们经常说,民意会影响决策。但是如果民意没有正确的价值观来引导,决策就有可能为错误的民意所挟持。因此,个体的价值观很重要。图书馆在当下就应立足于此,关注老百姓精神家园的建构,为读者安放心灵提供服务。图书馆就是帮助读者建构价值观的地方。

刘锦山:嗯,人是文化的存在,图书馆当紧紧围绕这一关键点展开自己的工作,完成自己的历史使命。您刚才谈到的孔子和子夏说的对话,我现在想起了樊迟问孔子稼穑,问了两次,孔子就批评他。正好与您刚才解释的是相通的,联系起来看,君子应该重道,不应完全沉溺于技术层面的问题而忽视了道。这大约是孔子“君子儒”与“小人儒”的分野所在吧?

张伟:是的,说实话,现在“小人儒”很少,“君子儒”就更少。“小人儒”在当今已经不错了,毕竟把自己的职业或者专业做好了,但心中担当道义的人真的很少。今天的图书馆在其发展过程中,要不断地从本体论、价值论和方法论层面追寻,也就是要解决“是什么?为什么?怎么做?”的问题。

过去图书馆总认为自己是偏技术层面的,反正把书保管好、把借阅数搞上去就可以了。我感觉这样的图书馆真的是太狭窄了,非常狭窄。图书馆人在今天这个时候,必须去思考,随着时代的发展和人的需求的发展,未来的图书馆到底应该是什么样式?到底有哪些功能需要我们去拓展?我们现在很少关注这方面的问题,我们现在关注的比较多的还是属于技术层面的东西。当然,新的技术对阅读推广很重要。因为新技术有利于面向大众传播,在最短的时间把信息传播到最大的面,让更多的人在这个时间了解信息,可以帮助人们利用碎片时间,满足青年人通过界面友好的方式来阅读。但是,我们要注意技术背后需要价值观支撑,如果没有价值观支撑,一天浏览电脑下来,虽然浏览了很多信息,这个八卦、那个明星,但体会一下,可能发现自己什么都没有得到,连一个让自己咀嚼的、思考的概念都没有得到。我在想,我们的孩子很可能就是这样天天在上网。这很可怕,好像看了很多东西,但是最后没有得到任何对人生价值观建构有帮助的东西。所以我在多次场合中呼吁,图书馆是社会教育机构,一定要关注技术背后的价值引领。科技仅仅是手段,科技是帮助我们更好地聆听人文的声音。

创新是一个民族进步的灵魂。英国第一次工业革命的时候,瓦特造成了蒸汽机,人类从此摆脱了以人力、兽力、水力、风力为动力来源的依赖。但创新是离不开思想的。当时有一个纽扣商叫波尔顿,他在背后赞助瓦特搞研发。波尔顿和瓦特组织了一批人,搞了一个沙龙,月圆之夜轮流在各家聚会,取名"月社"。这批人中有当时英国的一些优秀人物,如经济学家斯密、博物学家达尔文(查理斯·达尔文的祖父)、哲学家休谟、化学家普利斯特利,还有地质学家、激进作家,等等。他们在自由的氛围中,讨论科学、技术以及理论上的新事件,使得人文思想与技术革命,包括与资本互为推进,相得益彰。技术是中性的,技术背后一定要有思想,否则技术就没有方向,因为技术既能为正义服务,也能为非正义服务。

传统的图书馆被动地等在那里,这已很难满足当今社会的需求。在社会价值观重构的过程当中,图书馆要主动出击、主动引导、主动作为,提供精神养料,去帮助读者建构自己的精神家园,这就是现代图书馆与传统图书馆很重要的区别。当下的中国社会需要宣道。而图书馆应该勇敢地站到宣道的队伍中,承担起教化、宣道的使命和责任。当然,宣道不是简单地政治宣讲,图书馆通过提供各种教育的、文化的、信息的、生活的、休闲的,包括学术在内的这么一个大平台,引导读者在这里择其所需,建构属于他自己的正确价值观和精神空间。

刘锦山:张馆长,公共图书馆应该在构建民众精神家园中承担起积极的责任,做出自己应有的贡献,您对公共图书馆的历史使命概括得非常精准、到位。具体到办馆实践中,我们应该如何将其贯穿到图书馆的办馆理念之中,以便指导图书馆的办馆实践?请您结合贵馆的具体情况谈谈这方面的问题。

张伟:公共图书馆所承担的历史使命,本质上就是为了促进人的全面发展。因此,经过深入思考,我们浦东图书馆的核心办馆理念确定为"以人为本,文化立馆,把浦东图书馆办成读者和馆员的精神家园"。"人"通"仁",在任何场合我都讲"以人为本"的"人"就是"仁义"的"仁"。因为在古代"人"同"仁",这两个字是相通的。中国传统文化走到宋代,儒、释、道已经相融,从此构成中国传统文化的主体部分。但是对中国人来讲影响最大的当属儒家学说,儒家强调要入世,要有使命感,要有担当。人是文化的存在。"以人为本,文化立馆,把浦东图书馆办成读者和馆员的精神家园"的办馆理念要求我们从人本层面定位,去满足人的文化需要,建构读者自己的精神家园。"天堂应该是图书馆的模样",大家都知道这是阿根廷作家博尔赫斯讲的这句话,但是这句话前面还有一句话,"天堂是人类精神的神圣归宿"。图书馆像天堂,图书馆就一定是建构精神、建构价值的场所,是人类精神的集聚地。这就是我们对浦东图书馆的定位,这就是我们的核心办馆理念,其背后是我们对人的深层思考。

2009 年,我提出这些办馆理念层面的思考,有些人不理解。本质上,我是想强调图书馆不是技术层面的,一定是文化层面的。国际图联《公共图书馆宣言》中认为的"公共图书馆是传播教育、文化、信息的一支有生力量”,图书馆和教育、文化是联为一体的。图书馆应该是区域文化中心、社会教育中心,也是学术中心、信息中心。学术不仅仅是在大学和科研院所,一个图书馆应是所在区域学术中心,帮助读者建构一种学术理性,这样的观点我们一定要有。

图书馆需要我们再认识,在实践中再定义。看看孔子怎么阐释“文”的？子贡问孔子:“孔文子何以谓之‘文’也？”这里的“文”多被解释“成名”。孔子的回答是:“敏而好学,不耻下问,是以谓之‘文’也。”过去有很多人认为自己很聪明,什么都知道,不好学,但孔子认为聪明人也要乐于学习;过去上等的人不会向下去问的,自认为比下面高明,但孔子讲要敢于向下面的人去问,不以下问为耻。“敏而好学,不耻下问”,这才是“文”。今天的图书馆也要这样,不要执着于过去的经验,要敢于放下架子,虚心学习,审视图书馆未来的发展走势,去寻找发展的道与术。图书馆倒不一定是要追求成名,但一定要致力于传统图书馆向现代图书馆转型的实践,把图书馆的物理空间转换为读者需要的精神空间。

从国内外图书馆实践来看,图书馆不仅仅是教育的、文化的、信息的、学术的,它同时也是市民休闲的一个空间。星巴克经营中的“第三空间”理念被大家广泛引用。上海图书馆吴建中馆长也讲图书馆是市民的“第三空间”。什么是“第三空间”？工作、生活之外还有个地方——公共集聚的地方,在这里我们没有任何压力,我们就是来休闲,来放松,这就是第三空间。当社会上对图书馆不太了解的时候,我们要开展图书馆推广,告诉读者,图书馆也是一个休闲的空间,你们来了不一定要读书,不一定要严肃的谈经论道;你们到这里来坐坐,喝咖啡、会朋友,这是一种生活方式,一种休闲文化。图书馆作为第三空间的这种宣传推广完全是应该的,也有一定的价值。但我们还是要认识到,图书馆的空间与社会上的咖啡厅、机场等空间还是不一样的。图书馆可以提供休闲空间的功能,但从本质上看,图书馆空间不管是物理的,还是虚拟的,最终都应指向思想空间、精神空间、价值空间、文化空间。我认为,图书馆空间的本质还应是文化的存在。梁漱溟认为

“文化只不过是那一群人的生活样式罢了”;钱穆认为“文化就是生活方式”;龙应台认为“一个人的眼神、举手投足、走路的步伐,处处都是一种文化的表现”;余秋雨认为“文化是把人向上提升的精神价值和生活方式”。很多学者都是从生活方式角度来定义文化的。当然,这种生活方式的养成,图书馆是可以促成的。也有一些学者的定义比较学术化,比如说瑞士的荣格就认为“文化最终沉淀为人格,成为一个民族的集体人格”。民族集体人格的养成更离不开图书馆的促成。所有这些对文化的定义都有它的合理性,但讲到底,文化最终体现出来的就是我们的一种生活理念和生活方式。而我们今天的图书馆,在以文化人过程中,就有帮助人更好地完善自己的生活理念和生活方式的责任。所以说,图书馆正在向一个复合型、多功能的文化大平台转型。

刘锦山:张馆长,谈到图书馆的办馆理念,不能不涉及公共图书馆的本质是什么的问题,在哲学上讲,这是一个本体论的问题。请您谈谈您对公共图书馆本质的理解。

张伟:确实如此。公共图书馆的本质是什么?图书馆学里讲了很多,我觉得有两个方面很重要:一曰“公益”。图书馆应该公益性,大众化、无门槛,但图书馆提供的服务和活动一定要高品质。政府把纳税人的钱拨给了图书馆,图书馆就不要再搞许多收费项目了,就让老百姓到这里来享受政府提供的公共文化产品。我希望办纯粹的图书馆。过去,我们重点中学政策允许收择校生,一个学生数万元;公立学校收费的乱象,造成了极坏的社会影响。2010 年 4 月 1 日,时任浦东新区区长姜樑来浦东图书馆视察,当时图书馆建设工程还没有完全结束,临走时他特地叮嘱我:“张馆长,图书馆可不要当孔方兄啊!”我认同姜樑区长的观点。今天,公共图书馆一定要姓公,千万不要有违规收费。浦东图书馆新馆建成后,有记者写文章说建得太豪华。市委副书记殷一璀来浦东图书馆视察时,我跟她讲:“图书馆是政府为老百姓提供的公共文化产品;浦东图书馆这样的馆在国外很普通,不算豪华,而且即使豪华也不是政府官员在这里用,这是给老百姓用的;把最好的给老百姓,我认为浦东图书馆诞生的背后恰恰体现了政府的执政理念。”殷一瓘副书记当场就肯定了我的这种提法。殷一瓘副书记还兼任中国浦东干部学院第一副院长,后来她在中国浦东干部学院的一次干部会议讲话中,要求中国浦东干部学院把浦东图书馆作为政府提供公共文化产品的成功案例来研究。之后,我馆与中国浦东干部学院正式签约合作。中国浦东干部学院在干部教育培训中把浦东图书馆作为教学案例列入了他们的课程。

二曰“人文”。图书馆一定是见人文的地方。人文很重要的就是价值,公共图书馆就是建构价值的地方。我反对人文后面用科学,“人文科学”这个提法值得商榷。社会科学,社会后面可以用科学;自然科学,自然后面可以用科学,但人文后面用科学就欠妥。人文怎么能是科学呢?人文关涉思想、情感、审美、信仰层面的东西,你说人的内心世界的思想、情感、审美、信仰是科学么?你是这么想的,他是那么想的,最复杂的技术可以学会,最简单的人心都难以捉摸。奥运会宣传“同一个世界,同一个梦想”是一种愿景和倡导,现实是很难做到的。现实是同床都可能异梦,国与国之间更是如此。

当然,很难做到的不代表我们不去倡导、不去追求。近代以后对科学的理解已逐步技术化,有科学无精神。科学是可测量的、可评价的、可实验的、可控制的,那人文的东西怎么可以用科学来衡量?人文很多东西都是假设、假理——假设的理、无法证实的东西。如前所述,比如像宗教,很多人就不信,你把上帝叫来我看看,你证明给我看看?当然,你不能证实,也无法证伪啊,你能证明上帝不存在吗?再比如庄子讲的很多东西,如逍遥游、鲲鹏展翅,大鸟在空中,几千米长,你可以想象吗?这就是超越;庄子与死人骷髅对话,死人骷髅对庄子讲,你还没有我幸福呢,你别看我死了都变成骷髅了,我没有春夏秋冬的烦扰,也没有上级对我的控制,我当然逍遥自在了,你不要以为人活着就是比死了好。所以有人说,庄子是禅宗的老祖宗。像这样充满丰富的精神层面的东西,怎么去“科学”呢?这就是人文。人文最终是一种思想的、精神的、审美的、超越的、价值层面的架构。当我们有了共同的人文思想基础,基于同样的人生信仰,国与国之间、人与人之间倒可能产生趋同的梦想。

刘锦山:科学是把什么东西都归一化,成为可测量的,把很多丰富性的东西给简单化、理想化了,人文恰恰相反。

张伟:这是两个不同的思维通道,不一样的。人文的东西最终追求的不一定是可测量的,人文追求的是每一个生命体的丰满,讲到底就是要关注每一个生命体的精神生活质量。公共图书馆的本质有很多的阐释,如果让我讲的话,我觉得上述这两点是最重要的,尤其是人文。易经里面讲"观乎人文以化成天下";还有"文明以止人文也"。"止"在古代有居、选择、追求的意思。"止"在哪里,要"止"在人文上。孔子在肯定"古之学者为己"的基础上,同时也批评"今之学者为人"的现象。"为人"就是被人用,当作工具用。如前所述,孔子认为"君子不器"。意思是君子不能仅仅把自己当作"器",他还应该有道义追求。一个人的一生除了工作和工资,不懂得人生的意义,那实在是太可悲了。所以我希望图书馆应充满人文,而不仅仅只是追求新技术。现在的图书馆创新大都围绕着技术在创新。我从不反对使用新技术,我认为新技术在图书馆转型和阅读推广中发挥着重要作用。但我们一定要把目的和手段搞清楚,技术永远都是手段,不是目的本身。人文才是目的,图书馆内所有的新技术都是为传播人文来服务的。

三、关于图书馆制度

刘锦山:张馆长,我们知道在现代图书馆治理课题中,图书馆制度是非常重要的一方面。您在思考和实践图书馆转型与内涵发展这一命题中也谈到这个问题。请您谈谈这个方面的问题。

张伟:从当下图书馆的实践来看,制度层面转型有四个方面的关系需要关注:

一是政府和图书馆的关系。公共图书馆都是公立机构,政府怎么管理图书馆,是一个很重要的问题。现在政府把图书馆作为自己下属的一个行政单位,馆长是政府任命的行政官员。行政化运作公共图书馆这样一个专业结构,这就有些格格不入。在官僚化体制下,下属单位往往都是附庸,听命听话完成上级交办任务;政府并不关注图书馆是否有思想,是否应发挥主体性,是否应专业治理,是否需要学术成长。我理解,图书馆还应该是一个社会重要的思想集散地。因此,政府对图书馆的领导不仅仅是行政领导,还有专业领导;不仅是事务领导,还应有思想领导;要为图书馆提供良法下的运营环境。浦东图书馆是浦东新区法人治理三家试点单位,接下来要开展法人治理的思考和探索实践。但如何试点?试点什么?举办单位、理事会、管理层如何共同治理图书馆?我认为,在公共图书馆法人治理结构的顶层设计中,政府应率先深层思考。

图书馆行业的法制建设应加快推进。业界关注的《公共图书馆法》千呼万唤出不来,让很多人期盼和焦虑。没有法律,只有人治,许多事情没有标准,缺乏法律与制度依据,办馆就十分困难。我以前在重点中学做校长,政府是不可能任命教育界以外的人士来担任重点中学校长的,上海这样,北京也这样。北京人大附中的刘彭芝校长、原北师大附中的王本忠校长、北京四中邱济隆校长等,哪一个不是重量级的?校长都是从教师、主任、副校长并多次轮岗的一线实践中做出来的,经过多年的培养,才担任校长。公共图书馆馆长任命却不是这样,没有明确的专业资格标准,任命时看的主要还是现有行政职级和经历。今天,公共图书馆运行涉及很多具体的问题,需要政府从理念和制度层面的顶层设计开始着手。

二是图书馆与行业管理的关系。上海的情况好一点,有一个图书馆行业协会,据说上海图书馆协会是全国第一家图书馆行业协会。我不清楚全国目前为止建了多少家图书馆行业协会?各个省是不是都有了自己的图书馆行业协会?这些协会在实践中发挥了哪些作用?这方面e线图情以后倒是可以关注和研究。

刘锦山:大多数都叫学会。

张伟:学会和行业协会是两回事,是两个领域。学会关注的是学术研究;行业协会则主要关注行业管理。在中国,有很多协会都有政府委托的对行业进行管理的职责。有的行业协会就是准政府性质。但在目前的图书馆行业里,政府委托行业协会对图书馆行业进行管理方面还比较薄弱。例如,馆员培训,要么政府来做,要么行业协会来做,如果政府也不做,行业协会也不做,就没有人做,就没有统一的规划、没有统一的方案设计、没有统一的规范实施。当过教师的都知道,教育部在 1992 年就制定了一个行政法规,高级教师 5 年内必须完成 540 学时的培训;中级教师必须完成 240 学时的学分;学校中层以上干部还有干部培训的单独学分,如果 5 年以后拿不到这些学分,正常的定级就有问题,影响五年后的升级调资。

再如图书馆四年一次评估定级,图书馆行业协会一定要参与评估指标的研究与不断完善。现在的指标都是普适性指标,全国所有的图书馆按省、市、县,每级图书馆对应的都是同级完全一样的指标。我目前还兼任着全国初中教育委员会副理事长和学术委员会主任。在中国教育学会学术年会论坛上,我曾批评"一本死书教几亿活人"的现象。一本死书怎么能教几亿的活人？一个教学大纲,但一定要有多种版本的教材;教育部可以组织专家编写多种教材;各个省也可以根据自己的情况去编写教材或选择教材;学校或当地的教育行政部门也可以选择用什么样的教材;不仅应有国家教材,还应有地方教材和校本教材。我在纽约看到一个高中竟然有 260 多门课程让孩子们选择,90 多种推荐书籍。一个高中生读那么多书,当然思考就不一样了。所以,美国高中生一讲就讲得很大,"全球战略""人类发展""世界眼光",等等,他们讲的时候站得很高。相形见绌,我们高中生的格局就很小。图书馆是生命体,每一个图书馆生命体都是唯一的。图书馆评价指标要面对不同区域不同层级的有生命的图书馆,不仅要体现规范,更要充分体现激励。所以,这种对生命体的评价应该是尊重生命体基础上的整体设计。这种设计既有基础性指标强调规定动作这一块,还应有发展性指标或特色化指标强调自选动作这一块,鼓励各馆办出自身特色,鼓励各显特色的办馆实践。我想,这些都应是行业协会需要参与研究和建议的，推动图书馆行业的专业治理。

三是图书馆内部管理的关系。公共图书馆内部管理有很多要素，具体有很多内容可以说。以浦东图书馆为例，除了有传统基础管理的内务这一块，还有功能拓展带来的、包括阅读推广中与社会力量合作的业务创新这一块，另外还有伴随着学会、总分馆建设和上海市图情专业硕士基地等相继诞生的大量外务。内部管理中的内务、业务和外务等诸多要素的不断再生，都是浦东图书馆转型发展需要治理的要务，其专业治理都面临着梳理和重构。

我一直认为，内部管理最重要的还是人的问题，是队伍建设的问题。图书馆原来的队伍能不能满足今天转型的需要？我的回答是：难以满足。长期以来，我们的制度设计是落后的，图书馆人才的积累是短缺的，人才的培养是不到位的，没有形成系统的良性的链条和循环。像浦东图书馆建好之后还非要到教育系统去挖一个校长来做馆长，虽然表面上看是对图书馆的重视，但反过来会有人问，为什么这个行业自己没有人？如果多年来有意识地培养后备的图书馆馆长和干部队伍，把馆长职业化的思考付诸实践，情况就不一样了。如前所述，我们长期以来管理图书馆主要是行政管理，缺少专业治理，缺少图书馆人才培养方面的一些新的理念和制度化设计，这在全国是比较普遍的现象，也是当下制约图书馆转型发展的重要原因之一。

政府应该考虑储备一些图书馆后备干部人才，这些人应参加各种高层次的培训，包括送出国培训。国内外的大量实践已经证明，一个优秀人才可带动一个项目，催生一个团队，甚至引领整个行业。当下我们还要注意的是图书馆人才流失现象。政府的政策层面设计一定要关注如何留住图书馆优秀人才。现在上海的政策规定是，区级图书馆只能有8%的高级职称，40%的中级职称，52%的初级职称。这种政策环境下，浦东图书馆能留得住人么？招聘的人员层次再高，这里面必须有52%的人是初级职称。怎么办？我们新馆80%都是年轻人，如果连中级岗位都不能给他们，他们的上升空间在哪里？这种情况对浦东图书馆可持续发展影响很大，也是我们浦东图书馆马上就会面临的一个现实问题。如果今后政策没有突破的话,浦东图书馆很难留住人才。这种局面的形成有历史的原因,有政策完善滞后的原因,但主要原因是公共图书馆在体制内仍然是一个弱势群体,图书馆在社会事业发展中的作用长期没有得到应有的重视。当然,政府政策设计滞后这种情况已引起政府和业界的高度关注,相信不久会有突破。

再如我馆的少儿馆,我希望少儿馆是整个浦东新区的阅读推广中心,既要创新理念,开展好本馆少儿阅读推广的课程化实践,同时又要有效指导学校、社区开展青少年阅读推广。要做好这项充满价值和专业的工作,我们就需要懂教育的、懂儿童发展心理学的,也懂图书馆阅读推广的专业人才来做这件事情,而传统图书馆内的人才结构就很难满足这种需求。我们长期以来认为,图书馆学情报学才是我们的专业,教育不是图书馆系统的。这种故步自封、自我设限造成了图书馆人才结构的单一。实际上图书馆的新业务拓展,尤其是阅读推广,需要有一支多专业支撑的复合型的人才队伍。记得我 2009 年 10 月来担任浦东图书馆新馆筹备组长的时候,浦东新区宣传部陈高宏部长跟我讲:“你要想办法从学校引进一些年轻的副校长、中层干部来图书馆。”因为陈高宏部长知道我曾经在浦东新区教育学院主管全区校长培训工作,教育系统通过健全的培训制度,储备了一大批中青年人才。当时区委宣传部和编办、人保等部门商议后,给了我们新馆 20 个指标,可以引进事业单位在编人员。我后来也确实在教育系统找了一些人,其中有几位青年干部是很有思想的,但他们来浦东图书馆考察以后,发现图书馆行业不承认教育职称,到图书馆后要从头开始评图书馆职称。打听到这种情况后,这些干部就决定不来了。我们新馆开馆后,陆续招聘了很多年轻的馆员,但因为待遇、职称等原因,每年都有一些年轻的馆员辞职。想到这些,觉得很可惜,但也很无奈。

四是图书馆和读者的关系。图书馆与读者关系重构中,应关注读者需求,充分利用好读者资源。在新馆开馆时,我曾提出浦东图书馆应致力于开发“基于读者、为了读者、在读者中,让读者充分参与”的读者服务方式创新问题。但我认为,图书馆和读者的关系,讲到底还是和馆员有密切关系。读者到了图书馆，首先接触的是馆员，如果馆员是非常人文的、人性的、充满智慧的，不是简单的图书交接员，读者的感受就会大不一样。现在我们的馆员对读者只能做一些简单的交接，而深层次的交流，尤其是在思想和价值层面的探讨几乎没有。如此长久下去，就会影响到图书馆的品质和服务质量。图书馆的趋势应该是图书咨询馆，其服务一定是个性化的。我一直认为，图书馆是精神高地，需要人师。我理解的图书馆馆员不仅仅是某一学科或技术方面的专家，更应该是循循善诱的人师。在与读者交流的过程当中，馆员在提供知识服务以外，还有价值层面的引导，这一点是很重要的。现实是，经师易找，人师难求啊！

四、关于图书馆功能

1. 功能拓展

刘锦山：张馆长，图书馆的转型可以从功能变化上体现出来。2009 年年底，您提出了图书馆一定要从重书走向重人、重藏走向重用、重技术走向重人文、单一的走向复合、被动的走向主动的，纸质的走向数字与纸质并重的六个转向，引起了业内和社会的关注，《人民日报》《新华内参》和中央电视台都进行了报道。现在看来，这六个转向在今天乃至将来很长一段时间都还是有价值的。请您谈谈贵馆在这方面的情况。

张伟：这个问题实际上是我要讲的图书馆内涵发展的第三个方面，功能拓展。图书馆到底应该有哪些功能？这个问题值得我们思考。图书馆原来就是借书还书，现在再这样下去肯定不行了。借书还书只是图书馆的基本服务，我们必须要去拓展图书馆服务新的功能。我在 2009 年年底的这些思考，现在回过头来看还没有过时。我们浦东图书馆的实践还是给业界带来了一些冲击，包括理念的冲击。龚自珍讲“但开风气不为师”，不要去称师，但是开风气之先一定要有。浦东这个地方都不去开风气之先，都没有敢为人先的意识，那就很糟糕了。

我当时提出“从重书走向重人”，这是很重要的。图书馆有人气，有读者才有存在的价值。我当校长时也讲这句话，有学生才有学校。学生都没有了，学校不就关门了？图书馆没有读者来，图书馆存在的价值也就没有了。图书馆人丁兴旺，像浦东图书馆，大家都说“哇，浦东图书馆人真多”，我很开心。当然，这些人来到图书馆干什么？我们必须提供给他们安顿心灵的精神资源，就是要“从重书走向重人”。

“从重藏转向重用”也是如此，图书馆用起来才有价值，尤其是像我们区层面的图书馆。国家图书馆、上海图书馆有保存文献资料的职责，如果区层面的图书馆中大部分的书都藏在那里，不给读者用，那它的价值到底在哪里？当然，图书馆有镇馆之宝还是需要的，也有收藏地方文献的职责。但我们更应该关注的是，读者到了图书馆，能得到哪些资源，这才是最重要的。我们不是博物馆，大量的文物宝贝在后台，保存在仓库里，前台只展出一小部分。区层面的图书馆就是要重用，把东西拿出来让读者去享受，给大家这种价值、精神层面建构的资源。

“从被动走向主动”是图书馆积极有为的一种态势。我馆2012讲座的预算只有20万元，展览费用10万元，总共30万元。但图书馆2012年做了111场讲座、60多场展览。赵启正先生今年从全国政协退下来了，我请他做浦东图书馆的名誉馆长，今年4月给他颁发了名誉馆长证书。赵启正先生上个月和上海社科院王战院长来我馆，听说我们用20万元预算搞了111场讲座，他们就问：“你们这点钱怎么举办了这么多讲座？”我告诉他们，图书馆应该高嫁接、横联谊、广辐射，主动与社会各界建立联系。这些讲座大多不花什么钱，我们只是提供平台。我们与对面的中国浦东干部学院、上海作家协会、上海电视台、上海人民广播电台、杂志社、教育学会、美术家协会、收藏家协会以及不少大学等都建立了合作关系，很多单位都是正式签约共建；通过共建，把他们的资源引到浦东图书馆。复旦大学杨玉良校长、华东师范大学党委书记童世骏最近来到我们这里做过讲座；鲍鹏山在浦东图书馆主讲了近20场传统文化讲座；余秋雨、葛剑雄、钱文忠也都来开过讲座；哲学家周国平、台湾大学傅佩荣、中央音乐学院的副院长周海宏、中国医药大学管理学院院长张其成等也都到浦东图书馆开过讲座。张其成原来是中国医药大学图书馆馆长，周海宏原来是中央音乐学院图书馆馆长。很有意思，这些当馆长出身的人，现在都热心于公共文化传播。这就是从被动走向主动。

公共图书馆“从单一走向复合”也是趋势。我们馆不仅有展览、讲座，还有各种读书沙龙、电影。假期里，每天为孩子们放儿童电影，孩子们很喜欢。我们馆还有情报研究、延伸服务、盲人服务，等等。复合型图书馆是一个全新的学习平台和文化航母，就看我们怎么来打造这个文化航母。把社会各界的资源引到图书馆，结构化设计，课程化实施，创造适合读者发展需求的图书馆，这是转型实践中最需要关注的。

刘锦山：前段时间我采访南方的一位馆长，图书馆也搞各种活动，与社区合作在图书馆搞演唱会，大家自愿报名，图书馆提供场地，效果还挺好的。但办了几次，文化馆不干了，说图书馆抢了文化馆的饭碗了，跑到文化局反映，后来就把活动取消了。实际上这与图书馆的本质有些关联，现在文化体系中有文化馆、博物馆，三个馆都属于文化领域，都是公共文化服务机构，图书馆和博物馆的区分还是比较好区分的，图书馆和文化馆如何区隔？

张伟：国外没有文化馆。在国外的社区里面，主要就是教堂和图书馆。我国设立文化馆沿袭的是苏联的模式，所以就有了这样一个人为的分工。图书馆以前就是搞一些图书在那儿借还，文化馆主要就是组织一些群众文化活动，很早在政府机构设置中就这样行政性地把它们分开了，大家边界很清楚。但是现在我们来看一看，这种界限越来越模糊了。我们不要人为地去划定界限，而是根据需求，因地制宜，发挥各自的功能作用。当然，我们每一个文化机构设置就目前的框架来讲还是有一定的制度规定性。图书馆的主要立足点就是开展阅读推广、推动全民阅读，从读书的角度帮助社会、帮助读者建构精神家园。

图书馆不需要跟文化馆去抢饭碗。我觉得所有的与读书有关的活动,以书为核心为纽带的这些活动图书馆都可以开展。不同文化机构的职能可能有一些交叉,这没有什么大不了的。您谈到的这个现象,也反映出我们有些地方的文化馆在整体运营创新方面,无论是理念建构,还是实践操作,都还是非常苍白的。

刘锦山:不少地方文化馆没图书馆活跃。

张伟:无论图书馆还是文化馆、博物馆,本质上都是为了促进人的发展,追求的目标都是一样的,只是在达成目标的路径选择上不一样。文化馆在今天更多的是举行群众性的文艺活动,像创作、演出这一类活动;图书馆更多的是开展以书为纽带、以推广全民阅读为重点的各种读书活动,这种规定性还是有一点区别的。

刘锦山:现在很多图书馆,馆藏的范围都在发生着很大的变化。前些时我看了吴建中馆长的一篇文章,他说图书馆以前的馆藏主要以书为主,后来有报纸、期刊、论文这些纸本的东西,现在数字文献越来越多了。因此,吴馆长提出图书馆的书是记录人类文明的一切载体,“书”的范围拓展了。这样,图书馆与博物馆又有些关系,现在好多图书馆,像东莞制造业比较发达,东莞图书馆就把好几代计算机放在那里,建立计算机博物馆。现在看来,图书馆与博物馆也有一些交叉,博物馆一些珍贵文物不会放到图书馆,但是新的东西有些可以能会放到图书馆。

张伟:今后,图书馆、文化馆、博物馆的功能肯定会有一些交叉,这是一定的。在国外,图书馆内有展览、放映、培训等功能是常态。在国内,图书馆业务拓展到文化馆、博物馆业务领域,出现了业务重叠,就会导致批评,说图书馆泛化了,什么都做,什么都有,已不像图书馆了。我觉得这是一种互补,是发展的常态,我们要认同他,习惯他。千万不要自缚手脚,画地为牢。这是在历史变革过程中特有的一个现象。预测将来的发展,不同行业的结合、分享也一定是趋势。各家业务没有一点交叉是不可能的。我们现在图书馆收藏的很多东西,档案馆也收藏;档案馆收藏的东西,我们图书馆也有收藏。如地方文献是档案馆的重要收藏，地方文献也是我们公共图书馆的重要收藏呀，还是有很多交叉的。

我们常说“英雄所见略同”，这话是有问题的。英雄怎么可能所见略同？英雄所见一定是不同的，只有小人所见略同。小人关注的境界、格局是比较小的，钱啊、物啊、欲啊、张家长李家短，斤斤计较，关注自己的东西比较多；这里的小人不是坏人，只是小人心中的境界、格局比较小。但英雄应该是关注天下、关注方向、关注大局的。关注这些层面的东西，一定是所见不同。如果一定要说“同”，“同”在哪里？应该“同”在担当道义和使命这个层面上，就是“义”。英勇就义，英雄为了“义”可以牺牲自己的性命。公共图书馆转型中，我们一定要进一步解放思想，打开图书馆，对图书馆重新定义，重新认识。

2. 关于社会教育职能

刘锦山：张馆长，您前面谈到图书馆是教育平台。我们知道，教育有家庭教育、社会教育、学校教育三种形式，图书馆教育当属社会教育。请您向读者朋友介绍一下贵馆开展社会教育方面所做的工作。

张伟：图书馆本身就是教育的组成部分，家庭教育、社会教育、学校教育三教合一，才能构建一个良好的教育生态。国际图联讲公共图书馆的职能时，其中就讲到图书馆要承担社会教育职能的问题。各国图书馆理论与实践中，也都强调图书馆应主动承担社会教育的职责，与学校教育、家庭教育实现互补，做家庭教育和学校教育有益的补充。

当校长和教师时间长了，思维就开始局限，往往认为教育都在学校，但实际上教育还包括家庭教育和社会教育。家庭教育很重要，家长是孩子的第一任老师。一百个好校长不如一个好父亲，一个好父亲等于一百个好校长，都是讲家庭教育的重要性。美国《华尔街日报》于20世纪90年代初登了一篇文章《改革教育从家庭教育入手》。美国人认为改革教育都要从家庭教育入手，说明他们特别重视家庭教育。浦东图书馆很想与教育局、妇联和团委一起合作，搞一个全区层面的家长学院或家长学校，组织家长来了解家庭教育的新理念、新方法，这是图书馆的社会教育职能体现。当然这不能是随意的、没有经过设计的社会教育活动,而是慢慢将其变成有组织、有课程、有教师群体、有相对细分的家长群体的社会教育活动体系,这样图书馆就真的是一个大学校,承担一个社会大学的职能。现在图书馆的很多活动都没有经过课程设计,应景式的比较多,比较粗糙。图书馆应该把这些活动认真梳理,逐步课程化。

经常有人问我:孩子读小学、读初中是就近入学,但读高中就要通过考试填报志愿来选择,应该选择哪些学校?如何择校?我说择校很重要的是择文化,文化很重要的是同伴文化。同伴之间的互相影响往往大于学校教育的影响,这是美国70年代的研究成果。同伴互助的这种教育功能、教育作用、教育影响,竟然大于学校教育,那我们就不得不注重我自己的孩子在跟哪一类孩子生活、学习在一起?这些孩子的家庭教育背景是什么?这很重要。如果碰到有的孩子家庭教育不好、行为习惯不好、污言秽语、行为粗鲁,那么我的孩子肯定会受到不良影响。如果我孩子周围有很多这样的同伴,那就会近墨者黑了。中国的老一辈人说,孩子从3岁就看大,7岁8岁就看老了,也就是7岁8岁之前,孩子已把行为、学习、生活、思维等很多习惯都养成了。中国教育里面有一句话"一个孩子永远走不出他的童年"。童年时候、少年时候养成的这些习惯会跟着这个人一生。所以,家庭教育很重要,社会教育很重要。学校不能单相思,认为教育只是学校的事,过于夸大学校教育的作用。家长和社会上也不能有这种看法,教育应该是学校的事,把孩子教育简单地推给学校。图书馆在今天要关注的就是,与社会上的相关教育机构一道,承担起社会教育的职能。

与学校教育结合方面,图书馆要主动联合学校开展阅读推广活动,通过组织全区性的读书主题活动、读书节活动、征文活动,课本剧演出、家庭读书活动等,共同营造学校、家庭和社会的读书氛围,提高全民阅读水平。孩子从小要养成喜欢读书的习惯,一定要有读书计划,一定要去图书馆,去感受读书氛围,培养图书馆意识。人的身体发育是一阵子,精神发育是一辈子,精神怎么去发育?读书才能发育。

精神发育就是读书,不断建构精神发育需要的一些新资源。学生可以选读点先秦诸子的东西,还有曹操、陶渊明、苏东坡的诗文;高年级的学生还可以选读一点慧能的《坛经》、朱熹的《近思录》、王阳明的《传习录》等。当我们在读“天地之间,物各有主。苟非吾之所有,虽一毫而莫取”,“惟江上之清风,与山间之明月,耳得之而为声,目遇之而为色。取之不尽,用之不竭”的时候,这过程中的咀嚼品味,不就是在安顿自己的心灵吗? 通过了解古代哲人的精神世界,慢慢就会把他们的东西变成我们自己的东西,这就是建构。如果孩子从小都爱读书了,他们长大就会影响这个社会,这个社会的风尚就会慢慢变好。我们在美国、日本、欧洲访问时,早上乘地铁,看到地铁车厢里面静悄悄的,大家都在那读书,每个人都在建构自己的精神,这就是文明。我们这里却不是这样,过去地铁里吵闹等各种现象都有;现在倒比较安静,但大家不是在看书,大部分人都在玩手机、看资讯。前天我看到一篇文章讲到,现在老同学的聚会已经变味了,纯粹是为聚会而聚会,见面没谈几分钟,每个人就开始看自己的手机、看 iPad,很少有过去那种真情实感的沟通了。

说了这么多,还是想强调,图书馆应该承担社会教育职能,引导孩子从小培养读书习惯。

3. 活性化图书馆

刘锦山:张馆长,如您前面介绍的那样,图书馆除了利用自己静态的资源为读者提供服务,还可以通过家长学院、读书互动等形式利用社会上的动态资源为读者提供更有价值的服务。这应该是您曾经提出过“活性化图书馆”理念的具体实践吧?

张伟:新馆开馆时,我提出服务人性化,资源活性化,活动课程化的问题。图书馆一定是人性化的地方。浦东图书馆目前停车还不收费,不借书的话,不用办任何卡就可进入图书馆;图书馆自修区早上 7 点就全部开放,一直到晚上 8 点关门;读者餐厅早上 8 点就开始供应早餐,两个咖啡厅开放,每个楼层都有纯水,满足读者基本需求,这就是服务人性化。当然,图书馆服务人性化远不止这些,这里就不多谈了。我这里谈谈图书馆活性化的问题,包括图书馆静态资源的活性化问题。

图书馆转型,一个方面要整合社会上动态的活性化资源,另一方面要使图书馆静态资源活性化。先看第一个方面,我举例说明。我馆现在有不同类型和主题的公共文化讲座,邀请了各领域知名的很多专家来馆讲座,这些专家就可以成为图书馆的活性化资源。开馆以来,我们已经与社会很多机构和政府相关部门合作,邀请了人文、法律、金融、医学等诸多领域的专家学者和实践人士走进图书馆,尝试逐步建立课程化的讲座系列。我们到医院,一看大屏幕就知道了周一张医生,周二李医生,周三刘医生,这个是肿瘤科的,那个是内科的,等等。现在大多数的图书馆只是比较粗糙地提前公布一些消息,还做不到像医院那样把专家行医的时间列出来。我一直认为,公共图书馆发展趋势之一是图书咨询馆。图书馆应该尝试,把邀请专家学者到图书馆报告、咨询等专题化、常态化、系列化,提前预告读者,周一是什么专家、周二是什么专家、周三是什么专家等,建立图书馆课程超市。读者可围绕自己感兴趣的内容,预约专家进行沟通交流。

最近,我馆与中国浦东干部学院合作,在我馆五楼开展信息咨询专项服务。中国浦东干部学院有很多专家学者,每周二到周五,他们每天派两位专家,利用中午时间来我馆为读者开展咨询服务。这也是社会优质资源在浦东图书馆活性化应用的有益尝试。

第二个方面是图书馆静态资源的活性化。图书馆购买了很多纸质、数字等资源,这些静态的资源往往养在深宫人未识,使用不多,甚至变成死资源,造成资源浪费。读者到图书馆,不仅仅是坐在那里读死书,要读活书。人也是活书,丹麦不是有真人图书馆吗,真人图书馆就是读活书的一种方式。图书馆要倡导陶行知所说的“读活书、活读书、读书活”。人不读书心会衰老,最后真的心就死掉了。图书馆静态资源要活性化,就一定要注重这些资源的推广使用。例如,围绕图书馆所购资源,开展现场读书活动就是很好的例子。图书馆推荐一本书，读者们共同阅读，然后大家报名参加图书馆组织的读书交流活动，这本书的作者也应邀到场，大家现场交流读书心得。这样，图书馆购买的这些书的资源就活了。图书馆静态资源活性化不仅盘活了死资源，最终这些资源还会帮助读者建构价值，建构活性化思维方式。

图书馆活性化非常有潜力，空间很大，关键在于图书馆对资源的整合能力。20 世纪 70 年代，英国就提出“资源策略”这个词。怎么把社会各界的资源引进图书馆，使之与读者对接，发挥资源效益的最大化？静态的图书馆如何走向动态的图书馆，被动服务如何转化为主动服务？这应该是今天图书馆转型应重点考虑的。

刘锦山：张馆长，我非常认同您谈到的图书馆活性化理念和实践。我们了解到，贵馆的阅读推广活动开展得非常成功，在阅读推广活动和其他一系列措施的促进下，贵馆的到馆人数和借阅量开馆不久就出现了相当大的稳定增长，图书馆利用率很快就与大馆比肩前行。请您谈谈贵馆在阅读推广活动方面的心得体会。

张伟：我们一定要思考我们过去的思想，拓展我们现在的思想，不要为成见所束缚。阅读的内涵和形式是多种多样的，读书并非就是唯一的阅读方式，我们说的阅读是一种广义上的阅读。浦东图书馆在开展阅读推广活动中，充分利用社会资源，主要开展了以下六个方面的活动：

①联合名家名流进行经典文化阅读推广。开馆以来，我们依托“浦东文化讲坛”这个平台，举办了以国学为重点的各类讲座活动 100 多场，余秋雨、周国平、葛剑雄、鲍鹏山、傅佩荣等文化名人纷纷参与公益讲座，吸引了大批的读者。

②联合社会力量开展少儿阅读推广。如少儿馆推出了“故事妈妈讲故事”，有 100 多位志愿者妈妈加入了讲故事队伍；从 2010 年 10 月开馆创办以来，迄今已有 10000 多位小朋友和家长参加，参与的家庭有 1000 多个，社会反响非常好。

③联合专业医疗机构进行健康知识的推广。如我们与《家庭用

药》杂志合作,每年年初排定全年月的“健康保健系列讲座”内容,每月邀请各大医院科室主任级专家讲解。通过面对面交流,健康理念得以持续传播,神秘的生命密码不断得以解读。这类讲座深受中老年朋友的欢迎。

④联合上海电视台开展影视知识的推广。我们与上海电视台纪实频道合作,为读者提供了一系列独具特色的优秀纪实影片,使读者有机会深入了解上海、了解浦东这片自己生活、工作、学习之地的前生今世。到浦东图书馆欣赏纪实影片,已经成为不少家庭愉快的周末之旅。

⑤联合上海美协等机构开展书画摄影欣赏推广。浦东图书馆利用自己2000多平方米的展示区,联合上海美协等各级美协、摄影家协会以及社会人士,每月举办3—4场书画、绘画、摄影展,读者可以在图书馆慢慢感受文化艺术的滋养。

⑥联合政府、大学等相关机构开展企业管理理论与实践知识的推广。我们与美国德鲁克学院、新区人力资源和社会保障局等单位合作,每月开展1—2场企业管理知识的讲座。中国银行首席经济学家曹远征、清华大学教授秦晖等学者都曾到馆讲座。这些讲座深受企业管理者的欢迎。

浦东图书馆的阅读推广,我们总结出四条规律:

①制度化设计。浦东图书馆新馆有三个分别可以容纳100人、200人和600人的报告厅和一个2000多平方米的展览厅,这为我们开展形式多样的阅读推广活动提供了很好的物质条件。每年的读书节和每场活动,我们都有主题明确、安排细致的整体设计和实施计划。馆内公共文化服务部、读者服务中心、少儿馆等相关部门协力,共同致力于每年阅读推广计划的实施。

②分众化实施。浦东是多元化社区,这就要求相关的阅读活动要针对不同的受众来开展,不能千篇一律,千人一面。面向残障人士、面向青少年、面向外来建设者,阅读推广要根据他们的需求提供针对性的活动和服务,且各有各的特点,我们称之为分众化实施。今年的中

国图书馆年会，我们已申请承办一个关于多元文化的论坛，将邀请日本、新加坡和国内的专家学者，围绕“图书馆服务的多元化”主题展开对话和交流。

③节点化操作。每年的儿童节、建党周年庆、暑假、中秋、国庆、春节、寒假等节假日是读者集中休闲的时段，也是图书馆开展针对性服务最好的时间节点。我们充分利用这些时间节点，围绕节假日开展丰富多彩的阅读推广活动。是为结点化操作。

④专业化管理。阅读推广活动的顺利开展需要专业化的人才、专业化的管理，需要一批知识面广博、懂得心理学、传媒学和教育学的人才来组织实施。图书馆转型是否成功，归根到底是人才问题。我们要帮助馆员不断提高专业水平和素质，在思考和研究的状态中工作，不断思考、总结、完善、提炼。同时，还要善于借助社会上的专业化资源。这方面前面已经谈了，就不多说了。

4. 关于课程化设计

刘锦山：张馆长，图书馆活动课程化的情况请您再详细谈谈。

张伟：为什么我要提图书馆课程化？图书馆以前搞活动，因为条件有限，主要是应试、应时、应景。现在图书馆条件好了，有钱有场地，活动可以搞很多。年终总结，我们都会讲搞了多少多少场讲座，搞了多少多少展览，等等。实际上，这些讲座、展览活动哪一个地方都能搞，只要有讲课费，有场地，这个平台就可以把专家请来，就可以开展相关活动。在相关学术会议上，我们都听到图书馆长在介绍“我们馆已经做了很多阅读推广活动”等，但很少听到有图书馆在关注阅读推广活动的课程化实践。

2012 年，“第六届上海国际图书馆论坛”在上海图书馆召开，我应邀参加了其中的一项活动——馆长对话。我和来自北京、天津、广州的其他四位馆长一起，参与了这次对话。我在这次会议发言中首次公开提出“图书馆课程化”“图书馆开展的各种阅读推广活动要课程化实施”。我们不要简单地把读者借一本书就称为读书，读者参与图书馆的展览、讲座、读者沙龙、论坛等许多活动都是读书。但同时,我们要注意,图书馆提供的众多阅读推广活动一定要课程化设计和实施。

我们知道,人们认识事物、改造世界有演绎法和归纳法两种基本方法。演绎法是先有一个总体的理论和实践体系设计,然后按照总体设计,去演绎实践。归纳法是事先并没有系统的顶层设计,先探索实践起来,后再归纳、收拢、提炼,逐步形成新的理论和实践体系。浦东图书馆阅读推广课程化的实践中,采用的方法既有演绎方式又有归纳方式。我们首先要有图书馆课程的理念,搞清楚什么叫课程?图书馆课程与中小学课程有什么不同?图书馆课程应该怎样设计?慢慢把大家的意识往这上面引。当干部和馆员有了课程意识,知道课程的一些基本原理,就会开始理性实践。有事实就有规律,在实践过程中慢慢进行事实背后规律的梳理,最终就会逐步形成阅读推广活动的图书馆课程体系。

图书馆课程有几个要素需关注:

第一,课程目的。为谁开发这门课,目的是什么。

第二,课程内容。课程有哪些内容模块,内容如何结构化安排以实现课程目的。

第三,课程方式。用什么方法、什么途径、什么形式、什么载体和平台来把课程内容呈现出来,实现课程目的。

第四,课程评价。以前图书馆搞一个活动,不做评价;或者因为要搞一个活动,怕没有读者,所以去组织读者,甚至租大巴把读者拉过来。这是一种运动化、行政化、体制化的方式在组织活动。我们要慢慢培养读者,让读者了解活动的主要内容,通往网上预约来选择。随着图书馆课程实施的推进,我们要逐步探索图书馆课程评价体系的建立。

第五,课程对象。不同的课程最终会形成相对固定的读者群体。而且,读者,尤其是一些有专业背景的读者,今后将是图书馆的重要课程资源。

第六,课程师资。针对不同主题内容,图书馆应有意识逐步形成专兼职结合的师资队伍。

当然还有与课程相关的课程方案、课程管理、教材系列,等等。

我希望公共图书馆在这方面可多一点尝试,资源尽量课程化组织,向读者提供可以选择的超市类课程群。读者不同,需求不同,但都可以在图书馆课程超市里择其所需,寻找到他(她)自己需要的精神资源。

例如,中老年人现在很关注健康。人这一辈子过得很快,人的一生就是单向的旅程,每一天过去就没有了。想到这些,很多诺贝尔奖获得者都感到很可悲,肉体衰弱过程中发出"世界毫无意义"的感叹。但是反过来,人生的美好也在这里。每天活着就要开开心心的,创造有价值的东西,影响更多的人,生命本身就应该是这样。如何帮助老人生活得有价值?图书馆就应该围绕老年人需求设计课程,组织课程资源,满足老年人建构精神的需要,使得老人在晚年更加珍惜生活与生命的美好,体验世界与生命的价值。

还有,我馆少儿馆的"绘本中的生命教育——故事妈妈讲故事"也已经成为有影响力的品牌课程。不同的课程会有相应的主题和序列,慢慢会形成相应的读者群,相应的教师队伍,甚至最后会形成相应的教材系列。

如前所述,浦东图书馆从讲座开始的课程化实践,正尝试面向不同读者需求开发适合他们的课程系列。我很高兴,提出课程化两年多来,图书馆部分干部馆员已经开始有了课程意识。课程意识很重要,就像家长带孩子到图书馆,就是为了培养孩子的阅读意识。我经常说,让孩子置身于热爱阅读的人群中,对孩子是终身有益的。但这种阅读意识一定要关注从小养成,当孩子们慢慢喜欢上阅读,一生就拥有了阅读意识。图书馆的干部和馆员也应该逐步养成自己的课程意识。

五、关于队伍建设

刘锦山：张馆长，我们经常说以人为本，这充分体现出人的重要性。对于图书馆转型与内涵发展而言，人的重要性无论怎样强调都不过分。因此，馆员队伍的建设，具有十分重要的意义。请您谈谈这方面的思考和实践。

张伟：队伍转型的问题，本质上就是如何重构一支由馆长、管理层、专业馆员组成的队伍，来适应图书馆当下专业治理的需要和未来发展的需要。目前，虽然图书馆的社会地位在很多地方还没有被充分重视，但图书馆在这样的条件下仍然要有所作为。一方面，我们要鼓励大家认清图书馆所承担的历史使命，承担起自己的社会责任；另一方面要根据图书馆转型发展的需要，逐步培养和提升馆员队伍的专业素质。从浦东图书馆实践来看，培育学术风气，提升团队学术能力，是进行队伍建设行之有效的措施。新馆诞生后，我们开展了以下几个方面的工作：

1. 搭建学术出版平台

新馆之初我们成立了发展研究部，出版馆刊《图书馆发展研究》、馆报《浦东图书馆》和《图情动态》三份内部出版物。通过这三份内部出版物搭建起内部学术出版平台，为馆员学术研究成果提供发表、交流的平台。馆刊每期印刷 1000 份。馆报每期印刷 3000—4000 份都不够，非常受读者欢迎。《图情动态》每月一期，只出电子版。馆刊 2011 年创刊，每年出版四期，2012 年浦东新区图书馆学会成立之后升级为会刊，文章都是馆员原创的研究性文章。我们引导馆员在思考和研究的状态中工作，鼓励大家基于问题的研究，基于现场的研究，把问题找到，把解决问题的办法找到，再把自己的想法写出来。为鼓励大家，我们每篇稿子给 150 元的稿费。开始很困难，改稿子改得很累，但效果比较明显。通过锻炼和努力，截至 2014 年，我们的馆员已公开发表文章(包括参加各种会议征文获奖的文章)40多篇。要知道,浦东图书馆以前就是一个区县馆,学术底子比较薄。

2. 举办学术活动

10月22日是浦东图书馆的开馆纪念日。每年这个日子,我们都要举办“浦东图书馆学术论坛”。每年都邀请来自国家图书馆、上海图书馆、北京大学、武汉大学、华东师范大学等单位的著名专家学者围绕相关主题进行讲座和交流。经过三年的发展,“浦东图书馆学术论坛”已经成为浦东乃至上海公共图书馆学术交流的重要平台。我们还致力于办好馆内的学术沙龙,每月一期,现在已经举办了30多期。学术沙龙既邀请馆外专家、学者介绍学界和业界最新研究成果,也邀请一线馆员围绕各自工作展开交流,比如馆员写了一篇文章,形成了一些系统的思考,我们就会邀请他;或者他最近有某个项目完成了,我们也会请他分享一下经验;或者他去外面交流学习,回馆后也会邀请他介绍心得思考。这种基于问题的学术分享,已成为馆员专业成长的重要学术平台。

3. 结合实践开展课题研究

课题是促进大家学术成长的一个最好方式,可以把理论和实践结合起来。一方面,我们努力推进馆内科研课题工作,2011—2012年馆内有10个自主设立的课题成功立项并顺利结项,多个课题成果在核心期刊发表;另一方面,我们积极参加上海市图书馆学会等机构的课题项目。2011年,浦东图书馆共有6个科研项目获上海图书馆学会课题立项,占全部立项的五分之一。我主持的“公共图书馆内涵发展的实践研究”被列为上海图书馆学会重点课题。

4. 共建图情专业硕士实践基地

2012年,浦东图书馆与华东师范大学信息学系合作,共建“华东师范大学浦东图书馆图书情报硕士专业学位研究生实践基地”,成为上海公共图书馆系统中唯一的一个上海市专业学位研究生实践基地。

浦东图书馆有6位副高以上职称的馆员被华东师范大学研究生院聘为兼职硕士生导师。以此为契机,我们与华师大在课题合作、基地建设、教材建设等多个方面达成了合作意向,这对浦东图书馆专业化人才队伍建设起到积极推动作用。

5. 成立浦东新区图书馆学会

2012年6月15日,由浦东图书馆发起的浦东新区图书馆学会正式成立。我在成立大会上提出了"八个一"的工作思路,即每年召开一次学术年会、每年一次课题研究立项、每年一次专业论文评选活动、每年一次优秀论文结集正式出版、每年一次学习考察活动、每月一次学术沙龙、每季出版一期《图书馆发展研究》学术内刊、每年一次学会表彰。经过精心组织学术交流活动,扎实推进科研工作,不断强化组织管理,学会工作很快步入了正规。截至目前,学会已经吸纳会员单位65家,个人会员319人,规模仅次于上海图书馆学会。单位会员有街镇馆、高校馆、技术院校图书馆、中小学图书馆,有公立院校图书馆、民办院校图书馆,还有一些是与图书馆行业相关的企业以及一些研究所图书馆。现在会员单位已不仅仅在浦东,上海其他地区也有,例如浦西的一些大学图书馆也是我们的会员单位。学会的成立,有效地融合了处于分散状态的浦东新区图书馆学术、队伍、技术和管理等软硬件资源,对于提升区域图书馆整体学术研究、促进馆员专业成长有着积极的作用。而浦东图书馆在牵头办学会的过程中,也提升了地位,锻炼了队伍。

六、关于图书馆文化

1. 文化生命体

刘锦山:张馆长,文化转型对于一个组织的转型发展具有深远的影响,只有完成了从文化层面的转型才可以说一次阶段性的转型。没有文化转型的真正完成,在一定条件下已经完成的形式上的转型有可能会逆转。请您谈谈这个方面的问题。

张伟:确实如此。文化层面的转型发展是我馆内涵发展的第五个方面。图书馆是一个完整的文化生命体。愿景文化、制度文化、环境文化等共同构成了图书馆的文化生态体系。而文化是要行出来的,所以,我曾提出行为文化的概念。图书馆文化也一定是要行出来的。《礼记·大学》开篇即明确提出"大学之道,在明明德,在亲民,在止于至善"。程颐和朱熹都认为"亲民"就是新民,使民新。上海《新民晚报》的"新民"即源于此。"仁"在《论语》里出现了109次,"仁"到底是什么?就是"仁者爱人"。"仁"最终是一种"爱",如孟子说的仁民爱物。心中有爱,希望才会升腾。图书馆的文化之行一定要传播爱,让更多的人去感受爱。

图书馆文化要行出来,依靠谁?依靠馆员。图书馆的文化主要是依靠馆员行出来的。我们新馆的核心办馆理念是:"以人为本,文化立馆,把浦东图书馆办成读者和馆员的精神家园。"论证的时候,有人说:"你怎么把馆员也写进去?"我说,对,我就是要强调,馆员最重要。图书馆要以读者为本,但以读者为本一定是以馆员为本为基础的。只有以馆员为本,才能实现以读者为本;只有馆员第一,才能实现读者第一。愿景文化、制度文化和环境文化最终转化成一种行为文化,而行为文化的施行与组织主要靠我们的馆员。

当然,行为文化的施行也包括读者。既然读者是我们图书馆的组织部分,是图书馆的文化组成部分,是我们图书馆文化生态的重要方面,图书馆服务方式就应该是"基于读者,为了读者,在读者中,让读者充分参与"。这段话是我开馆时说的。图书馆服务要创新,怎么创新?一定是基于读者。图书馆活动的需求来源于读者,活动设计也要基于读者,活动效果也要读者评估。大多数图书馆现在管理还是基于行政的管理,基于行政怎么方便的一种管理,没有考虑到基于读者的管理。如果我们做到基于读者,为了读者,在读者中,让读者充分参与,图书馆的服务创新就找到点了,最终就会转化成图书馆服务读者的系列文化产品。图书馆转型不能眉头一皱,计上心来,更不能脚踩西瓜皮,走到哪滑到哪。如果没有文化层面的整体设计,是不可能实现图书馆整体转型成功的。

2. 关于顶层设计

刘锦山:张馆长,顶层设计现在引起了大家的关注和重视。我理解顶层设计是理念层面的、战略层面的设计,是着眼于整体、过程和根本的思考,而非头痛医头、脚疼医脚的思考。顶层设计对于图书馆转型无疑有着十分重要的意义。浦东图书馆将内涵发展本身作为办馆的整体思路,并进行理论层面与实践层面的探索,这在中国公共图书馆界可能是第一家。请您谈谈公共图书馆转型过程中的顶层设计问题。

张伟:确实如此,顶层设计对发展至关重要。大到国家发展,小到每个单位甚至每个人的发展,都需要顶层设计。顶层设计实际上首先是思想层面的设计,包括概念层面的设计。顶层设计方面,公共图书馆中省级馆的情况好一些,省级以下的图书馆对此注意不够。不少区县图书馆情况比较糟糕,连规划都没有。我们新馆开始时,制定了一个发展规划,组织专家论证的时候,上海图书馆周德明副馆长拿着我们的规划讲:"这是我见到的区层面图书馆的第一份规划。"

Design 这个词很重要,西方管理学者讲,处处要有设计。浦东图书馆诞生后,我希望新馆能在微观领域探索公共图书馆转型的实践。浦东图书馆转型从哪里切入?浦东图书馆老馆是 9000 多平方米,新馆是 6 万多平方米,物理空间一下增大了五倍,是不是内涵就有了?办馆理念就转变了?服务方式就创新了?不会的,新馆一开始一定要有顶层的思想设计,哪怕不完整、不完善、不完美,都不要紧,以后在动态发展过程中可以逐步完善。浦东图书馆"是什么、为什么、怎么做"一定是一个动态的发展过程,但一开始的"发展关键期"很重要。在这个"发展关键期"里,我们选择的就是内涵发展。

关于公共图书馆内涵发展的理论和实践目前比较少见。我们新馆之初制定的《浦东图书馆发展规划 2010—2015》，重点关注内涵发展，包括规划的龙头课题也是“浦东图书馆内涵发展的理论与实践探索”。规划制定的整个过程是大家集思广益探讨浦东图书馆内涵发展的过程。我一再强调，规划制定，一定不是我馆长制定，大家执行，而是一个集智的过程。当然，这中间很重要的是馆长自己要想清楚，你要办一个什么样的馆。我提出来的内涵发展的想法，经初步体系化后，提交干部馆员讨论，最后变成了规划的主要内容。经专家论证的规划，最后提交馆职代会通过。规划制定的过程既是把馆长意志转变成集体意志的过程，也是大家共同制定规划，认同规划，实践规划的过程。过去的几年，我们紧紧围绕内涵发展，不断深化实践，推动浦东图书馆的持续发展。

中国公共图书馆面临的挑战，我们通常会讲到人的问题、财的问题、物的问题，实际上我觉得最大的挑战是思想准备不足。多年来，我们在公共图书馆发展的思想层面准备不足，实际上就是顶层设计做得不够，还没有真正把公共图书馆定位好。思想上没有给图书馆很好的定位，法律缺失，就会造成实践层面的很多问题，这是当下图书馆发展的最大难题。没有法律层面的支持，操作中就缺乏人财物的标准，包括很多配套的政策都没有办法形成，即使形成也没有约束力。

刘锦山：缺乏区域图书馆事业发展的顶层设计，缺乏系统的规划与管理。

张伟：对，全国范围内基于行政区划的公共图书馆发展规划并不多见，这反映我们公共图书馆事业发展的顶层设计是整体缺失的。虽然浦东花巨资建了浦东图书馆，我们也制订了浦东图书馆发展的五年规划，但是浦东区域内目前也没有公共图书馆发展的整体规划。

我到美国芝加哥图书馆考察，芝加哥市竟然把整个财政经费的20%都给了图书馆系统。图书馆与文化、教育并列，是政府的一个局；馆员是公务员，是芝加哥市长直接任命的；总馆下面有很多分馆，建立了完善的公共图书馆服务体系。而我们的公共图书馆发展，在法律层面、制度层面上还有很多空白，要知道，法律和制度是最大的顶层设计啊。

3. 关于价值与依据

刘锦山:张馆长,上次采访您,您谈到的“中国缺少教堂,更需要图书馆”这句话,非常好。前一段我拜访湖南大学图书馆郑章飞馆长,他们办了一个期刊——《高校图书馆工作》。我与郑馆长聊天,我说十多年来我们采访了很多图书馆领域的领导、专家,收集了很多领导、专家非常经典的话语。郑馆长讲这挺好的,并计划从2014年开始,把这些整理出来的格言、语录在《高校图书馆工作》刊登出来。2012年哈佛燕京图书馆郑炯文馆长参加北京大学图书馆110年馆庆,我们采访他时,他介绍说哈佛燕京图书馆收藏了好多东亚尤其中国的古籍、善本,东方资料比较多,他现在到处找钱,把这些东西数字化放到网上,全世界人都能用。郑馆长讲,“书是哈佛的,知识是全人类的”,我就觉得这句话也挺好的。e线图情创办了11年了,采访了大约200位馆长、学者,大家讲了特别好、特别经典的格言。我觉得就您这句话讲得也非常好,我们把这些格言整理出来,以后就能成为经典。

生存发展环境的变化,对图书馆产生了很大的影响,不少人在担心图书馆以后能不能继续存在。您的这句话道出了图书馆存在的根本和依据。我是从农村出来的,我上大学的时候,也就是20世纪80年代的时候,正是我们国家改革开放十年左右的时候,那几年在基层的一些地方基督教发展得特别快,为什么会这样呢?改革开放之前,农村的基层组织例如生产队什么都管,包产到户后农村的基层组织与农民就没有多大关系了,收收公粮、催催农业税,就这点事,其他事情都是农民自己做主,农村基层的社会管理基本上没有了。当时基督教在农村传教,讲入了教大家都是兄弟姊妹,谁有什么事都去帮助,所以信基督教的人特别多。个别地方还出现邪教,对社会稳定造成了很大的影响。之所以会出现这样的情况,根本原因在于信仰缺失。改革开放之后,传统的信仰体系遭到解构,新的信仰体系建立需要一个过程,这个阶段社会需要重构价值观体系。如果图书馆作为公共文化机构,在这方面能做些工作,功德无量啊。西方基本上每个地方都有教堂,以前,我们的每个乡村都有祠堂、寺庙,现在都没了。信仰是分层次的,不可能人人皆以尧舜为榜样,但能以一个踏踏实实工作、诚实守信的人作为榜样也是不错的。以主流意识形态为中心,构建多元的文化体系,使得不同阶层、不同层次的人都能从中找到自己的所需。我对教堂了解不多,教堂至少定期有礼拜、有做功课,有什么事神父跟大家去说一说,定期有仪式化的东西,这些对于教化人心、促进社会和谐有着积极的作用。生活小富以后,人们的精神需求肯定要找一个地方、空间来满足,图书馆在这方面确实可以起到积极的作用。

张伟:您说得很对。关于图书馆的价值诉求,前面已谈了很多。我这里还想说的是,图书馆要成为读者喜闻乐见的文化空间或者精神空间,需要开展有影响的阅读推广活动。图书馆吸引读者参加活动,没有办法强制,那图书馆靠什么吸引人呢?靠内容吸引人,内容为王。图书馆通过引人的主题、有影响的专家学者来吸引读者。图书馆是软实力,不是硬的实力。硬实力是可以用灌输的方式,有正规的教学、学生的要求、强制的组织纪律等。图书馆的软实力是什么呢?就是直指价值的图书馆资源的课程化组织。图书馆课程的主讲者,大都是专家学者,而且是知名的专家学者,讲的又都是读者感兴趣的内容,这样就吸引了众多读者。我们馆已聘了10多位咨询专家,如余秋雨、鲍鹏山等。余秋雨把“秋雨书院”放到我们这里;鲍鹏山正准备与我们合作,开办一个“浦江学堂”。我们这里办书院、学堂都不是为了赚钱,图书馆不收一分钱,书院、学堂也都不收一分钱。我们就是办教育,公益性传播文化。鲍鹏山在浦东图书馆已做了近20场讲座,每场都在600人厅,读者非常多。我们一个人也不组织,读者都是喜欢中国传统文化,抱着虚心、虔诚的心态主动来的。鲍老师多场讲座下来,已形成了一个相对固定的读者粉丝群。“鲍鹏山新解诸子百家”已是浦东图书馆讲座的一个重要系列,其讲座内容也将变成图书馆传统文化的教材之一。最近,我们又在策划请鲍鹏山围绕孔子来讲,讲教育这一块,主要面向家长和中小学老师。鲍鹏山曾经跟我说,最难的讲座就是面向中小学教师和公务员的讲座。为什么?因为这类人群已高度体制化,他们天然地会拒绝、排斥外来的东西。当然,好的讲座他们还是欢迎的。鲍老师在浦东图书馆的每次讲座,都有很多公务员和教师选择来听。所以,根据不同的读者群设计好内容,邀请社会上知名的专家学者参与是图书馆课程实施的关键。

我们有一份良好的愿望,希望把图书馆建设成为一个精神家园,也希望像教堂一样,帮助大家建构自己的精神家园,安顿自己的灵魂。我开馆时曾谈到"中国缺少教堂,更需要图书馆"。我真的很希望,中国可以打造出一些纯粹的图书馆。现在的图书馆动不动就是收费,动不动就规定不准读者这样、不准读者那样,我觉得不纯粹。浦东图书馆不允许有任何收费,当然读者吃饭、买咖啡是另外一回事。浦东图书馆能够做到的,就尽量不要去收费,如停车不收费,办证也不收费。办证目前只收押金,本来我计划押金都不要收,但是我怕把业内的规矩破坏了。押金收了干吗？国外很多地方的图书馆都不收押金,凭身份证件办理,退证填个单子就可以了;不退掉无非就是一张卡,还可以做个永久纪念。现在信用体系不健全,有人担心读者把书借走了不还。我要说,借走了不还又怎么样？我们每年还捐赠很多书出去呢,而且能够外借的书都不是善本,都是能买到的书,能采访到的,有什么大不了的？我希望公共图书馆要尽量给我们的读者创造宽松一点的环境。

刘锦山:现在有些条件不太好、发展条件差一点的图书馆,看不到希望。图书馆发展受环境的制约,但主要依靠馆领导和馆员的努力,人是最为重要的因素。

张伟:人是合理性动物,总能为自己的行为找出各种辩解的理由。我们所有的行为,都有理由来证明它。做有做的理由,不做有不做的理由。我不愿做某件事情,我会找出一大堆理由来证明我为什么不做这件事情,不做的合理性;我做某件事情,也可以找出很多的理由来证明,我为什么要做这件事情。所有的图书馆,哪怕是再穷的一个馆,政府给了我们空间,给了我们机构,给了我们名称叫图书馆,我们就可以找出自己的生存和发展空间。大馆有大馆的做法,小馆有小馆的做法。哪怕就是一个社区里面的图书馆，人数不多，也可以搞一些活动，搞演讲，搞读书沙龙，搞一些不要钱的阅读推广活动。关键还是在于自己愿不愿意去做，不能总是找不做的理由。乔布斯说，只有想得不一样，才有做得不一样；做得不一样，才有结果的不一样。我在上海做过市重点中学主持工作副书记兼副校长、教育学院主持工作党委副书记，浦东完中的校长书记、区重点中学校长书记，不同学校的资源确实不一样，但不能说资源少的学校就没有发展空间。2003 年，我到浦东一所完中当校长，学校里的一位干部刚见面就跟我说："您一直在市重点中学、教育学院当校长书记，不知道我们普通完中有多痛苦。"这位干部的意思是说，普通完中生源差、条件弱，做什么都困难。通过一段时间调研，我提出学校要积极参加浦东新区实验性示范性高中的评选，评上了学校就会升一级，相当于晋升为区重点高中，这会给学校今后的可持续发展带来更大空间。但消息传出后，马上又有教师对我说："校长，您是组织派来锻炼的，就做一届，您就不要太理想化了，我们这样的完中怎么可能进入区重点呢？"他讲了各种理由，生源、师资、管理等都不行……但最后，我还是坚持做了，当然是动员全校干部、老师和学生、家长一起做。在我任职期间，这所学校成为上海市规模最大的美术教育特色学校，顺利通过了浦东新区实验性示范性高中规划专家评审。我调走后不久，该校就被命名为浦东新区实验性示范性高中，一个普通完中终于升格成了区重点中学。该校被命名为"浦东新区实验性示范性高中"那天，多位干部教师给我电话短信，表示谢意。2009 年，我获评"全国十佳校长"，所谓的先进事迹恰恰就源自于在这所普通完中的创业经历。

不少事情不是不能做，关键就在于我们有没有主观能动性，我们愿不愿意去做，愿不愿意去担当，愿不愿意去突破。2005 年，我在美国公派留学时，遇到一个医生，他为了到菲律宾去传教，把家里的别墅和所有东西都变卖了，几年以后身无分文回来了，但他很开心，继续做医生赚钱，说等赚了钱之后再选一个地方去传教。虽然他秉持的是一种宗教信仰，但他做事背后的精神和追求是值得我们学习的。

中国文化大发展大繁荣给了我们前所未有的创业机遇,而且,只要有读者,图书馆就有存在的必要。所以,无论大馆小馆,无论什么情况和环境,馆长和馆员都要有历史责任感,去寻找我们做事的理由,而不是不做事的理由。中国人解决了温饱以后,一定转而关注自己精神家园的建构。图书馆是人类精神的神圣集聚地,就是要围绕人的精神家园的建构,去发挥我们的主观能动性,转型升级,内涵发展,外化施行,这是图书馆的当代使命,也是当下社会对图书馆的天然要求。

2013 年 7 月 25 日

附　录

一、浦东图书馆大事记（2010—2015）

2010 年

1. 5 月 20—26 日，“2010 中美图书馆员专业交流项目——上海地区图书馆馆长高级研讨班”活动在浦东图书馆新馆举行。中国图书馆学会理事长、国家图书馆党委书记、常务副馆长詹福瑞，上海图书馆学会理事长、上海图书馆党委副书记王世伟，浦东宣传部副部长、文广局局长尤存，美方专家组组长陈同丽等做了讲话，浦东图书馆馆长张伟也做了大会发言。来自全市高校图书馆、区县图书馆和浦东街镇图书馆等 120 多位馆长参加此次专业交流项目。美国国会图书馆原亚洲部主任李华伟博士应邀担任浦东图书馆顾问。

2. 6 月 17 日，浦东图书馆召开试开馆动员大会。大会由张宏主持，王卫国副部长、张伟、陈克杰、朱德新同志以及全体馆员参与。陈克杰副组长代表一体化工作组对新馆搬迁工作进行小结。部分馆员代表对前期新馆搬迁工作发表了自己的感想，并对今后工作提出了自我要求。张伟同志发表“衔华佩实”的专题讲话，王卫国副部长提出要求。

3. 6 月 18 日，浦东图书馆新馆正式试运行。一体化工作小组张伟组长为浦东图书馆新馆第一位读者送上鲜花并合影。

4. 7 月 3 日，著名作家余秋雨及夫人马兰在陈高宏部长陪同下访问浦东图书馆。

5. 7 月 8 日，上海市委副书记殷一璀、市委副秘书长姚海同视察浦东图书馆。区委书记徐麟、区长姜樑和陈高宏部长、尤存局长等陪同。

殷一璀副书记对浦东新区重视文化发展和建设图书馆新馆的战略给予了充分肯定和高度赞赏,并与读者进行亲切交流。

6. 10 月 18 日,“浦东文化讲坛”揭牌仪式在浦东图书馆 600 人报告厅举行,浦东新区区委常委、浦东新区宣传部部长陈高宏、中国国家图书馆副馆长陈力为讲坛揭牌,浦东图书馆馆长张伟致辞。作为新馆开馆庆典活动之一,著名作家余秋雨教授开讲《读书与人生》。

7. 10 月 18 日下午,首届“图书馆内涵发展”学术论坛在浦东图书馆第一报告厅隆重举办。此次学术论坛为浦东图书馆新馆开馆庆典活动之一,由上海图书馆行业协会、上海图书馆、上海浦东图书馆共同举办,中国国家图书馆、上海图书馆、上海市文广局、北京大学、武汉大学、华东师范大学和浦东新区文广局的专家和领导,上海图书馆、上海市各高校及科研院所图书馆、上海市各区县图书馆、浦东街镇图书馆、浦东新区各中小学图书馆等近 600 余人参加了本次论坛。

8. 10 月 19 日下午,作家张宇与读者见面会在浦东图书馆第二报告厅举办。此次作家与读者见面会为浦东图书馆新馆开馆庆典活动之一,由上海浦东图书馆、上海新华传媒有限公司共同举办。《新民晚报》《天天新报》《浦东时报》、浦东电台等多家媒体对本次活动进行了报道。

9. 10 月 21 日下午,浦东图书馆和浦东新区盲人协会在浦东图书馆报告厅联合举办了“我与世博同行”盲人读书演讲会,有 160 多名盲人朋友参加了演讲会。此次活动被列为“读书,让生活更美好”第 12 届上海读书活动示范项目,《解放日报》称之为“学习型城市的标志项目,群众性文化的经典品牌”。

10. 10 月 22 日上午,浦东图书馆隆重举行了开馆庆典仪式,仪式由上海市委副秘书长、浦东新区区长姜樑主持,上海市委副书记殷一璀、上海市委常委宣传部部长杨振武为浦东图书馆揭幕,上海市委常委、浦东新区区委书记徐麟发表重要讲话。

11. 11 月 20 日,全国政协委员、上海作家协会副主席赵丽宏在浦东图书馆 600 人报告厅主讲《关于阅读的回忆和思考》。在讲座开始前，作为浦东图书馆的咨询专家，赵丽宏作家为浦东图书馆题字。

12. 12 月 23 日，中国浦东干部学院与浦东图书馆举行合作共建签约仪式。浦东干部学院办公厅主任赵荣根、浦东图书馆馆长（书记）张伟分别代表协议双方签字。

2011 年

1. 3 月 10 日，浦东图书馆党总支副书记毕震钧参加了浦东新区志愿者协会第二届第一次会员大会。大会上，浦东图书馆被授予“浦东新区志愿服务基地”。

2. 5 月 7—8 日，“傅雷家书与傅雷精神”论坛暨上海浦东傅雷文化研究中心成立仪式、“走进傅雷的音乐世界”纪念音乐会、浦东文化讲坛“傅敏谈‘我与父亲’”在浦东图书馆举行。傅雷长子傅聪、次子傅敏，以及来自中外的 30 多位翻译、文学等领域专家前来参加论坛。

3. 5 月 26 日，浦东图书馆馆长张伟与浦东新区 10 所新建民工小学校长签署共建“浦东图书馆实事工程延伸服务点”协议。

4. 8 月 5 日，浦东图书馆召开第一届工会委员会第一次代表大会，标志着浦东图书馆工会正式成立。

5. 10 月 18 日，浦东图书馆会同上海市图书馆行业协会、上海图书馆共同举办第二届浦东图书馆学术论坛。

6. 11 月 16 日，浦东图书馆组织辖区内 292 名登记选民参加新区第五届人大代表换届选举，共有 266 名选民投下庄严一票，选民参选率达 91.1%。

7. 浦东图书馆团总支第一届委员会选举、成立大会召开并顺利落幕。

2012 年

1. 1 月 11 日，浦东图书馆“大家乐”迎春联欢会暨“浦东文化微生活艺术团”首场秀在图书馆 600 人报告厅举行。在此次“大家乐”迎春联欢会上，新浪“浦东图书馆锦绣前程”微博正式开博；以浦东图书馆馆员为主体的“浦东文化微生活艺术团”也同时宣告成立，并为现场观众献上了一台独具图书馆文化特色的“文化微生活”首场秀。

2. 3 月 23 日，上海浦东图书馆与美国堪萨斯城图书馆合作备忘录视频签约仪式在浦东图书馆举行，双方正式缔结“兄弟图书馆”友好关系。上海浦东图书馆党总支副书记、工会主席毕震钧与美国堪萨斯城图书馆馆长 Carol Levers 分别代表缔约双方通过远程视频会议在备忘录上签字。

3. 上海振兴中华读书活动 30 周年庆典暨第十四届上海读书节开幕式在浦东图书馆隆重举行。

4. 4 月 28 日，浦东新区图书馆学会会员大会筹备会议在浦东图书馆召开。

5. 5 月 7 日，根据公共图书馆服务规范、行业文明窗口服务要求和文明单位创建标准，浦东图书馆开展服务礼仪进阶实训首场培训，特邀紫金山大酒店培训部经理顾红亚到馆做《服务礼仪——如何做一名优秀的职场工作人员》讲座。浦东图书馆党总支副书记、工会主席毕震钧主持培训，总分馆馆员、东方公司员工、富都物业员工、实习生等 200 多人参加培训。

6. 5 月 18 日，上海市地方志法规宣传日，浦东新区地方志办公室开展“浦东地方志公共文化进社区”活动，向浦东图书馆捐赠浦东史志和地情读物 58 种各两套，共计 226 册。浦东图书馆党总支副书记、工会主席毕震钧代表浦东图书馆接受赠书，并向区地方志办公室颁发图书捐赠证书。

7. 6 月 15 日，浦东新区图书馆学会第一届第一次全体会员大会在浦东图书馆顺利召开。浦东新区宣传部副部长、文广局副局长王卫国出席大会并做重要讲话，上海市文化广播影视管理局社会文化处、上海市图书馆学会副秘书长金荣彪向大会致辞，浦东新区民政局社会团体管理处、社会组织发展处副处长李杰宣读浦东新区民政局批准筹备及成立上海市浦东新区图书馆学会的工作要求。浦东图书馆党总支副书记兼工会主席毕震钧主持大会。

8.6月18日下午，全国人大代表分设两批共300余人先后视察浦东图书馆。浦东新区宣传部副部长、文广局副局长王卫国，浦东图书馆党总支书记、馆长张伟，党总支副书记、工会主席毕震钧等领导陪同。

9.7月11日，浦东图书馆与中国商飞上海飞机制造有限公司举行签约仪式，设立"延伸服务分馆"，并为建设者们送上首批3000多册图书。

10.9月24日，浦东图书馆迪士尼建设工地延伸服务点成立。浦东新区区委常委、宣传部部长邓捷，上海国际旅游度假区建设工程指挥部副总指挥、办公室主任、申迪集团副总裁是明芳，为延伸服务点揭牌。浦东图书馆党总支书记、馆长张伟，浦东新区宣传部文化事业处副处长陆星，浦东图书馆党总支副书记毕震钧、馆长助理张宏，上海国际旅游度假区建设工程指挥部办公室监督部部长陆吉敏等出席成立仪式。

11.10月22日，浦东图书馆迎来两周岁生日。两年来浦东图书馆共接待读者逾500万人次，总外借册次458万余册，有效借书证近14万张，馆藏图书及音像资料从100万册增至198万册。

12.12月3日，上海市自强模范和扶残助残先进集体表彰大会在上海国际会议中心举行。大会授予浦东图书馆"上海市扶残助残先进集体"荣誉称号。

13.12月12日，上海市图书馆学会2012年学术年会在浦东图书馆举行，来自全市图书馆业界以及相关单位的700余名嘉宾参加会议。

14.12月，浦东图书馆荣获新区"十佳职工职业道德先进单位"称号。

15.12月，浦东图书馆被上海市邮政公司评为"2012年度优胜报刊发行站"。

2013 年

1. 1 月 8—11 日，浦东新区五届人大三次会议、政协五届二次会议隆重举行。会议期间，浦东图书馆信息咨询与情报研究中心创新信息服务模式，拓展智库服务功能，深入会场为“两会”代表和委员提供现场信息服务。这也是浦东图书馆连续第四年开展“两会”现场信息服务。

2. 1 月 10 日，上海市专业学位研究生实践基地建设工作启动会在上海甸园宾馆召开。“华东师范大学——浦东图书馆图书情报硕士专业学位研究生实践基地”获得 2012 年上海市专业学位研究生教育改革试验项目正式立项。

3. 1 月 28 日，文化部公共文化司巡视员刘小琴等到浦东图书馆参观，张伟馆长接待。

4. 2 月 10—12 日，浦东图书馆举办“银蛇喜迎春”大家乐猜谜活动，共推出 1600 条谜语供读者竞猜，三天里多达 2000 余人次参与此次活动。

5. 2 月 25 日，张伟馆长接受《解放日报》《文汇报》《浦东时报》记者联合采访。

6. 3 月 5 日，中国浦东干部学院青年志愿者导读岗揭牌仪式在浦东图书馆举行，双方签署了青年志愿服务基地共建协议。中国浦东干部学院机关党委专职副书记萧炳南、浦东图书馆张伟馆长、郭慧副书记等出席了揭牌仪式。

7. 3 月 12 日，上海原市委常委、上海市原副市长、浦东新区原第一任管委会主任及党工委书记赵启正同志受聘为浦东图书馆名誉馆长。

8. 4 月 2 日，民政部发布《关于公布全国优秀志愿服务项目与工作案例评选结束的通知》，浦东图书馆与上海市各单位共同参与的“让改革开放的成果惠及更多残疾人家庭——上海市智力助残志愿服务项目”和“上海首届聋人公益电影系列活动”获得二等奖。

9. 4 月 9 日，《图书馆发展浦东宣言》起草小组第一次会议在浦东图书馆举行，北京大学信息管理系李国新教授、南开大学信息资源管理系柯平教授、华东师范大学信息学系范并思教授、浦东图书馆张伟馆长、华东师范大学信息学系金武刚副教授为起草小组成员。

10. 4月11日，浦东图书馆迎来全国第五次公共图书馆评估定级专家评审会，评审专家高度评价了浦东图书馆的迎评工作，并给予了1000分的满分，本次评估定级工作圆满结束。

11. 4月22日，“秋雨书院”正式落户浦东图书馆。著名文化学者余秋雨，浦东新区区委常委、宣传部部长邓捷，原上海市人大常委会副主任胡炜共同为“秋雨书院”揭牌。

12. 4月26日，浦东新区图书馆学会学术委员会成立会议暨2013年第一次会议在上海海事大学图书馆顺利召开。会议由海事大学图书馆馆长陈伟炯教授主持，学术委会员筹备组及受邀人员出席了会议。

13. 5月16日，浦东干部学院志愿者服务启动仪式在浦东图书馆视障者服务中心举行。

14. 5月21日，浦东图书馆举行第一届工会委员会第四次职工代表大会举行，大会投票通过了浦东图书馆绩效工资实施方案。

15. 5月28日，浦东图书馆成立中图年会专项工作领导组及各工作小组，共同推进2013年中国图书馆年会筹备工作。领导组组长张伟，副组长郭慧，六个工作小组为综合组、学术组、馆内讲座与展览组、馆内读者服务与活动组、年会会场展览与活动组、盲人阅读分论坛工作组。

16. 6月8日，上海市图书馆学会2013年立项课题公布，浦东图书馆共有四项申报课题获准立项，其中重点课题、资助课题各一项。

17. 6月10日，浦东图书馆推出电子书阅读器借阅服务，本次服务推出的机型是“汉王F30二代黄金书屋电纸书”，该项服务使读者得以将“个人图书馆”带在身边，体验移动数字阅读的乐趣。

18. 6月27日，应美国ALA邀请，浦东新区组团参加在芝加哥召开的美国图书馆年会。访问团由谢毓敏副区长领导，张伟馆长应邀参团出访。本届美国年会主题为"Transforming Our Libraries, Ourselves"(改造我们的图书馆,改变我们自己)。

19. 2013 年 7 月 15 日,浦东图书馆援建大别山革命老区留守儿童图书室——"候鸟书屋"交接仪式在安徽六安市皖西博物馆举行,来自六安革命老区 7 个"候鸟书屋"试点单位的代表和相关单位代表共 60 余人参加。

20. 7 月 25 日,e 线图情对浦东图书馆进行专访,张伟馆长、王韧副馆长、信息咨询与情报研究中心副主任杨飞等参加了接待。

21. 8 月 1 日,"一卡通"借书证办证过渡办法启动,原持有浦东图书馆读者证的读者,可到一楼办证处申请领取上海市中心图书馆"一卡通"读者证(不另收押金);新办浦东图书馆读者证且未办理"一卡通"读者证的读者,需同时办理好上海市中心图书馆"一卡通"读者证(不另收押金)。

22. 8 月 15 日,馆爱心图书漂流迎来了两周岁"生日",8 月 22 日《浦东时报》头版大幅照片刊登了浦东图书馆"爱心图书漂流"两周年的专题报道。

23. 8 月底,2013 中国图书馆学会年会征文活动圆满结束。浦东图书馆有 13 篇论文获奖,由卢娅撰写《关于发展馆员专业阅读的探讨》一文获一等奖。

24. 9 月 21 日,著名文化学者鲍鹏山教授开创,浦东图书馆合作举办的公益国学课堂"浦江学堂"正式开班。

25. 9 月 26 日下午,浦东图书馆第二十八期学术沙龙在馆 217 室举行。本次沙龙邀请到著名图书馆学家、华东师范大学范并思教授向馆员讲解《图书馆学基础理论视野中的阅读推广》。

26. 10 月 12 日下午,"品味书香"名家系列讲座在 1 号报告厅开讲,著名作家二月河做题为《从康乾盛世看为政为人之道》的报告。当天讲座吸引了上千名读者参与,1 号报告厅座无虚席,不少读者站在后排走廊聆听。

27. 10 月 18 日,"上海市浦东新区图书馆学会 2013 年会暨第四届浦东图书馆学术论坛”在 2 号报告厅召开。

28. 11 月 1 日，浦东图书馆网站新版正式启用。

29. 11 月初，浦东图书馆视障者服务中心正式成为中国盲文图书馆支馆。今后将依托中国盲文图书馆丰富的馆藏资源，更好地为盲人读者提供优质的服务。

30. 2013 中国图书馆年会 11 月 7 日开幕，11 月 8 日闭幕，共有 3000 名中外嘉宾与会，7.5 万人次参观展览会。浦东图书馆作为东道主，协调和保障各项活动有序展开，大会取得了圆满成功，同时也收获了多项荣誉：荣获中图学会颁发的“全民阅读示范基地”称号、“2013 年中国图书馆年会征文活动组织奖”（浦东图书馆馆员参与年会征文有 14 篇论文获奖。）和“2013 年中国图书馆年会展览会优秀展示奖”事业参展单位三等奖。

31. 11 月 7 日下午，由上海图书馆上海科学技术情报研究所和上海浦东图书馆共同主办的“阅读的未来——生态重塑与阅读复兴”主题论坛在 2013 中国图书馆年会学术会议区举行，共有 6 位业内专家就数字阅读做了精彩的报告，其中，张伟馆长的报告主题为《数字阅读中的价值引领》。

32. 11 月 7 日下午，由浦东图书馆、上海市图书馆学会、日本图书馆研究会共同主办的中国图书馆学会年会第四分会场“多元文化 · 人 · 图书馆服务——图书馆多元文化服务国际研讨会暨第九届中日图书馆学国际研讨会”顺利举行，吸引了百余位图书馆界同仁参与此次研讨。

33. 12 月初，为浦东公路行业送图书、送知识、送文化活动在浦东公路管理署举行，浦东图书馆首批近 2000 册图书按类别和不同需求分类，送进基层工地和民工夜校。浦东公路署养护一所职工教育基地、金桥市政公司中环线 8 标民工军事化管理基地、东宝市政公司民工夜校和周宏泽技师学习室成为首批受益者。

2014 年

1. 1 月 9 日上午,浦东图书馆学术委员会 2013 年度科研成果奖励方案审议会召开。经过馆内统计及馆员自主申报,2013 年度浦东图书馆共有 15 篇论文在国家级年会征文中获奖(含案例 1 个),4 篇论文在区级年会征文中获奖,5 篇论文刊登在国内核心期刊,9 篇刊登在省级学术期刊,另有多篇论文收录在公开出版发行的论文集中。经学术委员会讨论决定,一致通过了《浦东图书馆 2013 年度科研成果奖励方案》。

2. 1 月 23 日下午,南汇分馆与中建八局国家会展中心项目部共建职工书屋揭牌仪式在中建八局国家会展中心项目部会议室举行。

3. 2 月 19 日,《盲人之家》项目入选 2013 年中国图书馆学会年会《服务创新,转型发展——上海地区图书馆服务创新成果展》。

4. 3 月 4 日下午,上海市图书馆行业协会副会长、浦东图书馆馆长张伟赴上海书城出席《推进全民阅读,共创文明行业协议书》签约仪式,并在签约仪式上宣读《打造书香上海"市民阅读联合体"倡议书》。

5. 4 月,浦东图书馆总结形成的《推动业界学术交流　凝聚图书发展共识》案例,荣获 2013 年度浦东新区宣传部(文广影视局)"十大优秀案例"。

6. 4 月 11 日,张伟馆长赴市政协参加《口述上海 · 浦东开发开放》首发式。该书收录了曾先后参加浦东改革开放的 61 位建设者口述文章。张伟馆长口述的《打造与浦东地位相称的"大书柜"》一文被收录。

7. 4 月 16 日,浦东开发开放 24 周年之际,在馆领导的重视和支持下,五楼专题阅览区地方文献专题浦东开发开放图书专架正式开设。

8. 4 月 23 日,世界读书日到来之际,浦东图书馆启动了第四届读书节活动。4—10 月,围绕"阅读,放飞梦想"这一主题,浦东图书馆牵手各类社会组织推出 11 类 70 余项阅读推广活动。

9. 5 月 19—23 日,馆三、四楼外借区域闭馆,集中进行图书文献搬迁调整。调整后的图书布局将原先分隔开的浦图系统图书和一卡通系统图书合并在一起,按顺时针方向从左到右、从小到大排列,尽量实现同一大类图书聚集,提升了读者查找图书的便利性。

10. 5月22—24日,全国中小型公共图书馆联合会2014年研讨会在安徽省马鞍山市举行。浦东图书馆5篇论文在全国中小型公共图书馆联合会2014年研讨会上获奖。同时,浦东图书馆获得大会颁发的“优秀征文组织奖”。

11. 5月28日,浦东图书馆海丰分馆揭牌仪式在江苏省海丰农场举行。上海市文广局副局长王晓明和上海市农场局领导等出席揭牌仪式。苏卫红副馆长、延伸服务部许淮生主任参加了仪式活动。

12. 上半年,浦东图书馆高度重视安全工作,加强日常安全检查,并结合近期反恐形势,制定《浦东图书馆应对恐怖袭击预案》等,完善安全管理体系和应急预案体系。系列安保措施得到了部(局)领导的充分肯定。

13. 7月2日,沪新中学暑期社会实践活动大会在浦东图书馆召开,60多名沪新中学高三学生在浦东图书馆进行为期4天的暑期社会实践。这是浦东图书馆首次为高中学生社会实践课提供实践平台。

14. 7月10日,全国第十六次社科普及工作经验交流会在海口开幕。会议评选出“全国人文社会科学普及基地”“全国优秀社会科学普及工作者”等奖项。浦东图书馆由上海市社会科学界联合会选送,被评为“全国人文社会科学普及基地”。这是浦东图书馆在公共文化建设领域取得的又一项殊荣。

15. 7月14日,由浦东图书馆、上海浦东傅雷文化研究中心主办的《傅雷家书全编》首发式暨“家教·家风”座谈会在浦东图书馆举行。国家图书馆副馆长张志清,浦东新区区委常委、宣传部部长尤存等参加活动。张伟馆长主持首发式。

16. 7月上旬,浦东图书馆被中国盲人协会和中国盲文图书馆评为2014年全国盲人阅读推广优秀单位,浦东图书馆盲人读者蒋鸿源、沈晨娴被评为全国盲人阅读推广优秀盲人读者。

17. 7 月 25 日,《2014 相约上海国际艺术展》在浦东图书馆开幕,意大利驻沪总领事馆领事、墨西哥驻沪总领事馆领事等出席开幕式,展期持续至 8 月 4 日。

18. 8 月初,2014 年度上海市图书馆学会科研课题项目立项课题名单正式公布,浦东图书馆申请的三项课题全部获准立项。其中:馆员崔丽申请的课题《国外公共图书馆法人治理结构与机制研究》为重点项目,馆员信丹丹申请的课题《基于读者行为数据的专题馆员服务设计》、馆员刘隽申请的课题《公共图书馆少儿志愿者活动课程建设》为一般项目。

19. 8 月初,为配合浦东新区创建国家公共文化服务体系示范区,浦东图书馆联合新区统战部、机关党工委"社会捐赠图书"活动启动,为浦东创建公共文化服务体系示范区增添一抹文化之力。

20. 8 月 19 日,北京大学信息资源管理系李国新教授到浦东图书馆交流,张伟馆长接待。

21. 8 月 21 日,浦东图书馆举行专题馆员聘任仪式暨座谈会,聘任仪式由读者服务中心主任郁伟东主持。张伟馆长出席聘任仪式并向滕思琦、瞿方华、宋丽娟、叶超婧、胡玲莉 5 位同志颁发了专题馆员聘书。

22. 9 月 20—21 日,2014 年全国少年儿童绘本阅读年系列活动之"丰子恺儿童图书奖得奖作品巡回讲座"在浦东图书馆举行。本次活动由浦东图书馆主办、丰子恺儿童图画书奖组委会协办,旨在帮助广大读者认识优秀的原创华文儿童图画书,促进公众重视原创儿童图画书及其阅读。9 月 20 日上午,张伟馆长在六楼贵宾厅接待了香港丰子恺儿童图画书奖顾问霍玉英博士一行 6 人。

23. 9 月 25 日,赵启正向浦东图书馆捐赠图书 278 种 325 册,这是他第三次向浦东图书馆捐赠图书。目前赵启正共向浦东图书馆捐赠图书 2061 种共计 2521 册。

24. 9 月 29 日,浦东图书馆党总支领导班子"公推直选"换届选举党员大会在 2 号报告厅举行。经报浦东新区宣传部(文广影视局)机关党委审批，张伟同志当选为新一届党总支书记，郭慧同志当选为新一届党总支副书记，王韧、苏卫红、陈克杰3名同志（按姓氏笔画为序）当选为新一届党总支委员。

25. 10月9—12日，2014中国图书馆学会年会在北京东城隆重召开。年会学术会议分为四个主题论坛和23个分会场。其中，第6分会场以“图书馆区域联盟的创新与发展”为主题，由上海浦东图书馆、上海市浦东新区图书馆学会主办。这是继2013年中国图书馆学会年会期间成功主办第四分会场“多元文化·人·图书馆服务”后，浦东图书馆第二次主办年会分会场活动。

26. 10月20—21日，浦东新区创建国家公共文化服务体系示范区迎来中期督查，中纪委驻文化部纪检组组长王铁、文化部公共文化司巡视员刘小琴等6人组成的督查组，先后走访浦东图书馆、龙美术馆、北蔡社区文化活动中心、震旦博物馆等地。在实地督查过程中，王铁、刘小琴等领导同志对浦东图书馆致力于阅读推广、关注弱势群体、重视新技术应用、创新图书馆内涵等给予了高度肯定。

27. 10月22日，“上海市浦东新区图书馆学会2014年会暨第五届浦东图书馆学术论坛”在浦东图书馆举行。本次年会由上海市浦东新区图书馆学会、浦东图书馆共同主办，以“馆员的使命与担当”为主题，吸引来自浦东新区及其他地区高校图书馆、科研院所图书馆、街镇图书馆、中小学图书馆等单位近600人参加。

28. 11月6日下午，浦东图书馆牵头召开法人治理专题座谈会，市委宣传部研究室、浦东干部学院、浦东新区编办、浦东急救中心等派员参加了座谈，宣传部副部长副局长赵瑞春出席座谈会并讲话。张伟馆长、郭慧副书记参加了座谈。

29. 11月18日，历时7个月的“书香上海，成就梦想”第十六届上海读书节在上海教育电视台圆满闭幕。浦东图书馆选送的“市民阅读——微故事”活动荣获了上海市振兴中华读书活动年度优秀项目奖。

30. 12月18日，人力资源社会保障部、文化部在北京举行全国文化先进单位、全国文化系统先进集体、先进工作者和劳动模范表彰活动。浦东图书馆在本次表彰中被授予“全国文化系统先进集体”称号，这是文化系统最高政府表彰。

31. 12 月 20 日，全国图书情报专业学位教育指导委员会 2014 年年会暨培养单位联席会议在浦东图书馆召开。国务院学位办专业学位处调研员陆敏同志、全国图书情报专业学位教育指导委员会领导及培养单位代表、华东师范大学研究生院与信息学系领导、图书情报专业学位实习生代表、浦东图书馆馆长张伟、浦东图书馆兼职导师代表及基地管理中心成员等出席会议。

32. 12 月 28 日，浦东图书馆曹路分馆开馆试运营。

2015 年

1. 2 月 13 日下午，张伟馆长赴中国金融信息大厦参加部（局）2014 年度十大优秀创新案例（项目）评选暨颁奖仪式。本次评选，部局系统共有 27 个案例入围并现场宣讲。张伟馆长以“浦江学堂”为例，向与会人员介绍了浦东图书馆利用社会力量与专家资源，重视国学和社会主义核心价值观传播的思考和做法。经领导、专家评委和全体与会人员的投票，浦东图书馆案例“读者活动自主开展的有益探索——浦东图书馆‘浦江学堂’”总分名列第五，成功入选浦东新区宣传部、文广局 2014 十大优秀创新案例。

2. 3 月 5 日，浦东新区召开了 2014 年度十佳志愿者（集体、项目）表彰大会，浦东图书馆“少儿阅读推广”志愿服务项目获“2014 年度浦东新区十佳志愿服务项目”。

3. 3 月 20 日，浦东图书馆理事会成立大会在 2 号报告厅召开。成立大会上，浦图首届理事会的 13 名成员首次集体亮相，获颁聘书。13 人中有 11 位是社会代表，既有图书馆业界的专家，如原台湾图书馆馆长顾敏、上海纽约大学图书馆馆长张宁；也有市民所熟知的浦东各领域知名人士，如“happy 张江”微博博主朱蕾、前国家女排队长李国君、上海市建平中学校长杨振峰、中国商飞公司企业文化部部长魏应彪等。这一构成,体现了社会化、专业化、国际化的浦东特色。鲍鹏山出任首届理事会理事长,浦东新区宣传部(文广局)副部长、副局长赵瑞春担任副理事长。浦东图书馆理事会的成立标志着浦东图书馆从此正式走上了由区委宣传部(文广局)领导、理事会决策、图书馆管理层执行的法人治理道路。

4. 4 月,浦东图书馆荣获由上海市文广局颁发的"2014 年上海市民文化节优秀组织奖"。

5. 4 月 18 日,浦东开发开放 25 周年之际,浦东数字图书馆暨浦东开发开放专题信息数据库上线开通。浦东数字图书馆包括门户网站、移动阅读 App、数字化直播服务平台以及盲人数字图书馆四大功能模块。这一数字虚拟平台让浦东图书馆突破服务时间、空间的限制,成为一个 24 小时向读者开放的数字阅读资源窗口,读者可以在自己家里借阅数字图书查阅论文,浦图不打烊将成为现实。

6. 4 月 22 日上午,上海市"阅读推广人"计划暨首期"阅读推广人"培训班启动仪式在浦东图书馆举行。上海市文广局、浦东新区宣传部(文广局)、上海市图书馆学会、浦东图书馆、各区县图书馆等单位的相关领导及代表出席仪式。陈思和、范并思、今波、黄欣雯等 10 位文化名人,作为上海市首批"阅读推广人"集体亮相。此外,到场的还有参与首期培训班学习的 50 名学员。

7. 4 月 25 日下午,复旦大学图书馆馆长陈思和教授莅临浦东图书馆"浦东文化讲坛",主讲《巴金晚年的理想主义——再读〈随想录〉》。之前,陈思和教授欣然同意担任浦东图书馆咨询专家。在讲座前,张伟馆长在贵宾厅为陈思和教授颁发了浦东图书馆咨询专家证书。

8. 5 月 1 日起,馆 OA 内网办公系统试运行,6 月 1 日正式运行。

9. 5 月,少儿馆荣获"2012—2014 年度浦东新区未成年人思想道德建设工作先进集体"称号;少儿馆馆员屈娜娜被评为"2012—2014 年度浦东新区未成年人思想道德建设工作者"。

10. 5 月 12 日,世界图书编目组织 OCLC 北京办事处负责人丘东江老师等 2 人来馆参观访问。

11. 2015 年上半年，浦东图书馆在全区 1386 个公共图书馆（室）的基础上，与上海市建平中学、上海市进才实验中学、上海市海桐小学等浦东 3 所中小学试点中小学分馆，将其纳入浦东图书馆总分馆体系。

12. 5 月 29 日，第二届“小小候鸟梦”读书演讲比赛暨浦东新区图书馆学会、浦东图书馆援建大别山革命老区第四批 14 家“候鸟书屋”交接仪式在六安市皖西博物馆举行。截至 2015 年 6 月，浦东新区图书馆学会、浦东图书馆已在大别山革命老区建立“候鸟书屋”40 家。

13. 6 月，浦东图书馆为自贸区建设增设专业文献服务，为陆家嘴区域的各银行网点设立“浦东图书馆金融图书专架”。

14. 7 月初，浦东图书馆获得国务院学位办全国图书情报专业学位研究生教育指导委员会批准的首批“全国示范性图书情报专业学位研究生联合培养基地”称号。浦东图书馆也是国内第一家获此殊荣的实践基地。

15. 7 月 10 日，新华网、《中国经济报》《中国文化报》等 6 家驻沪媒体调研团一行到浦东图书馆采访法人治理试点工作，并进行报道。

16. 8 月，由中国图书馆学会、韬奋基金会、中国出版集团公司、中国新华书店协会主办，《图书馆报》承办的“2015 年全民阅读优秀案例”征集活动落下帷幕。浦东图书馆选送的“打开视障者心灵的窗户”案例荣获“全民阅读优秀案例一等奖”；“‘超市’内的少儿课程——浦东图书馆少儿推广阅读案例”荣获“全民阅读优秀案例三等奖”。

17. 9 月 13 日、20 日，由浦东图书馆、《新闻晨报》、上海健生文化教育携手上海 15 所知名大学主办的“问道教育@大学招办主任面对面”系列讲座第四、第五场在浦东图书馆 1 号报告厅开讲。至此，“问道教育@大学招办主任面对面”系列讲座共五场讲座圆满收官。

18. 10 月 20 日，浦东图书馆《浦东开发开放专题信息数据库与索引工具》项目荣获 2015 年上海科学技术情报成果二等奖，这是浦东图书馆首次获得科技情报成果类奖项。

19. 10 月 22 日，上海市浦东新区图书馆学会 2015 年会暨第六届浦东图书馆学术论坛在浦东图书馆 1 号报告厅举行。本次年会以“大阅读时代　图书馆如何面对”为主题，吸引浦东新区及其他地区高校图书馆、科研院所图书馆、街镇图书馆、中小学图书馆等单位 500 多人参会。会上，陈传夫、唐玉光、蓝发钦、张伟等一同为“全国示范性图书情报专业硕士实践基地”揭牌。

20. 11 月 10 日，中国建设银行浦东分行举行“书香建行”启动仪式。浦东图书馆馆长张伟、副馆长苏卫红出席活动，并为建行浦东分行八家网点授予浦东图书馆“延伸服务点”铭牌。启动仪式后，张伟馆长还应邀为建行浦东分行干部员工做了《读书与人生》专题讲座。

21. 11 月 30 日，由中国盲文出版社、中国盲文图书馆联合举办的全国盲人百科知识竞赛决赛在北京举行。浦东图书馆代表队获得图书馆组全国第一名，浦东图书馆荣获优秀组织奖。

22. 12 月 15—17 日，2015 年中国图书馆学会年会在广州市白云国际会议中心举行。17 日上午，以“阅读推广与阅读推广人培育”为主题的第 13 分会场会议在广州白云国际会议中心 4 号楼召开。本次会议由浦东图书馆主办，浦东新区宣传部副部长赵瑞春、副馆长王韧等出席会议。

23. 2015 年浦东新区宣传部（文广局）事业单位年度考核完成，浦东图书馆荣获集体“优秀”等级。

二、浦东图书馆“十二五”发展规划(2011—2015年)

1 “十一五”发展回顾

“十一五”时期,在浦东新区宣传部(文广局)的关心和大力支持下,浦东图书馆完成了新馆的筹备、搬迁以及原浦东新区图书馆与南汇区图书馆合并等重大工程项目,在硬件建设、文献资源建设与读者服务等方面都取得了重大进展,很好地完成了“十一五”规划确定的发展目标。主要成就有以下几点:

图书馆新馆建成,硬件设施得到极大改善。“十一五”时期,图书馆新馆建成并投入使用。新馆总建筑面积60 885平方米,建筑模式从传统格局转变为“全开放”“大空间”“无间隔”“模数式”格局,全面采用物联网智能技术,着力体现大型城市图书馆的服务能级,成为新区公共图书馆服务网络的枢纽和标志性的文化建筑。新馆的建成使图书馆的功能进一步完善,硬件设施得到了极大的改善。一座具有一流设施、一流环境的现代化、智能型图书馆基本建成。

文献资源日益丰富,流通量大幅提高。随着文献购置经费的不断增加,“十一五”期间,图书馆的文献资源存量稳步增长。截至2010年年底,图书馆总藏量达到147万册/件,其中纸本图书135万册、报刊合订本6万册、视听文献5万件。“十一五”时期,读者人次大幅提高,图书利用率显著增加。2010年,图书外借册次达124万,图书馆流通总人次超过157万。新馆建成后,日均接待读者5000多人次,周末及节假日日均接待读者10 000人次左右。

图书馆基础功能不断完善,服务功能进一步拓展。“十一五”时期,浦东图书馆藏、借、阅等基础功能不断完善,新馆的建设进一步地推进了基础服务工作,实现了藏、阅、借、参四合一的“一站式”服务,纸本、电子与声像文献的三合一服务,基本满足了各类读者对图书馆基础服务的需求。在此基础上,浦东图书馆不断开发潜在的读者群,开展包括学术论坛、文化讲座、展览、浦东读书节等公共文化主题活动。同时,浦东图书馆着力为政府机关和企事业单位提供各种信息咨询服务,并长期为浦东新区政府提供内部参考信息及定题服务。

延伸服务稳步推进,特殊服务取得成效。随着原浦东新区图书馆与南汇区图书馆合并为浦东图书馆,浦东图书馆现已拥有153个馆外流通服务点,完成驻区54家部队的“军营数字图书室”建设,建立了26个民工小学图书室流通点,实现了浦东新区街镇图书馆的“一卡通”全覆盖。“十一五”期间,浦东图书馆坚持开展视障读者服务,开办的盲人电脑学习班受到了业界的广泛肯定和称赞,2010年还因此获得了国际图联UIVERSCROFT基金会颁发的最佳实践奖(中国图书馆首次获得此项殊荣)。

自动化建设继续推进,信息化水平进一步提高。“十一五”时期,浦东图书馆引进先进的无线射频非接触识别技术,大大提升了图书馆的自动化水平。同时,完善了图书馆的网站功能,新建成一系列数字资源系统,建立各类服务器系统,初步实现了海量存储、分布式管理、网络化存取、智能化服务等多项数字图书馆功能。

“十一五”时期取得的各项成绩为浦东图书馆在“十二五”时期的发展打下了坚实的基础,也积累了宝贵的经验,主要可以归纳为:上级部门的重视与支持是事业发展的前提;领导班子与馆员队伍的建设是事业发展的基础;先进的理念和正确的发展方向是事业发展的关键;创新是事业发展的动力。

2 “十二五”发展形势分析

文化实力越来越成为衡量一个国家或地区综合实力的重要指标。党的十七大提出了“大力提升文化软实力”的长期战略任务,“促进文化繁荣,建设人文浦东”成为浦东新区国民经济和社会发展第十二个五年规划纲要的一项重要工作内容。浦东新区文化事业“十二五”规划提出了构建并完善与浦东战略地位和市民日益增长的文化需求相适应的公共文化服务体系、文化发展与国际金融中心、国际航运中心建设相协调等一系列发展目标与原则，总体来看，公共文化服务体系的建设已被提到前所未有的高度。作为公共文化服务体系重要组成部分的公共图书馆，应适应国民经济与文化事业战略发展需求，把握发展机遇、拓展发展空间，承担起公益服务、文化引领和社会教育的使命。

从图书馆的自身发展来看，“十二五”是由传统图书馆向复合图书馆转型发展的关键时期，图书馆传统的管理理念、功能定位、服务理念和服务模式等都亟待转变。首先，信息量的快速增长，要求馆员去获取和鉴别信息，对信息资源进行开发和深加工，对读者进行信息推介，这些工作要求馆员具有丰富的专业知识和较高的服务技能，馆员在图书馆服务中的地位和作用将被大大凸显和强化。在这种形势下，必须推行以人为本的管理理念，把重视馆员、关心馆员、充分挖掘馆员价值作为管理工作的出发点和落脚点。其次，先进的信息技术、网络技术在为图书馆提供广阔发展空间的同时，也为其他信息行业（出版社、书店、数据库提供商、网络内容服务商等）创造了发展机会，图书馆作为信息中心的地位被极大地削弱。在新的信息环境中，需要重新定义图书馆的作用，重新定义图书馆与其服务对象之间的关系。再次，数字化阅读方式快速普及，公众获取信息的渠道和手段也日益丰富和多样化，技术的变化和时代的变化正在深刻影响着图书馆用户，今天的用户考虑和处理信息与以往有很大的不同，相应地图书馆的服务理念和服务模式也需要随之转变。“十二五”时期，功能定位、发展理念、服务创新等内涵性问题将成为中国图书馆事业发展关注的重点。

3　“十二五”发展战略

3.1　指导思想

“十二五”时期，浦东图书馆事业发展要以邓小平理论和“三个代表”重要思想为指导，深入贯彻落实科学发展观，坚持图书馆事业发展与浦东的战略地位和市民日益增长的精神文化需求相适应；坚持图书馆的公益性、平等性、开放型、便利性，履行公共图书馆的信息服务职能和教育职能，保障公民文化权利、缩小社会信息鸿沟；坚持“以人为本、文化立馆,把浦东图书馆办成馆员和读者的精神家园”的办管理念。在服务功能的拓展上,注重以品为本,高嫁接,横联谊,低辐射,创新公共图书馆服务方式;在学术上,注重以专为本,营造崇文尚哲、价值引领之学术研究风气;在用人上,注重以德为本,做人第一,强调品格比才华更重要;在内部管理上,注重以心为本,建立“制度+人文”的管理方式;在公共关系上,注重以谦为本,谦恭好客,广交朋友,创读者满意、业界认同、社会好评、政府放心的公共图书馆。

3.2 发展目标

浦东图书馆将以内涵发展为主线,科学把握图书馆事业发展最新趋势和规律,创新发展模式,提升服务能级,建设成新区公共图书馆服务网络的枢纽,新区文献信息收藏与提供中心,面向社会的文化教育中心,服务于浦东地区的公共网络信息导航中心,情报信息开发与服务中心,以及浦东新区对外文化交流的重要窗口,努力创建与浦东未来城市发展相适应的示范性公共图书馆。

围绕上述指导思想与战略目标,“十二五”时期浦东图书馆将努力在以下几个方面取得进展和突破:

构建完善的区域公共图书馆服务网络。公共图书馆是一个组织体系而不只是一座建筑。“十二五”是公共图书馆服务体系从“一级政府设置一所图书馆”走向社会全覆盖的转型关键期。浦东图书馆将坚持公益性、平等性、开放型、便利性的原则,立足现实,因地制宜,依托浦东新区现有的文化设施网络体系,探索总分馆制、图书馆联盟等多种形式的组织体系建设;依据浦东各区域(街道)的实际发展情况、人口密集程度等因素调整服务网络的建设,提升网点的服务质量,进一步完善浦东地区的公共图书馆服务网络。

构建多元化的文献资源体系。文献资源体系是公共图书馆服务的基础与核心。“十二五”期间,浦东图书馆将更加强调从读者的需求出发,进行文献资源体系的战略思考和规划。进一步对馆藏文献进行合理布局,打造完善的专题知识库群,大力发展地方文献专藏及多语种文献,完善多元化的文献资源体系,推动文献资源服务的能力和读者满意率的提升。

构建多功能、品牌化的服务格局。功能拓展是图书馆内涵发展的重要内容，浦东图书馆将以项目求突破，注重高起点，多功能，品牌化。以读者需求为导向，开拓基于读者、为了读者、在读者中、让读者充分参与的图书馆服务方式，在对传统图书馆服务内容保留其真的基础上，加强与各类社会机构的合作，共同搭建平台、引进资源，打造一批属于自己的创新服务品牌。

提升服务能级与办馆效益。读者服务是图书馆工作的核心，是衡量图书馆工作质量的重要标尺。浦东图书馆在“十二五”期间，将着重提高服务能力，拓展服务深度与覆盖面，强化办馆效益，实现图书借阅册次、读者流通人次、文化活动场次及读者参与人次等数量的显著增长，同时提高文献资源建设、人力资源投入及管理工作效率，规范精简服务流程，实现社会效益的最大化。

拥有一支高素质、专业化的馆员队伍。“十二五”期间，浦东图书馆将通过强化馆员培训，指导馆员系统学习，多方引进高素质人才等系列措施，建立起一支知识结构完备、学术水平一流、恪守职业道德、极具实践能力的专业化馆员队伍，支撑浦东图书馆的内涵发展和创新实践。

构建与发展目标相适应的内涵文化。“十二五”期间，浦东图书馆将坚持“以人为本、文化立馆，把浦东图书馆办成馆员和读者的精神家园”的办馆理念，重视馆内精神文化、制度文化、环境文化等文化建设问题。重视开展学术研究，营造崇文尚哲、价值引领之学术风气，将图书馆工作实践与学术钻研、理论思考紧密联系；探索“制度＋人文”的管理方式，关注现代图书馆制度创建和图书馆的文化引领，着力构建与发展目标相适应的浦东图书馆内涵文化，使浦东图书馆成为浦东新区重要的文化展示和交流平台。

4　“十二五”主要任务及重点工作

4.1　构建完善的图书馆服务网络

依托区域公共文化服务体系建设，坚持普遍均等、惠及全民的原则，创新服务方式，探索行之有效的共享机制和保障机制，构建布局合理、设施完善、功能齐全、服务方便的区域公共图书馆服务网络。

4.1.1　依托现有公共文化服务体系，完善图书馆基础服务网络

在浦东新区宣传部（文广局）授权下，依托现有的区、街镇、村（居）三级公共文化设施网络体系，进一步完善以浦东图书馆为中心，分馆、县级图书馆和街镇图书馆为骨干，联结村（居）图书室的三级公共图书馆基础网络。

加强浦东图书馆辐射功能，以提高街镇图书馆业务水平、服务能力为抓手，从人员培训、学术培养、信息资源、技术等各方面支持街镇图书馆发展，以街镇图书馆的发展推动村（居）图书室的建设。

积极配合上海市中心图书馆“一卡通”建设，牵头在街镇图书馆、村（居）图书室增设少儿图书专区，推动浦东地区少儿图书馆服务网络建设。

积极争取政府专项资金，结合浦东地区“两个中心”①的建设，建设1—2个主题馆。结合浦东地区十大文化圈的建设，根据各文化圈的文化特色，合理输送、配置信息资源，推动浦东地区“十圈、均衡分布的社会文化网络”②的发展。

4.1.2　加强流通点建设，提升延伸服务质量

延伸服务突出两个侧重点：一方面，着力实现与浦东高端经济嫁接，在科技园区、金融贸易集聚区、临港现代制造基地等设立图书流通点；另一方面，继续重视对弱势群体的文化支持，将延伸服务的触角伸

① “两个中心”是指上海国际金融中心和国际航运中心两个核心功能区。

② 来源：《浦东新区文化事业“十二五”发展规划》。“十圈”是根据浦东新区的社会发展水平、居住人口及人口结构、服务半径及交通便利等条件，形成十大文化圈，分别为陆家嘴—花木文化圈（陆家嘴、潍坊、花木、塘桥、洋泾）、三林世博文化圈（三林、南码头、上钢新村、周家渡、东明路、北蔡）、临港文化圈（申港、书院、万祥、泥城、芦潮港）、金桥—曹路文化圈（金桥、曹路、浦兴、沪东、金杨）、张江—唐镇文化圈（张江、唐镇、合庆）、川沙—六灶文化圈（川沙、六灶）、周康文化圈（周浦、康桥）、航头—新场文化圈（航头、新场、宣桥）、惠南文化圈（惠南、祝桥、老港、大团）、高桥—外高桥文化圈（高桥、高东、高行）。

向浦东民工子弟学校等社会教育及福利机构，在“十二五”时期完成浦东地区所有民工子弟学校图书流通点的建设。

加强图书流通点建设，按照“控制数量、确保质量”的原则，精益求精，有序发展。开展对各流通服务点的工作调研，掌握图书馆(室)的资源配置、硬件情况及服务读者规模，据此调整各流通点的资源投入配置，有针对性地建设新的流通点，解决服务人口的不均衡，提升服务质量。同时，尝试与流通点实现网络连接，形成延伸服务联动网络，弥补流通点图书室经费较少、文献更新慢的不足。

以城市反哺农村为导向，加强乡村图书馆体系建设，继续推进全国文化信息资源共享工程、“农家书屋”等工程建设。

推进公共电子阅览室建设工作。依据《上海市推进实施公共电子阅览室建设试点工作方案》，完善一批示范性的、面向基层的标准化公共电子阅览室设施，吸引更多的公众利用并享受优质的公共文化服务。

4.1.3　探索新的服务方式，建立长效机制

摒弃“一次性”投入的做法，不断探索创新服务方式和内容，关注服务网络的可持续发展，实现从量的全面发展到质的内涵提升。

建立公益讲座、展览、社会阅读活动等服务品牌，并与各馆共同宣传推广，形成浦东特色。

争取申请持续的专项资金，支撑公共图书馆服务网络和“流通点专库”建设。不断完善“流通点专库”建设，定期更新流通点图书，盘活各流通点文献资源。

在浦东新区宣传部(文广局)授权下，牵头制定区域图书馆行业标准和服务规范，建立长效管理机制，以区县、街镇图书馆为重点，推动贯彻实施，保证区域内公共图书馆的持续健康发展。

4.1.4　加强馆际合作，推动服务网络横向发展

坚持共建共享原则，探索以公共图书馆为主体，联合区域内的高校图书馆、专业图书馆及社会各界力量组建图书馆联合体，充分发挥公共图书馆与非公共图书馆的社会效益。

成立浦东新区图书馆共建联盟，搭建浦东区域内的合作平台。向

浦东新区有关部门申请社团机构，向中国图书馆学会申请成立区域性、专业性的“浦东域”。

建立浦东区域内的浦东图书馆学会。牵头建立浦东图书馆学会，以学会活动促进浦东地区各级各类图书馆间的学术交流与合作项目，推动浦东地区图书馆事业的蓬勃开展。

4.2　构建多元化文献资源体系

以建设专题知识库群为重点，加强浦东地方文献建设、数字资源建设与多语种文献的收藏，关注各类文献资源的合理配置与长期保存，制定合理的馆藏发展原则与馆藏评估机制，创新资源建设模式与机制，加强协作，积极探索资源共建共享模式，通过实体馆藏和虚拟馆藏相结合，形成资源共享、协调补充、互为利用的多元化文献资源保障体系。

4.2.1　建设专题知识库群

大力推进专题文献建设，打造浦东图书馆专题知识库群。

加强浦东地方文献建设。积极争取由政府牵头制定浦东新区政府机关、企事业单位的呈缴本制度；成立地方文献建设领导小组和专家咨询委员会，负责对地方文献征集、整理、出版、研究等工作的指导；建立一支地方文献信息员队伍和网络平台；加大对政府信息公开资料征集的力度，力争达到完整级收集；创新资源建设的渠道与模式，与各政府机构、街镇、学校、军队、企事业单位等建立长期的合作方式，采取征集为主、采购为辅的方式，加强对浦东地方文献的收集工作。

坚持各类专题文献建设。结合时效性与实用性原则，做好对金融、航运、法律、国际博览、生活时尚、艺术、教育、城市管理、干部教育等专题文献的采集，形成各具特色的专题文献群。

以保障专题文献建设为主，逐年加大外文，尤其是小语种文献的采购，同时注重通过加强国际交流促进外文文献的获取。

4.2.2　加强数字资源建设力度

加强外购数据库的引进工作。配合专题知识库群建设及读者调查需求,加强国内外权威数据库的引进工作;积极探索数据库的联合采购方式。

着手进行馆藏资源的数字化,研究自建特色专题数据库的知识产权问题。完善地方文献的数字化,建设特藏文献数据库;加强情报服务文献的内容开发,进行印刷文献、数字化文献的科学整合,形成有效互补的信息资源体系;加快"浦东特色信息专题数据库"建设。

建设专题数据库及书目索引数据库。以"专题导航"等形式,跟踪各大专题相关信息,自建专题数据库;建设各专题的书目索引数据库。

4.2.3　推动文献资源共建共享

在积极构建浦东地区图书馆服务网络的基础上,探索建立联合采购、联合目录数据库等多种模式的文献资源共建共享机制,形成优势互补的区域性文献资源保障体系。

结合专题文献建设,充分调研国内外有相关特色馆藏的图书馆,建立合作机制,推动专题知识库群的建设。

以区域特色为出发点,联合其他相同特色区域的图书馆,探索共建友好图书馆,联合建设特色馆藏。

积极参与各种组织形式的馆际交换、馆际互借与文献传递服务。

4.2.4　完善馆藏发展政策与评价机制

完善科学的馆藏发展政策。从文献资源现状及本馆的发展方向出发,着眼于文献资源整体布局,坚持系统性、协调性、连续性、前瞻性的原则,关注馆藏的战略存储,重视数字资源,尤其是外购数据库的长期保存;加强连续出版物的长期保存工作,重视连续性和完整性;加强本馆特色资源的长期保存工作,实现纸本与数字化的双保险;注重数字资源与纸本的互为补充;探索远程存储与合作存储模式,解决有限的馆藏空间与持续增长的文献资源的矛盾;关注多语种文献的收藏;关注总分馆的协调配置;关注采访机制的创新发展;关注馆际的合作共享。

建立科学、完善的馆藏评价机制。以制定数据库采购论证办法为重点,建立数字馆藏评价作用机制,同时开展读者调研与读者利用文献状况分析，实现图书馆与读者的有效沟通和互动，提升读者对馆藏文献的满意度。

4.3 应用现代技术，创新服务方式

现代技术的迅速发展，为图书馆事业的拓展提供了强大的支持。浦东图书馆将全面借助现代技术，寻求服务方式的创新和完善。

4.3.1 完善RFID智能管理系统，拓展智能管理与服务

实现文献立体导视功能。通过对所有书籍、报刊、光盘资源的精确定位，实现立体的读者导航功能，提高馆藏管理的灵活性和实时性。

实现自动分拣等功能。利用RFID技术，完成馆藏文献自动分拣、自动排序、错架图书快速整理，完全实现图书自助借还，加快书籍资料流通速度。同时，依靠该项技术进行藏书使用、藏书遗失数据统计，为馆藏状况管理和布局调整提供翔实的依据。

拓展读者自助系统建设。在拓展自助借还的基础上，建立自助打印、复印系统和读者小额支付系统，实现读者在馆内的一体化自助，同时展开相应的读者培训。

逐步扩大RFID应用范围。对具备条件的分馆及馆外流通服务点，逐步实现RFID自助借还、自助办卡业务，进一步加强对总分馆馆藏的有效管理。

开设24小时图书馆。依托浦东地区文化设施建设，争取以子项目形式规划建设区域24小时图书馆网络。合理规划自助图书馆的布局与模式，完善自助借还、自助阅览的技术保障系统，实现24小时无人值守的图书馆，并逐步完善服务功能，提供全面的服务种类。

4.3.2 建设“浦东移动图书馆”，开展移动数字阅读服务

在移动数字阅读兴起的大背景下，在未来的3—5年里重点探索通过手持阅读器、移动终端等为读者推送本馆特色数字资源服务，以新媒体、新科技、新服务，满足读者的资讯需求，引导读者的阅读偏好和习惯。

建设电子书系统。丰富本馆数字资源的种类和质量，建设特色专

题,及时填充新资讯与热点信息。

开设“浦东移动图书馆”“浦东掌上图书馆”,开发移动终端界面,为读者提供全天候的在线资源订阅、短信内容服务以及手机远程访问服务。结合动态信息实时发布系统及移动快讯技术,向读者手机或其他移动终端推送浦东图书馆优秀文化资源。

4.3.3　推进数字资源整合,构建区域数字化服务体系

建设数字图书馆门户。采用先进的计算机网络技术搭建图书馆门户网站,以全方位、个性化方式提供信息服务和其他应用服务,实现图书馆数字资源和各种服务的整合以及图书馆信息的集中发布,同时建立统一的访问认证体系和统一的资源检索入口。

搭建数字资源共享平台。全面整合传统文献资源、本馆外购数字资源、自建特色资源库,做好数字资源组织与存储、数据安全管理和知识库管理工作;建设知识参考咨询和资源导航系统,建立跨库和统一检索平台,支持异质资源系统整合查询、资源管理、统计分析等功能,实现高效的资源访问及管理,强化数字资源的广泛利用。

构建区域数字资源传递和服务体系。以浦东图书馆为中心,各分馆、街镇图书馆、馆外流通点、农家书屋以及合作共建的其他图书馆为服务节点,构建紧密互联的数字资源传递和服务体系。实现各网点的数字化远程访问、资源交互,实现对社会公众、政府机关、教育、科研及企业单位的信息资源共享。

4.3.4　跟踪技术前沿,推进服务创新

重视新技术在图书馆的实践与运用。现代信息技术日新月异,浦东图书馆将紧跟现代信息技术的发展,改进管理模式,创新服务方式,提升服务效率。

重视技术的保障作用。加强网络基础设施建设和自动化系统的升级工作,完善网络设施、存储设备等方面的基础设施建设,增加数字资源存储设备及系统引进,在“十二五”期间使存储规模达到50—100TB。优化网络系统,升级管理软件,加强病毒防患措施,提高系统的安全性、可靠性、稳定性,提升网络服务能力和现代化管理水平。

4.4 拓展服务功能,提升服务能力

以读者需求为导向,创新服务内容,拓展服务功能,实现服务对象从“馆内读者”向“社会读者”延伸,服务内容从“馆藏服务”向“多元服务”拓展,服务重点从“一般咨询服务”向“知识导航服务”转变。同时,重视品牌建设,努力打造一批特色服务品牌。

4.4.1 规范服务标准,提高服务品质

规范服务标准,建立培训机制。通过对岗位职责、工作流程、服务承诺、服务制度等进行规范和量化,建立对服务工作的科学管理和评估;建立完善持续的培训机制,开展服务理念、服务意识、举止言行、工作技能等多方面的系统培训,培养窗口人员处事能力和应变能力,进一步提升服务素质和业务技能。

拓宽服务渠道,提高服务效率。拓展现代化服务方式,打破地理界限,在阵地服务的基础上,充分利用现代通信技术和网络技术,逐步拓展网上服务、声讯电话服务及手机短信服务等,并尝试开展快递借还服务等,构建立体的服务网络,充分提高服务效率。

关注读者需求,提升服务能力。做好读者需求分析工作,及时针对读者的集中需求,开设个性化、人性化服务;依托各专题文献资源,开展各项主题服务和活动;依托丰富多彩的文献资源体系和高素质的馆员队伍,加强对分散资源的筛选、提炼和加工工作,帮助读者多角度挖掘其所需要的信息,努力将读者服务工作的重点从“一般咨询服务”向“知识导航服务”转变。

4.4.2 提升情报研究能力,深化信息咨询服务

开展情报业务与信息服务研究,提升专业服务能力。研究情报与信息服务发展趋势,追踪前沿信息服务技术;深入研究浦东社会发展需求,分析把握不同服务群体的情报信息需求;制定先进科学的业务流程与工作规范,实行项目化管理;加强文献服务与利用的统计分析,完善信息服务的用户反馈机制。

关注政府需求,提供决策咨询。巩固并发展面向政府的战略信息服务,发挥信息工作服务高层决策的特色与优势,进一步做精做深;围

绕浦东经济社会发展、重大舆情、社会热点问题，开展定题跟踪、决策咨询等；继续加强“今日舆情”等品牌信息服务，拓宽服务领域，将情报服务融入浦东经济社会的全面发展中，为加快浦东“两个中心”建设、综合配套改革提供决策咨询。

加大社会公共服务的力度，完善服务手段。根据用户需求度身定制，为公众提供多样化、个性化服务；探索建立现场读者服务与网络服务相结合的长效机制，确保社会公众享用浦东图书馆信息咨询服务；进一步发挥公共图书馆的社会职能，建立“两会”服务长效机制，为新区“两会”代表委员撰写提案议案、更好地参政议政搭建服务平台、提供信息支持；整合服务内容，建设网上信息咨询服务与情报研究平台，提供网上信息情报服务。

服务中小企业，助推自主创新。通过项目合作方式，开辟面向浦东中小企业的情报服务，力争为企业提供竞争环境和竞争对手的政策信息监测、行业专题简报、信息分析监测、市场研究报告。

加强交流合作，提升服务能力。通过与行业相关图情机构如浦东干部学院、国家图书馆、上海图书馆等广泛地建立合作，提升专业情报研究能力，扩大研究服务平台，将信息咨询与情报研究工作推向更广阔的领域。

4.4.3　拓展服务功能，满足各类人群文化需求

全面加强面向少年儿童的服务。着力建设浦东图书馆少年儿童图书馆，依托浦东地区公共图书馆基础服务网络，积极构建浦东少年儿童图书馆网络体系，围绕少年儿童的心理和生理特点，建设丰富的少儿馆馆藏，开展形式多样的读书、学习、讲座活动；努力建设浦东新区少年儿童图书馆网站，逐步建立浦东新区青少年阅读指导基地、浦东新区少年儿童文献信息中心和浦东新区少年儿童校外教育基地；鼓励外来务工人员及同住民工子弟学生使用图书馆，为他们提供丰富的阅读材料，帮助他们使用电脑、访问数字化资源，为他们提供专门的信息援助和资料查找服务。

发挥图书馆的教育职能，促进终身学习。利用特色数字资源库优

势,开展检索服务、数据库使用等培训课程;为自学读者提供成人教育、继续教育的信息咨询和查找服务,利用图书馆的环境资源,与社会机构合作,开展免费职业辅导、考试培训;健全英语沙龙和英语角的运行,进一步发展分专题、有特色的学习交流小组,为有需求的市民提供参与集体学习的良好环境。

消除障碍,把服务推向全社会。着力把服务工作推送给更多因为各种原因无法到馆的社会读者,利用适当的政策倾斜为他们设置特别服务。对行动不便的读者进行电话与网络交流,快递借还或提供上门服务,组织适应他们需求的读书、观影活动,扩展盲人电脑培训的辐射范围和课程种类,开展技能培训,帮助他们使用公共文化资源。

4.4.4 树立品牌理念,打造服务品牌

挖掘、打造文化服务品牌。对于直接服务读者、运行比较成熟的服务项目,加快全面规范、深度挖掘的步伐,将其打造为品牌项目。在服务内容上,注重结合读者需求和社会热点,发掘社会热点和深度主题,使活动连续化、系列化,从而产生广泛而深远的教育意义和社会价值。同时,充分利用各种媒体,开通在线、短信预订和网络直播、网上浏览等服务,运用更多样化的宣传手段加大宣传力度。

加强外部协作,开拓品牌服务的新思路。更多地开展与外部机构的合作,依托他们的资源,把讲座、影院、展览办进社区、学校以及其他公共机构;在现有共建项目基础上逐步与社会组织、媒体、企业以及行业协会等实现合作,开展新的合作项目。

4.5 构建科学的管理体系和专业化的馆员队伍

确立"以人为本"的管理理念,建立推动创新的体制与机制,坚持品牌战略,探索科学的营销策略,以科学的管理体系与人员队伍,保障图书馆的长远发展。

4.5.1 建立统一协调的总分馆运行方式

探索适应浦东图书馆总馆与分馆整体发展的"授权管理"与"承诺责任"相结合的运行方式。明确总馆与分馆间的基本工作模式、制

度及权限责任，使总分馆的运行规范化、制度化，提高整体工作效率。在保证总馆对分馆方向指引和业务指导的前提下，给予分馆充分的权限，使其依靠固有的优势和馆藏特色，制定适宜的发展战略与原则，从而形成总分馆馆藏优势互补、资源共享、协调统一、共同进步的良好态势。

4.5.2 加强人力资源建设，构建专业人才队伍

完善人力资源管理基本制度。稳步推进岗位绩效工资制度；研究不同岗位图书馆员的能力构成和特点，制定适应发展需求的岗位能力要求，科学合理地进行岗位设置；以优化系统分工、保证功能实施为目的，不断完善岗位职责及工作流程；规范岗位聘任制度，建立良性的竞争机制与个人发展机制；积极探索科学合理的绩效管理方案，建立完整的内部考核评估制度，形成有效的人事激励和约束机制。

加强专业人才队伍建设。制订人才引进计划，有步骤地引进高素质、多语种、专业背景多样化的人才，积极探索灵活的用人机制，着力吸引优秀人才；以学术研究引领馆员的专业化发展，聘请馆外咨询专家，举办各类学术交流活动，在馆员队伍中营造积极的学术氛围，引导馆员的专业发展；制定浦东图书馆科研管理制度，通过课题研究，提升馆员的研究能力，并在过程中培养业务带头人，实现图书馆业务发展与馆员专业化发展的有效结合；探索专题馆员发展模式，促进馆员的专业化成长。

建立科学、系统的培训机制。建立系统、规范的新员工培训制度；探索老馆员“带教”制度，帮助青年馆员快速成长；委托高校图情系开办专业研修班，为馆员提供图书馆专业知识进修；通过设置多类培训项目全面提高馆员的职业素养和技能水平；尝试开展馆员互访交换项目，与国内外先进图书馆建立交换馆员制度。

4.5.3 适时调整业务布局，不断完善制度体系

依据不同阶段的发展要求确立新的管理模式，及时调整组织框架和业务布局。依据读者需求调整馆藏资源布局、设计服务方式、调整岗位设置，建立更加完善的工作制度；动态跟踪外部环境的发展与趋

向,设置具有前瞻性的业务岗位;积极探索科学合理的业务外包模式,结合业务外包制度,重组业务流程,调整岗位设置;建设馆内业务综合管理平台,完善办公自动化系统,以灵活的工作流程处理和协同办公系统,实现远程办公和信息共享,提高办公效率。

在发展中不断寻求创新,探索构建与图书馆事业发展相适应的制度保障体系。不断完善各项人事管理制度,制定科学的员工培训制度,注重系统性和层次性,关注对新进员工的培训;以优化系统分工、保证功能实施为目的,不断完善岗位细则、工作流程;完善文献资源建设中的评估机制;完善统计制度与业务档案管理制度,注重统一规范;完善信息报送制度,注重统一口径,加强对外信息的审核环节;完善各项后勤保障制度,注重加强监管,提高效率;完善突发事件的应急预案;注重与合作单位间的制度规范;研究国内外先进的图书馆评价指标与体系,制定科学的图书馆质量评价体系;研究制定区域性图书馆行业标准和服务规范。

4.5.4 探索科学的营销策略,建立良好的公共关系

坚持先进理念的引领。以国内外先进图书馆为参照,积极聘请馆外高级咨询专家,不断吸纳先进理念。

坚持广泛的合作与协同。积极寻求与国内外图书馆以及非文献情报机构的交流与合作,积极争取各类社会资源,加强自身优势,凸显图书馆的地位和价值。

注重与上级部门的沟通,与行业、与读者和社会建立良好的关系。不断创新图书馆服务方式,延伸图书馆的服务触觉,将各类信息资源进行广泛输送,满足各类人群的信息需求,树立良好的社会形象。

在实践中不断探索科学的营销策略,实施配套的宣传策略,实行项目化、品牌化管理与运作模式。

5 保障措施

5.1 加强党建工作,增强凝聚力

加强党组织的建设。以创建学习型党组织为目标,引导广大党员

干部重视学习、善于学习,切实提高思想理论水平和业务水平,提高推动创新发展的能力;推进思想政治工作和党风廉政建设,不断丰富内容、创新方法,努力提高思想政治教育的吸引力、感染力,增强思想政治工作的针对性和实效性;积极做好党员发展工作,注重把中层管理人员、业务骨干和一线优秀员工作为重点培养对象;充分发挥党组织的组织优势和政治优势,扎扎实实地带领全体馆员推动浦东图书馆事业的发展。

加强领导班子的建设。不断提高思想政治素质和管理能力,把领导班子建设成为坚定贯彻党的理论和路线方针政策、善于领导图书馆科学发展的坚强领导集体。

加强干部队伍建设。建立健全干部学习培训制度、干部考核制度、干部述职制度等管理制度,严格干部管理;建立后备干部培养选拔制度,做好干部梯队建设工作。

加强对党员、职工在政治理论、业务知识等方面的教育培训,不断提高党员和职工的政治素质和业务能力,促进浦东图书馆事业健康快速发展。

5.2　加强组织文化建设,增强认同感

秉持"以人为本,文化立馆,把浦东图书馆办成馆员和读者的精神家园"的办馆理念,结合浦东图书馆战略发展目标,塑造浦东图书馆组织文化,注重在实践中的贯彻和发展,在图书馆内部创造和谐一致、积极向上的文化氛围,增强员工与读者的认同感。

不断丰富组织文化内涵。在精神文化上,通过实施科研管理制度、组织促进各种学术与文化交流等方式,在馆内营造思想引领、崇文尚哲的研究风气和工作氛围,同时,在党总支领导下,加强工会、团总支、退管会等工作,开展大家喜闻乐见的文化活动,调动大家的参与热情,发挥党和群团组织在图书馆精神文化建设中的重要作用;在制度文化上,积极探索"构建现代图书馆制度"这一命题,通过制度建设来解决政府与公共图书馆的关系、公共图书馆之间的关系、公共图书馆

与读者和社会的关系、公共图书馆内部的关系,依靠科学完善的现代图书馆制度,为浦东图书馆的发展提供规范和保障;在环境文化上,将组织文化融入馆内环境布置及视觉识别系统,加强环境的绿化美化与设施建设,创建和谐、人文、具有浦东图书馆特色的环境文化形象。

着力构建从个人愿景、团队愿景再到组织共同愿景的愿景体系。推动建立与个人职业生涯相结合的激励机制,充分发挥员工的积极性;培育团队精神,强化组织观念,增强凝聚力,在员工中形成相互信赖、协作配合和共同进步的良好局面;在员工培训计划中,将培养馆员的高尚品德和职业道德作为重要培训项目;加强和员工的沟通和交流,将"谈心""座谈会"等沟通形式发展为常规交流制度。

5.3 加强科研管理工作,增强学术创新能力

坚持学术讲座制度,营造浓厚的学术氛围。坚持每年举办浦东图书馆学术论坛,每月举行馆内学术沙龙活动,广泛邀请国内外知名学者,拓宽学术交流途径和学术活动形式,加强与其他机构的合作,在馆员队伍中营造积极的学术氛围,引导馆员的专业发展。

建立馆内科研管理制度,开展学术实践。建立健全科研管理工作制度和工作细则,制订年度科研计划,加强过程跟踪与监督;加强科研的应用导向,建立理论研究与实践结合的机制,解决实践中提出的重大问题,使理论研究和实践工作相互促进;以"十二五"开局之年为起点,建立"浦东图书馆内涵发展的实践研究"的龙头课题,围绕规划中"内涵发展"这一主线,根据各项工作任务,由各部门申报子课题,开展对内涵发展的系列研究和实践,每年度以课题项目促进规划的实施,同时提升馆员的研究能力。

加强学术组织与团队建设,构建学术交流平台。成立浦东图书馆学术委员会,倡导馆内学术自由,鼓励馆员学术创新,促进全馆学术发展;积极推进上海市浦东新区图书馆学会的成立,整合浦东地区图书馆资源,拓展学术交流与合作;成立青年馆员研究会,促进青年馆员在业务学习和学术研究上的相互配合与相互促进,发掘、培养优秀青年

馆员；创立学术内刊，为馆员共享业务经验、学术研究成果搭建平台；收集浦东图书馆馆员的学术及经验成果，有效利用这些信息资源并及时发布给相关人员作为开展业务和进行决策的参考，形成智力资源的高度共享。

（浦东图书馆"十二五"规划项目组编制，杨飞、刘丹等执笔）

三、浦东图书馆“十三五”发展规划(2016—2020年)

浦东图书馆自2010年开放以来,经过五年多的建设,从办馆理念、制度设计、服务功能、人才队伍以及文化建设等方面构建转型发展之路,取得了显著的成绩,较好地完成了浦东图书馆“十二五”规划确定的发展目标和任务。“十三五”时期,浦东图书馆面临着新的形势和任务。一方面,我国正处于加快构建公共文化服务体系时期,对公共图书馆的建设提出了新的要求。公共图书馆自身事业的转型发展也进入了深入探索阶段。另一方面,区域经济、社会和文化的发展对浦东图书馆提出了新的要求。此外,浦东图书馆经过“十二五”时期以内涵建设为主线的发展阶段,在取得成绩的同时也需要进一步深化和拓展。如何适应新的发展形势、贯彻落实新的发展要求,大胆思考、创造性地执行,科学谋划新一轮的事业发展方向,从而履行服务地区经济社会发展、满足市民知识信息需求、保障公众的基本文化权益等职责和使命。浦东图书馆在分析发展面临的内外部环境并进行优劣势对比的基础上,拟定2016—2020五年战略发展规划,深入探索新的发展模式和路径,推动图书馆事业进一步创新转型发展。

1 “十二五”发展回顾

“十二五”时期,是浦东图书馆探索公共图书馆转型,构建内涵发展理念和实践的重要时期,为浦东图书馆的整体事业发展奠定了良好的基础。主要表现在:

1.1 馆藏建设稳步推进,文献保障能力进一步增强

“十二五”时期,浦东图书馆稳步推进馆藏建设,重新合理布局普通外借馆藏文献,调整专题文献,积极推进地方特色文献的建设,设立自贸区文献、浦东开发开放文献、浦东抗战历史文献和张闻天

文献专架等，建设《浦东开发开放专题信息数据库与索引工具》数据库。按照上海市实事工程要求，全部完成外借图书并入上海市中心图书馆“一卡通”工作。同时，加大文献资源采购力度，截至2015年年底，图书馆总藏量达到373万册/件，数字资源库的存储规模达到65TB。

1.2　服务功能不断拓展，社会教育功能逐步显现

“十二五”期间，浦东图书馆在藏、阅、借、参“一站式”服务的基础上，不断拓展服务功能，大力推进公共服务。开展各类讲座、展览、培训、读者活动，进行制度化设计、分众化实施、节点化操作、专业化管理，形成包括少儿系列、家庭教育系列、国学系列、高端文化讲坛系列、地方文化系列、时尚生活系列、金融法律系列、影音鉴赏系列、养生保健系列等活动课程。“十二五”期间，浦东图书馆年举办各类活动约千次，参与人数达100多万人次，浦东图书馆已快速成长为一个融教育、文化、学术、生活、休闲为一体的公共平台，其社会教育功能逐步凸显。

1.3　社会合作持续加强，服务品牌亮点呈现

“十二五”期间，浦东图书馆秉持“高起点、多功能、品牌化”的原则，加强与相关机构和个人的合作，引入社会力量，着力打造文化服务品牌项目。与文化学者合作推出“浦东文化讲坛”；与著名学者作家合作，开展“作家教你写作文”活动，打造少儿国学教育品牌“浦江学堂”；与故事妈妈志愿者、迪士尼度假区志愿者合作，开展“故事妈妈讲故事”“迪士尼英语故事会”活动；与文化、教育、新闻出版和大中小学等机构合作，策划上海市民文化节、浦东艺术节、世界读书日等系列活动；组织浦东改革开放25周年院士系列讲座、浦东改革开放25周年主题书画展等活动；联合上海美协等机构开展书画摄影欣赏推广，展厅全年无休；联合《家庭用药杂志》开展每月一次“健康保健”系列讲座；联合上海电视台纪实频道放映真实影院；与上海市图书馆学会共同启动“阅读推广人”计划并承担上海市“阅读推广人”计划首家试点，成功完成两届阅读推广人培训；与上海纽约大学和英语专业机构

等共建图书馆英语角等。此外,还开展今日舆情、爱心图书漂流、浦图荐书、留守儿童图书室、军营图书馆等品牌项目。

1.4 服务体系日益完善,总分馆体系初步建立

"十二五"期间,浦东图书馆增加延伸服务点33个,同时扎实推进213个延伸服务点日常图书流通服务工作,为其调换图书13.7万册,组织读书活动23次,1.5万人参与。于浦东新区24个镇的325个行政村建立农家书屋,配送图书和音像资料,并建立农家书屋长效管理制度。于迪士尼建设工地,陆家嘴建工大厦、时代金融中心等底楼大厅首设"阳光阅读吧",供白领免费借阅。完成年度区政府实事工程建设项目,为中建八局、港城集团、自贸区等10个重大建设项目工程指挥部的外来建设者配送图书音像资料。目前,浦东图书馆已在区域内形成"三级+多元"的服务体系,服务网络由区中心辐射至街镇、村居,并广泛遍布金融城区、驻军部队、建筑工地、中小学校、中西部地区等。在此基础上,浦东图书馆积极推动区域总分馆建设,初步建立了"总馆—直属分馆、区域分馆—街镇分馆—延伸服务点、村(居)图书室+文献资源共享联盟"一体化的浦东新区总分馆服务体系。

1.5 信息化建设继续推进,数字服务功能逐步加强

"十二五"期间浦东图书馆重视信息化建设,不断加强数字服务功能。加强网络等基础设施的升级改造,提升读者数字访问体验。开发运营微信公共号、微博等新媒体平台,充分利用新技术手段支持图书馆管理与服务的创新。推进浦东数字图书馆项目,于2015年4月正式上线开通,包括门户网站、移动阅读App、数字化直播服务平台以及盲人数字图书馆四大功能模块,利用数字图书馆的推广运用逐步形成浦东市民线上与线下的学习中心。

1.6 队伍建设大力推进,馆员专业水平有效提升

"十二五"期间,浦东图书馆重视馆员专业化发展,大力推进队伍建设工作。积极组织馆员参加馆内外各类专业培训,鼓励青年馆员参

与各级课题申报和征文活动，坚持打造"浦东图书馆学术沙龙"与"浦东图书馆学术论坛"、干部"思想微沙龙"等学术品牌项目，提升馆员学术文化素养，引导馆员在思考和研究的状态中工作。馆领导制度化开展干部馆员谈心活动，激发干部馆员的进取意识和担当精神。为加快青年馆员专业成长，启动了主任助理聘任、骨干馆员评选等工作，通过"公开、公平、双向、择优"的原则竞聘岗位。党总支规范开展学习、参观和交流活动。党工团积极组织职工运动会、业务技能大赛、职工演讲等活动。激励馆员不断提高自身素质，认真履行岗位职责，逐渐组成了一支思想素质好、专业能力强、人员结构合理的队伍。

1.7　顶层设计不断深化，专业治理能力进一步加强

"十二五"时期，浦东图书馆以顶层设计为先，提出系统的办馆理念，以及以理念、制度、功能、队伍、文化为建设重点的内涵发展理念，并在实践中不断推进，大胆探索从重书走向重人，从重藏走向重用，从重技术走向重人文，从被动走向主动，从单一走向复合，从纸质走向数字与纸质并重，内涵发展，外化施行，不断创新浦东图书馆的转型实践。此外，浦东图书馆不断探索本馆及区域图书馆顶层制度设计，包括内部机构设置与运行机制创新、试点法人治理结构、建立浦东区域图书馆总分馆制等，并积极进行相关制度的建设，建立《浦东图书馆章程》等系列管理制度，实现制度管人，流程管事，有效提升专业治理能力。

1.8　文化聚合力显现，服务效益和社会影响凸显

"十二五"时期，浦东图书馆以构建内涵文化、实现文化引领为目的，在内部管理、对外服务、队伍建设、外部合作、资源引入中坚持贯彻"以人为本、文化立馆，把浦东图书馆办成读者和馆员的精神家园"为核心的办馆理念，着力从物理空间的建构走向精神空间的塑造。贯彻"谈心"制度，凝聚馆员向心力；营造优秀的学术文化，以"文""化"人，提升馆员的人文素养；设计开发"基于读者、为了读者、在读者中、让读者充分参与"的课程式文化活动，增强读者的认同感和归属感；建设宜

人的绿色、人文环境,以环境文化提升人文关怀;以"高嫁接,横联谊,广辐射"为原则,结构化引入社会资源,大力开展公共文化服务,得到读者、社会、业界,以及政府的认同。"十二五"期间,接待读者数量达1693万人次、文献借阅量达1639万册次、注册读者累积有28万,日均接待读者近万人,其中接待读者数量、文献借阅量等居于上海公共图书馆之首,居全国公共图书馆前列。五年来,共获得国际、国家、市级、区级等层面的300多项集体和个人荣誉。2011、2012连续两年获得"全民阅读先进单位",2013年,获得"全民阅读示范基地";2011获得由《出版人》杂志评选的"年度图书馆"称号等。2013年,在文化部组织的全国公共图书馆评估定级中获得满分;2015年1月,获得了文化部和人力资源社会保障部授予的"全国文化系统先进集体";在大众点评网上,浦东图书馆也以五星评价居榜首。其服务效益逐步凸显,并形成了广泛的社会影响。

2 "十三五"发展形势分析

图书馆是社会发展的产物,社会经济、文化、信息、技术的进步,以及相关行业和读者需求的改变都深刻地影响着图书馆的发展。

从宏观层面来看,"十三五"时期,是建设社会主义文化强国,推进全面阅读,加快构建现代公共文化服务体系并基本建成的重要时期。全民阅读连续两年被写入政府工作报告中;2015年1月,中共中央办公厅、国务院办公厅印发《关于加快构建现代公共文化服务体系的意见》,提出到2020年,基本建成覆盖城乡、便捷高效、保基本、促公平的现代公共文化服务体系。

"十三五"时期,也是上海文化东进,浦东新区大力提升文化建设的关键时期。上海市政协在十二届二十一次常委会议上围绕"编制上海'十三五'规划的重大问题"协商议政时也曾指出:"'十三五'期间要把文化软实力作为提升城市竞争力的重大优势,发挥重大活动、领军人才的带动作用,推动文化与社会各领域的深度融合,增强核心价值观的感召力、文化产业的竞争力,基本建成文化创新活跃、文化市场繁荣、文化魅力独特的国际文化大都市。”根据《上海市十三五规划纲要》，“十三五”期间，将有系列重大公共文化设施在浦东建设，从而丰富城市文化生活。同时，为进一步提升浦东的文化活力和文化影响力，浦东新区制定了《浦东新区文化活力和影响力提升“十三五”规划》，提出到2020年将浦东新区基本建成国内一流的现代公共文化服务体系示范区、具有全球影响力的国际文化交流中心。着力打造一环、一带、一面①三个层面的公共文化设施网络体系，社区文化活动中心、村居综合文化活动室的覆盖率达到100%，实现“城市化地区居民步行10分钟、郊区村民步行15分钟到达公共文化活动场所”目标。

从外部环境来看，当前已经进入了高度的信息化时代，大数据、云计算、互联网+等新一代信息技术为信息化进程开启了新的篇章，进一步推动着社会变革。信息化深刻影响着人类的社交方式，以及搜集和使用信息的习惯；改变着文献信息资源的生产者和供应商，出版模式与供应模式都在不断地创新发展；公共保障体系与资源整合也亟待加强；图书馆原有的以收藏和提供文献信息为中心的核心功能与价值面临着挑战。面对这些前所未有的复杂环境，图书馆必须积极寻求进一步的转型升级与再定位，适应时代发展的新要求。

从微观层面来看，“十三五”时期，是浦东图书馆深化内涵发展并全面取得成效的关键时期。浦东图书馆在建馆之初对未来的发展提出要“三年打基础，五年见风貌，十年出成效”。经过“十二五”时期五

① 来源：《浦东新区文化活力和影响力提升“十三五”规划》。“一环”是指着力打造环世纪公园文化集聚区，积极推进上海博物馆东馆、上海图书馆东馆等重大文化设施建设。“一带”是指推进浦江东岸文化集聚带建设，在陆家嘴、世博、前滩等区域导入国际一流文化设施和文化品牌，推进上海大歌剧院、浦东美术馆等重大文化项目建设。“一面”是指加强新区面上文化空间布局，着力构建南汇新城副中心、川沙主题公园旅游商贸活动中心、祝桥航空新城、张江科技文化创新中心、外高桥金桥国际贸易商务中心、浦东中部及惠南综合型片区中心、周康综合型片区中心等“八大文化片区”，凸显不同的文化功能和特色。

年来的发展，浦东图书馆事业发展优势明显，取得了系列成绩，但是也存在着不足和挑战。“十二期”时期，文献资源数量涨幅明显，借阅率显著提升，但是文献资源收藏体系与结构建设尚待加强；传统单一的文献资源布局模式与读者借阅的多元需求存在一定的矛盾；图书馆整体空间布局也有待进一步与图书馆的发展和读者需求相适应；总分馆制度刚刚建立，管理体制与机制尚待完善，总分馆间的资源布局与配置尚需协调发展；法人治理结构也有待进一步推进；专业化的队伍建设任重而道远；读者服务的形式与内容需要不断的创新升级；社会专业力量的引入以及跨界融合发展需要进一步的拓展和规范；信息化建设与数字服务也要进一步跟上技术的进步与读者需求的改变。适逢“十三五”，这既是继续深化“十二五”时期内涵发展成果的重要时期，也是浦东图书馆“十年出成效”的关键阶段。浦东图书馆应适应国民经济与文化事业战略发展需求，适应新时代的发展要求，把握发展机遇、拓展发展空间，积极寻求转型发展，承担起公益服务、文化引领和社会教育的使命，进一步深化内涵发展，全面提升服务能力和服务效益，圆满完成“十年出成效”的建设任务。

3 “十三五”发展目标

3.1 发展理念

“十三五”时期，浦东图书馆将贯彻落实国家、地区关于国民经济、社会与文化发展的纲领性文件，牢固树立并切实贯彻创新、协调、绿色、开放、共享的发展理念，继续坚持“以人为本、文化立馆，将浦东图书馆办成读者和馆员的精神家园”的核心办馆理念，进一步先行先试，积极探索中国公共图书馆事业发展的范式变革，构建新理念体系、新制度体系、新业务体系、新技术体系、新队伍体系、新产品体系，实现传播教育、文化和信息三位一体的协同发展，努力创造适合每一位读者发展的图书馆。

在功能定位上，由工具服务走向文化引领，实现由信息提供者积极向教育、文化、信息传播者的转变；在服务重心上，致力于提供高品质的服务、资源和终身学习的机会，以符合市民对知识、教育、文化及休闲的多元化需求，由书的图书馆走向人的图书馆；在服务方式上，由馆际合作走向社会合作，营造开放包容的环境，加强与社会力量合作，鼓励公众协作参与，推动公共文化服务产品的专业化、社会化发展；在读者服务中，由回应需求走向发展需求，关注读者需求，关注业态发展，充分利用现代化新技术的发展；在功能拓展上，由单一的阅读空间走向多功能的复合空间，致力于打造融交流、合作、体验、创新和发现为一体的多功能空间。

3.2　发展目标

未来五年，浦东图书馆将以建设适应浦东未来发展的示范性城市公共图书馆为目标，建设覆盖全区的文献信息服务网络、区域终身教育与阅读推广基地，成为区域多元文化交流的重要窗口和多功能的公共交流空间。

——由中心建设走向区域协调发展，建设覆盖全区的文献信息服务网络。“十三五”时期，积极配合浦东新区公共文化服务体系示范区的进一步建设，依托新区公共文化设施网络体系，推进总分馆体系建设，基本实现村居100%全覆盖的全区文献信息服务网络，实现人均占有藏书1.5册以上。

——由体系建设向功能建设转变，建设区域终身教育与阅读推广基地。在服务网络建设的同时，注重从体系建设向功能建设转变。拓展图书馆社会教育职能，大力开展针对不同人群的阅读推广；加强文献资源建设以及相适应的信息咨询服务与空间功能拓展等，为不同人群的终身学习提供信息资源、空间和服务；加强教育、文化、信息等服务向分馆的输送，初步实现中心分馆100%开展社区教育和服务的目标。

——由馆际合作走向社会合作，努力建设成为多元文化交流的重要窗口。坚持政府投入与社会参与双驱动，积极探索新的社会化服务模式,提高公共文化服务产品供给能力,搭设国内外文化交流平台,适应并发展新区多元化的人口结构需求,努力建设成为区域重要的多元文化交流窗口。

——由单一空间走向复合空间,努力建设成为多功能的公共交流空间。升级改造现有物理空间,打造融交流、合作、体验、创新和发现为一体的多功能空间,为学习交流、协作共享、知识创新和休闲体验提供友好包容的环境。

——由适应发展到引领发展,努力建设一支高水平的馆员队伍。建设一支适应图书馆事业未来发展需要的复合型人才队伍,培养能够把握图书馆发展趋势,引领事业发展方向的领军人才。同时,推动区域图书馆从业人员资格认证制度,努力提升区域图书馆体系内的整体专业服务能力。

4 “十三五”主要任务

4.1 拓展图书馆社会教育职能,全面推进阅读推广工作,构建覆盖全区的阅读推广网络

“十三五”期间浦东图书馆将继续大力推进阅读推广工作,将其作为核心工作之一,实现阅读推广的日常化、持续化、深入化。与现有文献服务相结合,丰富阅读推广形式和内容,更好地满足图书馆读者服务、特别是特殊群体服务需求,发挥图书馆社会教育职能。

4.1.1 重构资源布局,将文献服务与阅读推广深度结合

以读者多元需求为导向,打破原有馆藏资源的单一典藏思维,建构多样化的资源布局模式,将对知识的系统化与促进阅读作为馆藏资源布局的首要因素,探索将各种载体类型的馆藏资源按照学科或主题统一布局,将咨询馆员、专题馆员、学科专家与读者以及馆藏资源聚合在一起,提升获取馆藏资源的准确度、便捷度,以及知识深度,实现馆藏资源的最佳典藏布局模式,深度推进阅读推广工作。

4.1.2 重点打造浦东悦读节品牌项目,构建覆盖全区的阅读推

广网络

自2016年参与承办浦东新区首届悦读节，以图书馆总分馆体系为主、社会参与为辅，建立区域阅读推广联动平台，通过论坛与讲座、青少年阅读计划、好书评选、手作集市、图书流动车及图书漂流活动等，将阅读推广的触角伸向浦东全区域各个角落。大力推动浦东悦读节项目的常态化开展，深化并拓展满意度高、参与度广的阅读推广活动，营造浓厚的阅读氛围，提升阅读推广效益，推动全区联动，合力构建覆盖全区的阅读推广网络。

4.1.3　重点推进未成年人阅读推广工作，建设区域青少年阅读推广体系

1）巩固提升“故事妈妈讲故事”“迪士尼英语故事会”、国学讲堂“浦江学堂”等现有少儿阅读推广活动品牌；2）争取政府专项支持，推进“阅读起步”计划，为婴幼儿家庭推广阅读理念和阅读辅导；3）依托区域总分馆体系建设，推进少儿活动和资源进社区项目，组织志愿者开展社区故事妈妈讲故事活动；4）牵头开展区域内“书香校园”建设项目，促进青少年阅读推广工作。与新区相关职能部门和组织合作，探索建立全区青少年阅读推广服务体系，打造教育、文化、国学、科普等系列阅读推广活动。

4.1.4　关爱视障人群及老年群体、外来务工人员等特殊群体

开展有针对性的培训、讲座、体验、阅读分享、互动等服务。1）针对视障者人群，引进配置先进的助视设备，继续开展相关培训，打造更丰富的无障碍阅读解决方案；2）针对老年人群体，开展新媒体技能培训、书画艺术、养生保健等服务；3）针对外来务工人员及其他生活困难群体，宣传城市公共服务、福利政策等，促进其社会融入，探索开展灵活的就业技能培训等服务。

4.1.5　推进数字阅读推广项目

通过打造数字阅读平台，构建PC端、移动端、智慧交互终端相融合的全媒体数字阅读模式，创造24小时不间断数字阅读服务；升级电子图书借阅服务，寻求成熟可靠的电子图书出版和服务机构合作，为

读者提供高时效的精品阅读资源；借助数字文化体验区，充分应用新的信息技术开展阅读服务推广和活动组织。

4.1.6 深化阅读推广人培育项目

持续开展阅读推广人队伍培育工作，全面加强课程设计与开发，完善并细化阅读推广人评聘与管理机制，实现阅读推广人队伍的专业规范、有序发展。重点培养扶持阅读推广工作中的领军人物与核心团队，着力打造一批阅读推广品牌项目，推出有广泛影响的阅读推广成果，形成资源、项目、成果合力发展的阅读推广专业化驱动格局。

4.2 升级改造现有物理空间，打造集阅读、学习、交流、体验、创新和发现于一体的多功能文化空间

4.2.1 图书馆功能的拓展与创新需要与之相适应的空间拓展和改造

"十三五"期间，将以功能拓展、激活空间潜能为目的，进行系列建设和改造项目，适应和满足读者对实体空间的需求，为图书馆功能升级提供空间保障。

4.2.2 进行少儿馆升级改造项目

浦东图书馆少儿馆位于图书馆二层，面积1380平方米，与当前的读者量、借阅量，以及形式发展不相适应，亟待升级改造，拓展和深化少儿服务功能。"十三五"期间将重点对空间布局、设施设备、功能结构等方面进行规划和定位。1）合理规划文献资源布局，实现分级阅读、亲子阅读与数字阅读等多样化阅读需求；2）建设绘本馆。形成藏量丰富、主题多样、多语种的绘本资源，打造绘本剧表演、绘本创作等形式多样的主题活动；3）打造少儿发现与体验空间。集科普实验、影音、新技术体验为一体，满足少儿探索世界、发现未知的心理特点；4）拓展课外教学辅导和生活技能培训功能，促进少年儿童沟通交流，搭建学校、家长和社会专业机构的交流平台。

4.2.3　开展浦东地方文献馆建设项目

公共图书馆肩负着完整系统入藏地方文献，保存和传承地方文化的功能，在目前出台的公共图书馆法征求意见稿中有明确阐述。“十三五”时期浦东图书馆将着力建设浦东地方文献，并建设与之相适应的浦东地方文献馆。集地方文献收集、整理、保护、开发、展示、研究为一体，打造具有浦东特色的地方文献收藏体系。

4.2.4　打造浦东图书馆“创·艺”空间

在馆舍内单独开辟区域，打造复合型创客空间，为创业团队和艺术创作群体提供集“空间—信息—服务”于一体的平台支持。

4.2.5　完成数字文化体验区建设项目

在图书馆六楼原音像服务区开辟空间，建设数字文化体验区。体验区将划分为数字影音视听区、3D数码体验区、配置数字阅读桌和数字书架的新阅读体验区、探索墙等功能区域。体验区将为读者提供最新的数字阅读技术、智能穿戴设备、虚拟现实设备的展示和体验服务。

4.2.6　升级改造现有阅读空间，打造主题阅读区

在适应文献资源的功能化布局与相应的阅读推广需求基础上，对现有阅读空间进行科学规划，构建不同主题的阅读空间。此外，探索不同媒体资源的融合，实体和虚拟空间的融合，打造“沉浸式”阅读体验空间。

4.3　深化信息化建设，重点推进数字服务，打造支撑未来发展的新技术平台

信息技术的发展深刻影响并改变着图书馆的服务方式，“十三五”期间浦东图书馆将紧跟信息技术发展前沿与读者信息行为习惯的改变，重点推进数字服务，着力打造支撑图书馆未来发展的新技术平台。

4.3.1　重点建设浦东数字图书馆二期项目

在现有数字图书馆一期项目的基础上，进一步对系统进行开发，打造浦东图书馆智能化服务的主体。二期项目完成后，将实现以下功能：1）丰富商业数据库种类，建设特色专题数据库，提供更加丰富的信

息资源。2)对馆藏数字资源和纸质资源进行有效的整合和揭示,提供深层次的信息和知识服务。3)加强数据库系统建设,提高数据库并发访问数,实现馆藏数据库远程、稳定的访问。4)优化界面设计,提高系统易用性,改善用户体验。

4.3.2 实施核心网络升级项目

完善馆舍信息化基础设施,提升图书馆馆舍接入网络带宽,实现千兆带宽接入。优化无线网络结构,实现无线网络全覆盖,简化网络接入步骤,确保馆内人流高峰时期网络响应和服务能力。

4.3.3 建设微信图书馆

主动与技术提供商合作,开发、定制个性化微信服务平台,平台将集合图书馆各项数字资源和服务,及时发布活动信息,方便读者在馆外零距离使用图书馆各项服务。运用微信增强图书馆和读者之间的互动,提升图书馆信息社会传播效能。积极开展微信平台线上活动,推动服务的网络化延伸。

4.3.4 打造浦东图书馆在线课程平台

MOOC(Massive Online Open Course,即大规模网络公开课程)的快速发展给图书馆服务带来了新的机遇。在此背景下,通过聚合网络公开课资源、自主开发浦东图书馆精品公开课程,打造具有公共图书馆特色的在线课程平台,为图书馆社会教育职能提供支持。

4.3.5 加强新技术运用和开发,实现精准化服务

利用逐步完善的RFID等技术构建图书自动分拣系统,实现文献自动分拣、自动排序,提高文献流通效率;升级智能书架系统,实现图书快速定位,实时流通统计,错架发现及提示。实现馆内文献导视功能,减少读者寻找文献的时间,提升馆员工作效率;运用大数据技术智能化分析读者信息行为,包括搜索历史、借阅历史,移动视觉搜索习惯等,在此基础上提供资源个性化推荐等精准化服务。

4.3.6 探索“互联网+”环境中的服务新模式,寻求图书馆转型发展新契机

学习互联网营销思维,提升读者粘性,运用大数据等技术,对读者

信息行为进行分析、挖掘、预测并提供个性化服务。开展社群化传播，增加图书馆与读者以及读者之间的互动，利用社群关系对图书馆进行口碑传播并推广图书馆各项资源和服务。关注互联网发展，学习和借鉴成功案例，探索、开发新的服务模式。

4.4 整合信息咨询服务，强化公共信息服务职能，建设助力浦东新区经济社会发展的公共信息服务平台

信息咨询服务是文献资源服务的升级与深化，“十三五”期间浦东图书馆将关注需求、找准定位，探索建立提供多样化信息咨询服务的公共信息服务平台。

4.4.1　整合现有资源，打造快速响应的统一信息咨询服务平台

结合浦东图书馆现有读者参考咨询、专题文献，信息咨询与情报研究等各项服务的资源、平台以及人力优势，打造跨部门的信息咨询服务平台，建立快速响应机制，必要时建立灵活的横向跨部门项目组，服务读者及社会各界深层次信息咨询、课题研究等服务需求。

4.4.2　服务自贸区和浦东新区科创中心建设，完成为政府决策信息服务的转型升级

2015 年下半年《上海建设具有全球影响力的科技创新中心浦东新区行动方案(2015—2020 年)》出炉，根据方案，浦东将打造张江科技城，构建自贸区和自主创新示范区联动机制，聚焦集成电路和生物医药两大产业发展。浦东图书馆将积极与高校、科研机构开展合作，关注浦东新区重点产业领域发展，开展有针对性的经济科技情报服务，为政府决策提供支持。

4.4.3　主动服务，助力中小型企业发展

深入分析、解读公开信息和公开数据，为浦东新区中小型企业和创业群体提供必需的信息支持。与浦东新区中小企业服务机构合作，开展面向小微企业的竞争情报服务。

4.4.4　开发公众信息服务产品

与社会专业机构合作，开发面向社会公众生活相关的信息服务产

品，提供包括政策解读、浦东地区及上海市范围内生活服务、文化、教育等综合信息。探索运用自媒体等平台，扩大产品的传播范围。

4.4.5　拓展国际化信息咨询服务

利用浦东地区的国际化优势，主动寻求跨国、跨地区的合作，与国外友好城市图书馆、跨国姊妹图书馆以及其他咨询机构合作开展咨询服务。为境外投资者以及生活、工作在浦东的国际居民提供国内信息参考；为普通读者及其他社会公众提供境外生活、工作、投资、文化交流等方面的信息。

4.5　开展国际交流，加强跨界合作，打造适应国际大都市市民文化需求的公共文化服务品牌体系

作为国际大都市地区的公共图书馆，“十三五”期间，浦东图书馆将积极开展国际交流合作，提升国际影响力。同时，进一步寻求跨界合作，加强社会力量参与，实现公共文化服务产品的专业化与社会化，提升公共服务效能。

4.5.1　实施跨界合作发展项目，重点打造系列化服务品牌

加强跨界融合，引入社会专业力量，推动公共文化服务的社会化、专业化、品牌化发展，打造具有浦东图书馆特色的公共文化服务品牌体系。重点探索展览等文化服务的社会化合作，提升服务的专业品质与内涵，创新形式，丰富载体，打造一批以文化系列、教育系列、国学系列、艺术系列、时尚生活系列为重点的系列化的公共文化服务品牌。

4.5.2　拓展国际合作项目，促进国际文化交流

加强现有的国际合作项目，包括与上海纽约大学合作开展的“大家说文”讲座，与上海迪士尼旅游度假区合作开展的“迪士尼亲子故事会”等，提升合作项目的知晓度和社会影响力。在此基础上进一步拓展与跨国企业、国际教育机构的合作，打造国际化服务品牌。积极加入 IFLA、OCLC 等图书馆领域国际组织，增加浦东图书馆的国际影响力，在更高层次上开展国际合作和文化交流，学习国外图书馆先进的管理运营机制，加强馆员的国际交流，探索服务功能的国际化发展。

与先进地区公共图书馆开展学术交流，举办区域性国际学术会议。

4.5.3　开展多元文化服务促进项目

“十三五”期间，浦东将基本建成具有全球影响力的国际文化交流中心，浦东图书馆将服务于浦东文化建设的重点方向，做好区域人口结构、经济状况、文化需求等多方面的调研工作，根据需求开展丰富多样的多元文化服务。在过程中，联合多元文化人群聚集地相关单位和组织（包括街道社区、工业园区、社会保障组织、教育组织、民间组织等），开展多元文化服务促进项目，面向工作、生活在浦东的多元文化人群，增加宣传与互动，深入推动多元文化服务工作。

4.5.4　实施弱势群体服务保障项目

注重文化资源向弱势人群倾斜，消除文化与社会教育中的马太效应，重点开展面向城市老年群体、视障人群以及来沪务工人员的文化服务。主动发现他们的文化消费需求，通过总分馆服务体系，将服务下沉到街镇、村居等基层，增强公共文化产品的可及性，提高活动参与度。

4.5.5　与高等院校合作，深化图书情报专业硕士联合培养项目

“十三五”期间，进一步做好全国示范性项目“华东师范大学—浦东图书馆图书情报专业硕士学位研究生联合培养基地”的运营和管理工作。以阅读推广、情报研究为重点培养方向，广泛与社会机构合作，面向全国图书情报专业硕士研究生提供更广阔的实践平台，为国家图书情报事业输出更多人才。

4.6　推进总分馆建设，构建符合浦东城区总体协调发展的图书馆服务体系

公共文化服务体系进一步向着均等化、标准化，以及加强公共文化产品和服务供给等方向迈进，浦东“十三五”期间将基本建成国内一流的现代公共文化服务体系示范区。为响应这一发展要求，浦东图书馆将在“十三五”期间大力推进区域总分馆建设，积极实现体系建设与功能建设同步发展。

4.6.1　推进总分馆体系建设

在新区政府统筹协调下，牵头协调区域各级各类图书馆，努力构建“一体两翼”综合协调发展，形成“总馆—直属分馆（直管型）、区域分馆（委托型）—街镇分馆（指导型）—延伸服务点、村居图书室（辐射型）+文献资源共享联盟（加盟型）”一体化的总分馆服务体系。

4.6.2　重点建设区域分中心

区域分中心是总分馆体系的建设重点。“十三五”期间，根据服务半径及行政归属，在学校、部队、街镇馆等不同系统和区域建立若干中心分馆，在总馆指导下，统筹协调各自系统及所在区域内的分馆、流通点工作。

4.6.3　开展分馆功能拓展项目

“十三五”期间，总分馆的建设将逐步由体系建设向功能建设转变。根据不同区域、不同分馆实际需求，宏观布局文献资源，协调各分馆馆藏发展政策及基础服务功能，同步统筹服务与活动项目等资源的配置，指导各馆根据所在区域、单位的自身禀赋，培育特色服务品牌项目，加强分馆阅读推广、社区教育及文化传播等功能。

4.6.4　建立统筹协调机制，建立统一的业务标准和服务规范

“十三五”期间，将重点推动总分馆体系的机制建设，在现有行政体制框架内，以广覆盖、保平衡、促发展为目的，努力推动统分结合、多元共建、规范管理的机制建设，加强总分馆体系标准化、规范化管理，加强服务绩效评估，提高服务效能。建立总分馆体系内的馆长联席会议制度，建立区域内从业人员资格认证制度，建立全区统一的业务工作标准与服务规范，建立巡查制度、考核评估制度。

4.6.5　建立总分馆业务与资源管理平台

以总馆统一的图书集群管理系统为基础，共建共享平台为辅，建立全区统一的图书文献资源平台，逐步实现文献的联合书目检索、通借通还。推动区域数字图书馆门户网站建设，依托总分馆统筹协调机制，做好区域数字信息资源的共建共享工作。

4.6.6　建设浦东流转书库

总分馆体系的建设对于文献资源的动态布局与流通提出了更高的要求,流转书库成为众多城市图书馆在“十三五”时期的重要建设项目。为适应这一发展需要,根据浦东地区人口数量及未来发展要求,浦东图书馆在“十三五”期间,将努力建成适应发展需求的区域密集存储与流转书库,通过智能化的系统管理,全面提升区域文献资源典藏、保护和利用能力,提升读者外借需求响应速度,为浦东新区总分馆服务体系做好资源调剂保障。

5　保障措施

5.1　加强文献资源建设,进一步提升文献保障能力

加强协调采购与外部合作,宏观布局文献资源体系建设。结合当前的专题文献建设,围绕新区及上海市战略建设重点,科学规划、分级建设、加强外部合作与协调采购,重点打造与区域经济、文化和社会发展相适应并具特色的文献资源集群。

在总分馆体制下,进行区域文献资源协调建设的政策制定和资源结构的逐步调整。统筹规划,合理布局,由分建共享逐步推进到共建共享,推动实现区域文献资源的协调采购和共享管理,减少重复、节约经费,促进各分馆向特色资源分馆方向发展。

实施读者决策采购等新型资源采购模式。适应读者需求日益多元和阅读载体多样化的发展,重塑并着重加快资源采购流程。

构建科学的馆藏评价体系,动态化文献资源建设发展政策体系。应用大数据思维,对读者信息和馆藏资源利用情况进行动态跟踪与分析,对现有馆藏学科分布、资源特色、读者需求、阅读行为等进行客观评价和关联分析,为文献资源体系的评价与发展提供决策支持。

建设文献信息资源协调采购平台和资源统一管理平台,加强对文献资源的揭示和整合力度,尤其是加强对数字资源、特色资源、原生资源的揭示与关联。

拓展文献资源的获取方式与渠道。开展开放获取资源建设项目，与专题文献资源集群建设相结合，有计划地开展开放获取资源收集和整合揭示。开展馆际互借、文献传递等资源协作，关注 NSTL、CADAL、CASHL、国家图书馆等几大公共保障体系，建立最广泛的可用资源访问体系。

5.2 完善管理机制，进一步加强专业治理能力

完善法人治理结构。探索举办单位、理事会、管理层、监管方之间的制衡体系和运行机制，提高理事会科学决策水平；建立理事激励机制，吸纳更多优质社会资源；增强管理层的主体意识，提高工作能力，实现管理的最佳秩序和最佳效能。

完善内部管理机制。不断完善适应图书馆事业发展的组织架构、业务流程和运作机制，保证图书馆始终能够适应快速变化的信息环境和需求变化。

完善购买服务和社会化用人机制，制定相应的制度规范。

加强组织文化建设。建立并维护开放、包容、鼓励创新的组织文化，通过优秀的组织文化影响组织群体行为，调动馆员的积极性，增强组织凝聚力，提高组织效力。

在总分馆体系建设中，推动联席工作会议制度的实施，建立科学有效的跨系统的统筹协调与决策机制。

建立规划评价机制，加强过程管理，确保规划落实。针对规划中的重点工作任务，编制人才队伍建设等专项规划。对规划实施过程管理，建立评估机制，确保规划顺利实施。以“十三五”开局之年，设立“公共图书馆新范式——以浦东图书馆为例”这一龙头课题，着力探索在公共图书馆未来发展中如何构建新理念体系、新制度体系、新业务体系、新技术体系、新队伍体系、新产品体系，以项目研究促进规划中各项工作的落实。

5.3 加强人才队伍建设，进一步提高专业服务能力

制定并实施人才队伍建设专项规划。根据人才队伍现状，以及图书

馆事业发展需求,制定并实施人才队伍建设专项规划,培养适合不同业务需求的基础型、学科化、研究型,以及专业领军人才的队伍体系。

实施青年馆员成长项目与中层干部提升项目。以项目为抓手,通过带教工作制度与培训制度,促进青年馆员的专业成长。结合图书馆事业发展的重点方向,以集中培训和专项委托培训的形式,对中层干部进行提升培训。

开展对馆员的继续教育。根据馆员现有知识结构和图书馆事业发展需求,建立馆员综合知识需求方案,规划继续教育培训课程。设计开发具有前瞻性的培训课程体系,全面提升馆员的服务观念、创新能力和专业化服务能力。

完善岗位设置和内部绩效分配制度,科学建立人才培养的激励机制和评价机制。

加强学术建设工作。以基于问题、面向实践和未来发展为导向,继续坚持并创新学术建设工作,孵化学术成果,办好学术刊物,拓展国内外交流平台,全面提升馆员的研究能力和理论水平。

招募、培养专业志愿者(团队),建设社会力量广泛参与的图书馆人力资源管理新模式。探索专业志愿者在公共图书馆的服务领域,包括各类考试、就业问题、心理健康和出国留学、技能培训等专业咨询,语言翻译、学科服务等专业服务。建立专业志愿服务的长效运行和评价机制,严格招募、甄选与培训三个环节。建立志愿者人才资源信息库和志愿服务管理平台。

(浦东图书馆“十三五”规划项目组编制,杨飞、杜嵩、卢娅等执笔)

四、参考书目及网站索引

编制说明：公共图书馆转型与内涵发展涉及公共图书馆的历史与现实、文化与实践等诸多方面的关系与问题，是一项复杂的系统工程。因此，公共图书馆转型与内涵发展需要切实注意上述几个方面的协调发展，这样才能促进图书馆的转型与发展。本书目及网站索引所选书目和网站就包括上述各方面的内容，为方便检阅，采取了按音序排序的编排方式。

网站索引

1. e线图情 http://www.chinalibs.net
2. 澳大利亚图书馆和信息协会 http://www.alia.org.au
3. 碧虚网 http://www.bixu.me
4. 大英图书馆 http://www.bl.uk
5. 国际图联 http://www.ifla.org
6. 国家图书馆 http://www.nlc.cn
7. 加拿大图书馆协会 http://www.cla.ca
8. 美国国会图书馆 http://www.loc.gov
9. 美国纽约公共图书馆 http://www.nypl.org
10. 《美国图书馆》http://www.americanlibrariesmagazine.org/
11. 美国图书馆协会 http://www.ala.org
12. 美国《图书馆杂志》http://lj.libraryjournal.com
13. 浦东图书馆 http://www.pdlib.com
14. 中国图书馆学报 http://www.jlis.cn
15. 中国图书馆学会 http://www.lsc.org.cn

书目索引

1.《公共图书馆服务规范》(GB/T 28220—2011).

2.《公共图书馆服务规范》应用指南/王世伟,张涛编著./北京:国家图书馆出版社,2013.

3.《公共图书馆建设标准》(建标 108—2008).

4. 2.0 的图书馆/杨新涯,彭晓东著./广州:中山大学出版社,2011.

5. 20 世纪西方与中国的图书馆学——基于德尔斐法测评的理论史纲/范并思等编著./北京:北京图书馆出版社(今国家图书馆出版社),2004.

6. 20 世纪以来中国的图书馆事业/张树华,张久珍编著./北京:北京大学出版社,2008.

7. 21 世纪公共图书馆之探索/王元仲著./台北:王元仲,2000.

8. 21 世纪图书馆新论/吴建中著./上海:上海科学技术文献出版社,2003.

9. 21 世纪中国公共图书馆发展与建设研究:第 17 届全国 15 城市公共图书馆工作研讨会论文集/成都市图书馆编./成都:四川大学出版社,2005.

10. 21 世纪中美图书馆的创新与实践/迟玉华,朱曦,杨丽娟主编./昆明:云南人民出版社,2008.

11. Ancient libraries/edited by Jason König, Katerina Oikonomopoulou, Greg Woolf./Cambridge; New York: Cambridge University Press, 2013.

12. Assessing information needs: managing transformative library services/Robert J. Grover, Roger C. Greer, and John Agada./Santa Barbara, Calif.: Libraries Unlimited, c2010.

13. Boomers and beyond: reconsidering the role of libraries/edited by Pauline Rothstein and Diantha Dow Schull./Chicago: American Library Association, c2010.

14. Contemporary library architecture: a planning and design guide/Ken Worpole./London; New York: Routledge, 2013.

15. Customer service in libraries: best practices/edited by Charles Harmon, Michael Messina. /Lanham: The Scarecrow Press, Inc. ,2013.

16. Developing community-led public libraries: evidence from the UK and Canada/John Pateman, Thunder Bay Public Library, Canada, Ken Williment, Halifax Public Libraries, Canada. /Farnham, Surrey, UK: Ashgate Publishing Limited; Burlington, VT, USA: Ashgate Publishing Company, 2013.

17. Do you Web 2.0?: public libraries and social networking/Linda Berube. /Oxford: Chandos Pub. ,2011.

18. E-resources and digital services/V. K. J. Jeevan. /New Delhi: Ess Ess Publications, 2011.

19. Libraries in the early 21st century: an international perspective/edited on behalf of IFLA by Ravindra N. Sharma. /Berlin: De Gruyter Saur, 2012.

20. Library Leadership in the United States and Europe: A Comparative Study of Academic and Public Libraries/Peter Hernon and Niels Ole Pors, Editors. /Santa Barbara, California: Libraries Unlimited, An Imprint of ABC-CLIO, LLC, 2013.

21. Library services for multicultural patrons: strategies to encourage library use/edited by Carol Smallwood and Kim Becnel. /Lanham: The Scarecrow Press, Inc. ,2013.

22. MARC21 馆藏数据格式:中译本/美国国会图书馆网络发展与MARC 标准办公室,加拿大国家图书馆标准规范办公室合作制定;国家图书馆文献馆藏数据格式研究课题组翻译. /北京:科学技术文献出版社,2003.

23. Marketing Library and Information Services: II: A Global Outlook/Dinesh K. Gupta, Christie Koontz, Angels Massisimo. /Berlin: Walter de Gruyter & Co, 2013.

24. Marketing your library's electronic resources: a how-to-do-it manual/

Marie R. Kennedy & Cheryl LaGuardia. /Chicago: Neal-Schuman, an imprint of the American Library Association, 2013.

25. Opportunity for all: how the American public benefits from internet access at U. S. libraries/Samantha Becker, et al. /Washington, D. C.: Institute of Museum and Library Services, 2010.

26. Public libraries and resilient cities/edited by Michael Dudley. /Chicago: American Library Association, 2013.

27. Public libraries and the Internet: roles, perspectives, and implications/ John Carlo Bertot, Paul T. Jaeger, and Charles R. McClure, editors. / Santa Barbara, Calif.: Libraries Unlimited, c2011.

28. Public libraries going green/Kathryn Miller. /Chicago: American Library Association, 2010.

29. Public libraries in the 21st century/Ann E. Prentice. /Santa Barbara, Calif.: Libraries Unlimited, c2011.

30. Public libraries in the United States: data, trends, and state profiles/ Torrell Danielsen, editor. /New York: Nova Publishers, 2013.

31. Public library services for the poor: doing all we can/Leslie Edmonds Holt, Glen E. Holt. /Chicago: American Library Association, 2010.

32. Redesigning the public library building/Primary Research Group. /New York: Primary Research Group c2013.

33. Research-based planning for public libraries: increasing relevance in the digital age/Joseph R. Matthews. /Santa Barbara, California: Libraries Unlimited, an inprint of ABL-CIO, LLC 2013.

34. The American public library handbook/Guy A. Marco. /Santa Barbara, Calif.: Libraries Unlimited, c2012.

35. The handheld library: mobile technology and the librarian/Thomas A. Peters and Lori Bell, editors. /Santa Barbara, California: Libraries Unlimited, an imprint of ABC-CLIO, LLC, 2013.

36. The survey of library public relations practices. /New York: Primary

Research Group, c2012.

37. The transformed library: e-books, expertise, and evolution/Jeannette Woodward./Chicago: ALA Editions, an imprint of the American Library Association, 2013.

38. Transforming libraries, building communities: the community-centered library/Julie Biando Edwards, Melissa S. Robinson, Kelley Rae Unger./Lanham: The Scarecrow Press, Inc., 2013.

39. Using social media in libraries: best practices/edited by Charles Harmon, Michael Messina./Lanham: The Scarecrow Press, Inc., 2013.

40. WH/T 47—2012 图书馆数字资源统计规范/中华人民共和国文化部发布./北京:国家图书馆出版社,2013.

41. Without a net: librarians bridging the digital divide/Jessamyn C. West./Santa Barbara, Calif.: Libraries Unlimited, c2011.

42. 百年大势——历久弥新/中国图书馆学会主编;常书智,刘锦山册主编./北京:科学出版社,2004.

43. 沉思与对话:城市图书馆运营创新/刘淑华,刘锦山./北京:国家图书馆出版社,2014.

44. 沉思与对话:高校图书馆新馆建设/刘锦山,崔凤雷,高新陵编著./北京:国家图书馆出版社,2010.

45. 城市图书馆建设的实践与思考/李东来主编./北京:北京图书馆出版社,2007.

46. 城市图书馆建筑研究/周进良著./北京:中国水利水电出版社,2013.

47. 城市图书馆新馆建设/李东来,刘锦山主编./北京:北京图书馆出版社(今国家图书馆出版社),2006.

48. 创新与超越:城市街区自助图书馆网建设与实践/甘琳等著./北京:国家图书馆出版社,2013.

49. 创新与发展:信息时代的图书馆:第三届中美图书馆论坛/张仲华,张帆,廖寅主编./昆明:云南人民出版社,2009.

50. 从传统图书馆到数字图书馆/富平著./北京:北京图书馆出版社(今国家图书馆出版社),2007.

51. 大都市的公共图书馆事业——国际学术研讨会论文集/方家忠主编./广州:中山大学出版社,2013.

52. 当代公共图书馆用户:需求、行为与结构/李桂华著./成都:四川大学出版社,2010.

53. 多元文化社区:图书馆服务指南第三版/国际图联./海牙:国际图联,2009.

54. 非营利组织管理概论/王名主编./北京:中国人民大学出版社,2010.

55. 覆盖城乡的公共图书馆服务体系:上海市中心图书馆建设十周年/上海图书馆主编./上海:上海社会科学院出版社,2010.

56. 覆盖全社会的公共图书馆服务体系:模式、技术支撑与方案/邱冠华,于良芝,许晓霞著./北京:北京图书馆出版社(今国家图书馆出版社),2008.

57. 高等学校图书馆规章制度选辑/中华人民共和国高等教育部编辑./北京:高等教育出版社,1957.

58. 个性化知识服务的实践与技术/汤江主编;中国科学院上海生命科学信息中心编./北京:科学出版社,2013.

59. 公共图书馆的文化功能:在社会公共文化服务体系中的作用/柯平等著./上海:上海交通大学出版社,2010.

60. 公共图书馆读者服务案例/吴晞,肖容梅著./北京:北京师范大学出版社,2013.

61. 公共图书馆发展战略思考/吴建中著./北京:北京图书馆出版社(今国家图书馆出版社),2007.

62. 公共图书馆服务发展指南:中文版/菲利普·吉尔(Philip Gill)主持的工作小组代表公共图书馆专业委员会编写;林祖藻译./上海:上海科学技术文献出版社,2002.

63. 公共图书馆服务体系的探索与实践:东莞调研报告/国家图书馆研

究院主编./北京:国家图书馆出版社,2012.
64. 公共图书馆服务研究/束漫著./北京:国家图书馆出版社,2009.
65. 公共图书馆概论/汪东波主编./北京:国家图书馆出版社,2012.
66. 公共图书馆管理实务/邱冠华,陈萍编著./北京:北京师范大学出版社,2013.
67. 公共图书馆规划与建设标准解析/李国新,冯守仁,鹿勤编著./北京:国家图书馆出版社,2009.
68. 公共图书馆行销经营/赖甫昌等编辑./台中县:台中图书馆,2005.
69. 公共图书馆基本原理/于良芝,许晓霞,张广钦编著./北京:北京师范大学出版社,2012.
70. 公共图书馆建设主体研究:全覆盖目标下的选择/于良芝等著./北京:国家图书馆出版社,2011.
71. 公共图书馆教育职能研究:第十九届全国十五城市公共图书馆研讨会论文集/张本义主编./沈阳:万卷出版公司,2007.
72. 公共图书馆经营管理与服务趋势国际研讨会论文集/台北市立图书馆主编./台北:台北市立图书馆,2008.
73. 公共图书馆内涵发展的理论与实践研究——以浦东图书馆为例/张伟主编./上海:华东师范大学出版社,2013.
74. 公共图书馆全免费服务发展框架与策略研究/刘杰民编著./北京:科学技术文献出版社,2013.
75. 公共图书馆社会化服务/姚迎东编著./武汉:武汉出版社,2013.
76. 公共图书馆实践与思考/吴文浩著./上海:上海科学技术文献出版社,2012.
77. 公共图书馆是什么/王世伟主编./上海:上海社会科学院出版社,2010.
78. 公共图书馆未成年人服务/范并思,吕梅,胡海荣编著./北京:北京师范大学出版社,2012.
79. 公共图书馆文化产业研究/王志东著./济南:山东人民出版

社,2012.

80. 公共图书馆文献资源建设法律保障研究/肖希明等著./北京:国家图书馆出版社,2011.
81. 公共图书馆信息技术应用/李东来,宛玲,金武刚编著./北京:北京师范大学出版社,2013.
82. 公共图书馆宣传推广与阅读促进/李超平编著./北京:北京师范大学出版社,2013.
83. 公共图书馆业务工作的思考/徐晓军主编./北京:北京图书馆出版社(今国家图书馆出版社),2007.
84. 公共图书馆战略制定影响因素研究/陈昊琳著./长春:吉林人民出版社,2012.
85. 公共图书馆资源建设与服务/杨玉麟,屈义华编著./北京:北京师范大学出版社,2013.
86. 公共图书馆作为社会教育中心:公共图书馆服务与社会教育国际研讨会(ITIE2012)论文集/张广钦主编./上海:上海人民出版社,2012.
87. 公共文化服务的创新与跨越:全国文化信息资源共享工程建设研究论文集/张彦博主编./北京:国家图书馆出版社,2010.
88. 公共文化服务与图书馆实践的创新:浙江省图书馆学会第十次学术研讨会论文集/浙江省图书馆学会编./杭州:杭州出版社,2006.
89. 构筑阅读天堂:图书馆服务设计探索/付跃安著./广州:暨南大学出版社,2010.
90. 关懿娴旧稿旧文集:图书馆学/关懿娴著./北京:国家图书馆出版社,2010.
91. 馆人合一:图书馆2.0创新与实践/杨新涯,彭晓东主编./北京:知识产权出版社,2010.
92. 国际图书馆建筑大观/吴建中主编./上海:上海科学技术文献出版社,1999.
93. 国家数字图书馆服务框架研究/张炜主编./北京:国家图书馆出版

社,2012.
94. 国家图书馆数字资源对象管理规范/徐周亚,龙伟主编./北京:国家图书馆出版社,2013.
95. 国民阅读推广与图书馆/《图书情报工作》杂志社编./北京:海洋出版社,2011.
96. 国外公共图书馆建设标准与规范概览/张广钦主编./北京:国家图书馆出版社,2009.
97. 互联网信息资源检索与利用/符绍宏,邓瑞丰,高冉等编著./北京:清华大学出版社,2012.
98. 华东师范大学图书情报硕士专业学位(MLIS)研究生浦东图书馆实践基地实验课程教材汇编/浦东图书馆编.
99. 基于WEB2.0的图书馆信息服务创新研究/朱凤娟,郭青阳,娄长春著./北京:九州出版社,2013.
100. 近60年来中国公共图书馆思想研究(1949—2009)/潘燕桃著./广州:中山大学出版社,2011.
101. 开发基于知识的客户关系:职业服务机构的未来/(澳)罗斯·道森(RossDawson)著;祁延莉,董小英译./北京:电子工业出版社,2002.
102. 面向泛在信息社会的数字馆藏管理与利用/刘净净著./北京:国家图书馆出版社,2013.
103. 面向数字图书馆的著作权制度创新/马海群等著./北京:知识产权出版社,2011.
104. 浦东图书馆(新馆)建设/陈克杰主编./上海:上海人民出版社,2010.
105. 浦东图书馆内涵发展案例集/张伟主编./上海:华东师范大学出版社,2013.
106. 普遍·均等:中国公共图书馆的百年追求/李晓新著./天津:南开大学出版社,2007.
107. 企业沟通——企业公关刊物传播动作研究/周涧著./武汉:武汉

出版社,2006.
108. 企业文化/黎群,王莉编著. /北京:清华大学出版社;北京交通大学出版社,2012.
109. 企业文化/张德,潘文君编著. /北京:清华大学出版社,2013.
110. 全球公民社会——非营利部门视界/(美)莱斯特·M.萨拉蒙等著;贾西津,魏玉等译. /北京:社会科学文献出版社,2002.
111. 人本思想与图书馆建设/游萍编著. /成都:天地出版社,2011.
112. 社会公共服务体系中图书馆的发展趋势、定位与服务研究/柯平等著. /北京:国家图书馆出版社,2011.
113. 实力与养成:当代图书馆员职业资格认证制度与职业精神培育/马谦著. /银川:宁夏人民出版社,2010.
114. 世界各国图书馆馆藏发展政策精要/高红,朱硕峰,张玮主编. /北京市:海洋出版社,2010.
115. 数字馆藏评价与绩效分析/索传军著. /北京:北京图书馆出版社(今国家图书馆出版社),2007.
116. 数字环境下图书馆服务的演变与创新/魏来著. /长春:吉林人民出版社,2012.
117. 数字时代的图书馆. 下卷,人力资源开发与服务创新/胡银仿主编;湖北省图书馆学会,湖北省图书馆编. /武汉:湖北科学技术出版社,2003.
118. 数字时代的图书馆建筑与设备/常林主编. /北京:北京图书馆出版社(今国家图书馆出版社),2006.
119. 数字时代的图书馆与图书馆员/董焱,邢素丽著. /北京:北京图书馆出版社(今国家图书馆出版社),2006.
120. 数字时代图书馆的创新与共享/中国科协学会学术部编. /北京:中国科学技术出版社,2009.
121. 数字时代图书馆危机管理/周金龙编. /北京:海洋出版社,2012.
122. 数字图书馆/奉国和主编. /北京:北京大学出版社,2013.
123. 数字图书馆的服务转型/展晓玲,高兴国著. /兰州:甘肃民族出版

社,2008.

124. 数字图书馆发展研究/王芬林,吴晓著./北京:国家图书馆出版社,2012.

125. 数字图书馆建设体制与发展模式/郑建明著./北京:科学出版社,2013.

126. 数字图书馆建设与服务推广研讨会获奖论文/魏大威主编./北京:国家图书馆出版社,2012.

127. 数字图书馆理论、方法与技术/张晓林著./北京:北京图书馆出版社,2007.

128. 数字图书馆企业化运营实务操作/常友寅主编./北京:北京图书馆出版社,2004.

129. 数字图书馆实践思考:文化共享工程的发展与创新之路/王芬林著./北京:国家图书馆出版社,2012.

130. 体验之思/张伟著./上海:上海远东出版社,2013.

131. 天下之公器/吴晞著./北京:国家图书馆出版社,2010.

132. 挑战数字图书馆和数字人文科学/(美)杰弗里·A.赖德伯格-科克斯(Jeffrey A. Ryderg-Cox)著;朱常红译./桂林:广西师范大学出版社,2010.

133. 图书馆:不落幕的智慧盛宴/(美)斯图亚特·A.P.默里著;胡炜译./广州:南方日报出版社,2012.

134. 图书馆2.0:升级你的服务/图书馆2.0工作室编./北京:北京图书馆出版社(今国家图书馆出版社),2008.

135. 图书馆创新服务战略研究/张晓林主编./北京:北京图书馆出版社(今国家图书馆出版社),2005.

136. 图书馆创新经营与永续发展/郑慕宁等编辑./台中县:台中图书馆,2010.

137. 图书馆发展变革与服务转型/初景利著./北京:国家图书馆出版社,2012.

138. 图书馆发展与创新/中国图书馆学会编./北京:北京图书馆出版

社(今国家图书馆出版社),2003.
139. 图书馆服务·公益性·创新性·与政策法规保障/中国图书馆学会,金陵图书馆主编./南京:南京出版社,2011.
140. 图书馆服务创新理论与实践/洪修平主编./南京:南京大学出版社,2012.
141. 图书馆服务创新与发展论丛/王世伟主编./上海:上海社会科学院出版社,2005.
142. 图书馆服务创新与绩效评估/《图书情报工作》杂志社编./北京:海洋出版社,2012.
143. 图书馆服务转型研究与实践/李宏荣,周金龙主编;广东省科技图书馆编./汕头:汕头大学出版社,2009.
144. 图书馆个性化知识服务发展报告/汤江,王世伟主编;中国科学院上海生命科学信息中心编./北京:科学出版社,2010.
145. 图书馆工作的人文精神及实践/李梅军著./北京:北京燕山出版社,2012.
146. 图书馆馆长手册/张爱芳主编./北京:专利文献出版社,1998.
147. 图书馆管理百科:图书馆管理标准规范与图书分类法/徐帮学主编./长春:吉林音像出版社,2003.
148. 图书馆规章制度便览/倪波等编./南京:江苏省图书馆学会,1982.
149. 图书馆规章制度新编/王学熙,丁宏宣编./南京:江苏省图书馆学会,1986.
150. 图书馆规章制度选编/刘小琴主编./北京:北京图书馆出版社(今国家图书馆出版社),2001.
151. 图书馆合作创新与发展. 2011 年卷/佛山市图书馆学会,广州市图书馆学会,肇庆市图书馆学会筹委会主编./广州:暨南大学出版社,2011.
152. 图书馆合作创新与发展. 2012 年卷/肇庆市图书馆学会,广州市图书馆学会,佛山市图书馆学会主编./北京:中国轻工业出版

社,2013.
153. 图书馆活动高潮与学术转型:古近代/吴稌年著./北京:兵器工业出版社,2005.
154. 图书馆建筑/(英)迈克尔·布劳恩(MichaelBrawne)等著;金崇磐译./大连:大连理工大学出版社,2003.
155. 图书馆建筑/鲍家声主编;姚宇澄,赵富赤,倪波编著./北京:国家图书馆出版社,2013.
156. 图书馆建筑的发展:多元生态和谐/顾建新主编./南京:东南大学出版社,2012.
157. 图书馆建筑求索:走向开放的图书馆建筑/鲍家声,龚蓉芬著./北京:中国建筑工业出版社,2010.
158. 图书馆建筑与设备/赵福来著./北京:国家图书馆出版社,2013.
159. 图书馆可持续发展与创新研究文集/徐引篪主编./成都:西南交通大学出版社,2003.
160. 图书馆数字资源管理/(美)奥德丽·芬娜编;成爱萍译./大连:大连理工大学出版社,2013.
161. 图书馆文化初探/曹旭主编./上海:上海辞书出版社,2012.
162. 图书馆文化论/王惠君,荀昌荣主编./长沙:湖南大学出版社,2004.
163. 图书馆文化研究/张敏勤著./广州:世界图书出版广东有限公司,2012.
164. 图书馆物业管理实施2000版ISO9001标准实用指南/吴建中,李道林主编;上海图书馆编./上海:上海科学技术文献出版社,2002,
165. 图书馆延伸服务/陈克杰主编./上海:上海科学技术文献出版社,2009.
166. 图书馆员职业精神与核心能力/缪其浩主编./上海:上海科学技术文献出版社,2006.
167. 图书馆战略规划:理论、模型与实证/柯平等著./北京:国家图书馆出版社,2013.
168. 图书馆知识管理创新研究/胡明扬,张亚著./长春:吉林大学出版社,2010.
169. 图书馆转型的思考:云南大学图书馆学术论文集/杨勇主编;云南大学图书馆编./昆明:云南大学出版社,2000.
170. 图书馆转型研究/朱开忠著./北京:人民邮电出版社,2011.
171. 图书馆自动化建设/杨永梅主编./北京:海洋出版社,2009.
172. 图书馆组织心理研究:馆员的认知观点/陈书梅著./台北:文华图书馆管理资讯股份有限公司,2003.
173. 图书馆组织与管理/洪有丰著./北京:国家图书馆出版社,2013.
174. 图书和图书馆史/(日)小野泰博著;阚法箴,陈秉才译./北京:北京大学出版社,1988.
175. 外国图书馆史简编/杨子竞编著./天津:南开大学出版社,1990.
176. 晚清图书馆学术思想史/程焕文著./北京:北京图书馆出版社(今国家图书馆出版社),2004.
177. 网络信息时代图书馆服务创新管理的发展研究/郑红京著./长沙:湖南大学出版社,2010.
178. 网站图书馆:知识管理与创新/顾敏著./台北:扬智文化事业股份有限公司,2003.
179. 危机管理融入图书馆组织文化建设研究/王云洪著./天津:天津科学技术出版社,2013.
180. 问道/张伟著./上海:上海远东出版社,2013.
181. 西方图书馆史/(美)M. H. 哈里斯著;吴晞,靳萍译./北京:书目文献出版社(今国家图书馆出版社),1989.
182. 西方图书馆史/杨威理著./北京:国家图书馆出版社,2013.
183. 西洋图书馆史/(美)约翰逊(Johnson,E. D.)著;尹定国译./台北:台湾学生书局,1983.
184. 衔华佩实:浦东图书馆内涵发展论文集/张伟主编./上海:上海远东出版社,2013.

185. 现代公共图书馆制度研究/蒋永福著./北京:知识产权出版社,2010.
186. 现代化进程中的城市图书馆建设:第十八届全国十五城市公共图书馆工作研讨会论文集/刘洪辉主编./广州:中山大学出版社,2006.
187. 现代图书馆人力资源管理/刘彦瑜著./长沙:湖南科学技术出版社,2012.
188. 现代图书馆数字内容管理与创新技术/李欣荣著./成都:四川大学出版社,2010.
189. 现代图书馆文化建设/曾瑛,林爱鲜,贺伟主编./北京:中国戏剧出版社,2011.
190. 现代图书馆信息资源服务及创新研究/杨秀平,赵悦著./北京:中国商务出版社,2013.
191. 现代图书馆信息资源建设与创新服务研究/谭永钦,胡颖,李相文著./北京:光明日报出版社,2013.
192. 新时期·新理念·新课题:十二五期间中小型公共图书馆建设与发展/中国图书馆学会,全国中小型公共图书馆联合会,北京市西城区图书馆管理协会编./北京:中国民族摄影艺术出版社,2012.
193. 新信息环境下图书馆资源建设的趋势与对策——第三届全国图书馆文献采访工作研讨会论文集/国家图书馆外文采编部编./北京:北京图书馆出版社(今国家图书馆出版社),2009.
194. 信息资源公共获取与知识产权保护/陈传夫著./北京:国家图书馆出版社,2007.
195. 学习型社会视阈下图书馆服务范型研究/王晔著./长春:吉林人民出版社,2013.
196. 延伸服务的思考与实践/浦东图书馆编著./上海:浦东图书馆,2011.
197. 研究所图书情报工作规章制度试编:初稿/中国科学院图书馆研究辅导部编./北京:中国科学院图书馆出版组,1983.

198. 以人为本服务创新/中国图书馆学会编./北京:北京图书馆出版社(今国家图书馆出版社),2005.

199. 引领·启智:论图书馆讲座工作的发展与推广/何毅主编;上海图书馆编./上海:上海科学技术文献出版社,2010.

200. 阅读推广:理念·方法·案例/赵俊玲,郭腊梅,杨绍志主编./北京:国家图书馆出版社,2013.

201. 战略思考:图书馆管理的10个热门话题/吴建中编著./上海:上海科学技术文献出版社,2005.

202. 知识创新与图书服务:第四届上海国际图书馆论坛文集./上海:上海科学技术文献出版社,2008.

203. 知识服务模式与创新/杜也力等著./北京:北京图书馆出版社(今国家图书馆出版社),2005.

204. 知识经济时代中小型公共图书馆建设问题研究/林艳著./北京:九州出版社,2010.

205. 知识型服务业的服务创新/申静著./北京:北京图书馆出版社(今国家图书馆出版社),2006.

206. 制度与范式:中国图书馆学的历史考察(1909—2009)/李刚等著./北京:科学出版社,2013.

207. 智慧城市与图书馆服务/上海图书馆编./上海:上海科学技术文献出版社,2012.

208. 中国公共图书馆发展蓝皮书. 2010/公共图书馆研究院编著./深圳:海天出版社,2010.

209. 中国图书馆建筑研究跨世纪文集/李明华等主编;广东省立中山图书馆编./北京:北京图书馆出版社(今国家图书馆出版社),2003.

210. 中国图书馆事业:1996~2000/张白影等主编./长沙:湖南科学技术出版社,2002.

211. 中国图书馆员职业道德准则:试行/中国图书馆学会编./北京:北京图书馆出版社(今国家图书馆出版社),2003.

212. 中国图书和图书馆史/谢灼华主编./武汉:武汉大学出版社,2011.
213. 中小型公共图书馆的体系建设与可持续发展:全国中小型公共图书馆联合会2011年研讨会论文集/中国图书馆学会,全国中小型公共图书馆联合会,北京市西城区图书馆管理协会编./北京:中国民族摄影艺术出版社,2011.
214. 中小型公共图书馆科学发展与创新:全国中小型公共图书馆联合会2009年研讨论文集/中国图书馆学会,全国中小型公共图书馆联合会,北京市西城区图书馆管理协会编./北京:中国民族摄影艺术出版社,2009.
215. 中小型公共图书馆科学发展与创新:全国中小型公共图书馆联合会2010年研讨会论文集/中国图书馆学会等编./北京:中国民族摄影艺术出版社,2010.
216. 转型发展:2012年上海地区公共图书馆读者服务研讨会论文集/唐铭杰主编;上海市图书馆学会编./上海:上海辞书出版社,2013.
217. 转型期图书馆工作研究/国家图书馆发展研究院著./北京:北京图书馆出版社(今国家图书馆出版社),2003.
218. 转型与超越:无所不在的图书馆/吴建中著./上海:上海大学出版社,2012.

后　记

转型发展已经成为图书馆业内同仁的共识。这一共识的形成既是 20 余年来时代发展思潮在图书馆领域的体现,也是图书馆事业自身发展逻辑的必然。任何时期、任何阶段的发展,都是由外延发展与内涵发展构成的,这两种发展模式属于一枚硬币的两面,缺乏内涵发展的外延发展与缺乏外延发展的内涵发展都是不存在的。既然如此,我们为什么还要提出“公共图书馆转型与内涵发展”这个命题?

这当然要从我国公共图书馆事业近 40 年来的发展过程讲起。1978 年改革开放伊始,虽然百废待兴,百业待哺,但发展经济无疑是当时的唯一要务。只有先吃饱了肚子,才可能谈及其他的事情。这样的背景下,包括图书馆在内的很多行业的发展问题自然不属于优先级别。因此,20 世纪 80 年代出现了“以文养文”的对策和实践。公共图书馆事业在这样的境况下步履维艰地蹒跚了 20 年左右。

20 世纪 90 年代到 21 世纪初的十年间,情况发生了很大的变化。一方面得益于经济的持续繁荣发展,一方面认识到文化对于社会发展的重要性,各级政府开始重视包括公共图书馆在内的文化事业的发展,不断加强对公共图书馆的投入。由此,各地公共图书馆建设出现了一轮新的热潮,单体图书馆建筑面积不断创出新高,馆舍装修日趋豪华。这种情况下,我们提出“公共图书馆转型与内涵发展”的命题,不是在否认建筑、馆舍、硬件的价值和作用,而是考虑如何在既有的基础上将这些硬的要素的价值发挥更大。

目前,在“双创”潮流的影响下,很多图书馆都在建设创客空间,我们决不能仅仅满足于由 3D 打印机、触摸屏、手持设备、虚拟现实设备等这些“高大上”的技术设备所充斥的创客空间,这只是创客空间的 1.0;我们更应该将优质的社会资源、企业资源引入到创客空间,通过一系列的交互参与的征文、讲座、真人图书馆、项目对接、游学等活动充实要素、丰富内涵,以此促进创客空间的可持续发展。这才是创客空间的2.0。

创客空间的建设只是公共图书馆转型与内涵发展的一个侧面。但“充实要素,丰富内涵”这一理念和做法,不仅对于创客空间的建设而且对于公共图书馆转型与内涵发展都有很好的参考借鉴意义。

是为记。

刘锦山

2016年9月1日